鲜为人知的
日本软实力

[日]川口盛之助 著　魏海波 译

上海遠東出版社

图书在版编目(CIP)数据

鲜为人知的日本软实力/(日)川口盛之助著;魏海波译.
—上海:上海远东出版社,2018
(走进日本)
ISBN 978-7-5476-1370-2

Ⅰ.①鲜… Ⅱ.①川…②魏… Ⅲ.①综合国力—研
究—日本 Ⅳ.①D731.30

中国版本图书馆 CIP 数据核字(2018)第 118877 号

图字:09-2018-539 号

责任编辑 黄涵清
特约编辑 黄诗韵
封面设计 张晶灵

鲜为人知的日本软实力
【日】川口盛之助 著
魏海波 译

出　版 上海遠東出版社
(200235 中国上海市钦州南路 81 号)
发　行 上海人民出版社发行中心
印　刷 上海文艺大一印刷有限公司
开　本 890×1240 1/32
印　张 8.375
字　数 180,000
版　次 2018 年 7 月第 1 版
印　次 2018 年 9 月第 2 次印刷
ISBN 978-7-5476-1370-2/F·618
定　价 38.00 元

“走进日本”丛书编委会名单

相对的，是普通民众的教育程度。在这一领域，有一个国际性的测试，叫做“PIAAC”，即“国际成人能力测评项目”。这一测评项目共分“计算技能”“读写技能”“高技术环境问题解决技能”三大项，由经济合作与发展组织（OECD）从各个国家的 16 岁到 65 岁间的普通成年人中随机抽样进行测试。图 5 总结了 2011 年的测试结果。

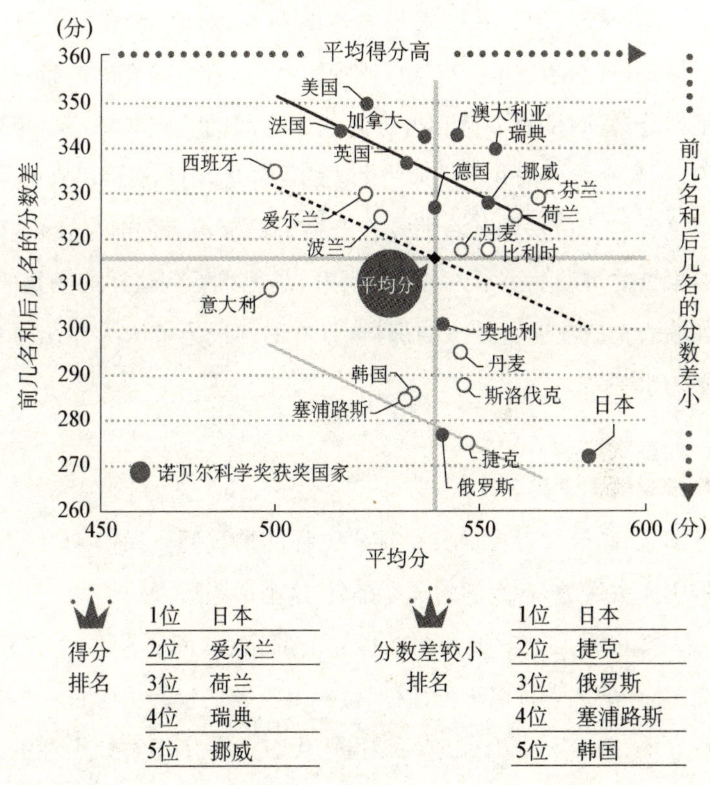

图 5

图表的横轴表示“读写技能”和“计算技能”的平均分，也就是说，读写和计算的能力越强，在图表中就越靠右。纵轴显示的是成绩分布差距的大小，表示“成绩前 5 位和后 5 位的差距”。也就是说，越靠下就意味着成绩的差距越小。从这个结果来看，有一个惊人的发现：不论是从横轴还是从纵轴来看，日本都是排名第一，并且跟排名第二的国家拉开了很大的差距。

平均分较高的是在图表最右边的芬兰、荷兰、瑞典等北欧国家。但是，日本超过了所有这些国家。另外，日本最突出的特点不是平均分高，而是得分低和得分高的人之间的差距非常小。也就是说，提高平均分的并不是那些少数的优等生，而是底层民众。

笔者的一位法国记者朋友在新宿采访流浪者的时候，被他们阅读报纸的举动惊呆了。在其他国家，是很难看到这样的场景的。正如图表中的数据所显示的那样，日本的国民素养大大超出了世界平均水平。

举步维艰的大学排名

那么，高等教育方面又呈现出怎样的情况呢？我们来看一下比较引人关注的“各大学的国际排名”这个话题吧。

大学相关人士对于大学在世界上的排名，都非常在意。“QS 排名”是一项大学排名评价指标，每年由英国的世界大学评价机构 Quacquarelli Symonds 发布。该指标从论文的引用次数、企业的评价等各种视角出发，按照不同的专业，对世界上的各所大学进行排名（见图 6）。

QS与HEEACT的顶级大学国家统计

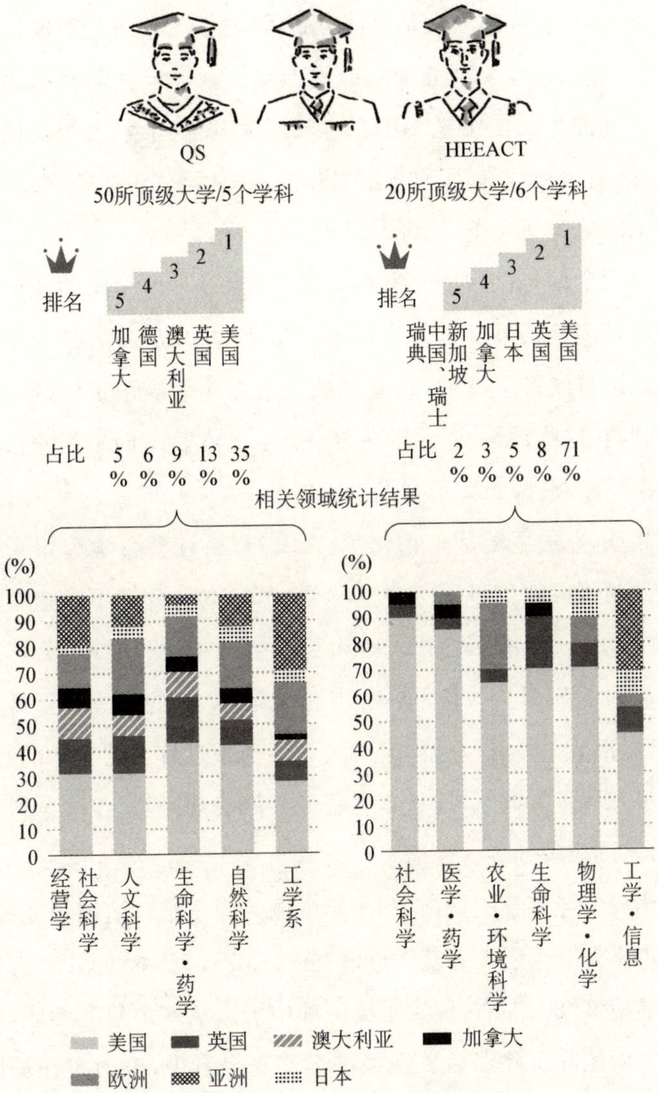

QS

50所顶级大学/5个学科

排名	5	4	3	2	1
	加拿大	德国	澳大利亚	英国	美国
占比	5%	6%	9%	13%	35%

HEEACT

20所顶级大学/6个学科

排名	5	4	3	2	1
	瑞典、中国、瑞士、新加坡	加拿大	日本	英国	美国
占比	2%	3%	5%	8%	71%

相关领域统计结果

(%)
100 90 80 70 60 50 40 30 20 10 0

经营学 社会科学　人文科学　生命科学·药学　自然科学　工学系

(%)
100 90 80 70 60 50 40 30 20 10 0

社会科学　医学·药学　农业·环境科学　生命科学　物理学·化学　工学·信息

美国　英国　澳大利亚　加拿大　欧洲　亚洲　日本

图6

类似这样的大学排名还有一些，但结果都比较一致。

首先，排名靠前的大学大部分是美国的，接下来是英联邦国家（英国、加拿大、澳大利亚等）的，而西欧以及亚洲大学的排名基本上在中间靠后。图中把美国、英国、澳大利亚、加拿大等英语圈国家，西欧诸国和日本，以及日本以外的亚洲国家（包括印度）等非英语圈国家分为 7 大类，进行表记。

这两个排名在程度上有些差异，但都显示出相同的倾向。日本最擅长的领域跟日本人取得诺贝尔奖的领域一样，是物理和化学等基础自然科学领域，这些都属于最右边的应用工学领域。可以看到，在这些领域，亚洲正在逐渐崛起。在日本向来都非常擅长的应用技术领域，每天都在发生变化。

相反，左边主要是生物化学、人文科学、社会科学等跟人相关的硬件领域或软件领域。在这些领域，日本一直都不太擅长。例如，在经济学、政治学、MBA 等组织经营的相关领域中，英美大学完全占据了前列。并且，从第 20 位到第 50 位的中等以下排名来看，已经形成了亚洲其他国家的大学逐渐超过日本的大学的态势。在诺贝尔科学奖的领域，日本有着惊人的表现；但是在社会科学领域，日本的表现却令人无语。

诺贝尔经济学奖是在 1969 年由瑞典国立银行追加创立的，但是日本学者至今还没有获得过该奖（见图 7）。日本的 GDP 占世界 GDP 总量的 8%左右，仅次于美国和中国。从这个角度考虑，日本在这方面的确有些滞后。在经济学奖获得者中，美国人和英国人就占了获奖总人数的七成以上，可以说是“垄断市场”。

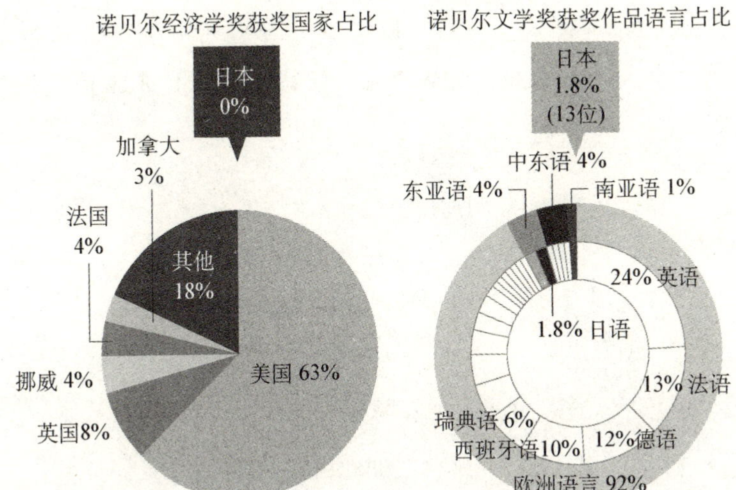

图 7

另一方面，在获得诺贝尔文学奖的 112 名获奖者中，有两名是日本人(1968 年诺贝尔文学奖得主川端康成和 1994 年诺贝尔文学奖得主大江健三郎)，占总数的 1.8%左右，排名第 13 位。欧洲国家的获奖作品占全部的 92%。这就是诺贝尔文学奖的实际情况。

经营学的意见领袖

经济学领域比较重视理论研究，与此关系密切的是经营学。经营学相对于经济学而言，是一门重视实用性的学科。接下来，我们就来分析一下经营学。

关于经营学，有一个管理思想家排行榜——“50 名思想家(The Thinkers 50)”。该排名中有哈佛大学 MBA 的知名教授以及麦肯锡的知名咨询顾问，还有在世界各大企业中取得卓越功绩的经营者们(见图 8)。该排行榜从 2001 年开始隔年公布一次，其中有些名人数次获选，比如迈克尔·波特(7 次)、比尔·盖茨和杰

The Thinkers 50
排行榜

前50位入选者国籍
排名

排名	国名	人数	占比(%)
1	美国	282.5	68.1
2	英国	32	7.7
3	加拿大	22	5.3
4	印度	17	4.1
5	瑞典	14	3.4
6	荷兰	11.5	2.8
7	爱尔兰	5	1.2
8	日本	4	1.0
8	马耳他	4	1.0
10	韩国	3.5	0.8

日本人入选8次，但大前研一一人入选4次

前10位入选者
排名

排名	人名	入选次数
1	迈克尔•波特 哈佛大学商学院教授	7次
2	金伟灿 INSEAD(欧洲工商管理学院)教授	5次
3	Rene Borunyu INSEAD(欧洲工商管理学院)教授	5次
4	比尔•盖茨 微软公司总裁	4次
5	C•K•普哈拉 密歇根大学管理学院教授	4次
6	加里•哈默尔 伦敦商学院客座教授	4次
7	杰克•韦尔奇 通用公司CEO	4次
8	詹姆斯•柯林斯 斯坦福大学商学院教授	4次
8	菲利普•科特勒 美国西北大学商学院教授	4次
10	汤姆•彼得斯 麦肯锡公司顾问	4次

图 8

克·韦尔奇(4 次)、菲利浦·科特拉(3 次)、皮特·杜拉克(2 次)等。这些人都是在世界范围内具有影响力的人。这一排行榜可说是"智者排行榜"。笔者将这一排行榜 15 年间选出的共计 400 名管理思想家按照国家进行了分类。

从分类的结果来看,获选的日本人只有从 2001 年起连续 4 次进入前 20 位的大前研一先生一人。按照国家来排名的话,日本名列第八,但实际上日本在该领域的存在感几乎为零。反过来讲,足见大前先生有多出色。

赢得外贸的专利申请撰稿能力

如果把经营学看作经济学的实际应用学科,那么自然科学的实际应用学科就是工业技术了。就让我们来看一下工业技术。

如果从刚才那个以专业划分的大学排名来看这个领域的话,亚洲诸国正在猛烈追赶日本。这里,我们将视线移出大学校园,而以企业的"专利申请能力"作为实践性指标,来对各个国家的表现进行对比(见图 9)。

2014 年获得诺贝尔物理学奖的中村修二先生,通过诉讼获得了 8 亿日元的和解金;2015 年获得诺贝尔生理学或医学奖的大村智先生的专利收入高达 250 亿日元之多。诺贝尔奖级别的超高水平的技术自不必提,其他专利技术的买卖也可以获得高额专利使用费。从日本整体的经常收支来看,物品的贸易收支近些年呈现赤字趋势,但以专利为主的知识产权等使用费的收支每年呈现大幅盈余。2014 年,日本大约提出了 42 000 件国际专利,这个数字仅次于美国,名列第 2 位,占据世界专利提出总量的 20%,数量

各国专利申请件数和知识产权资产收支统计

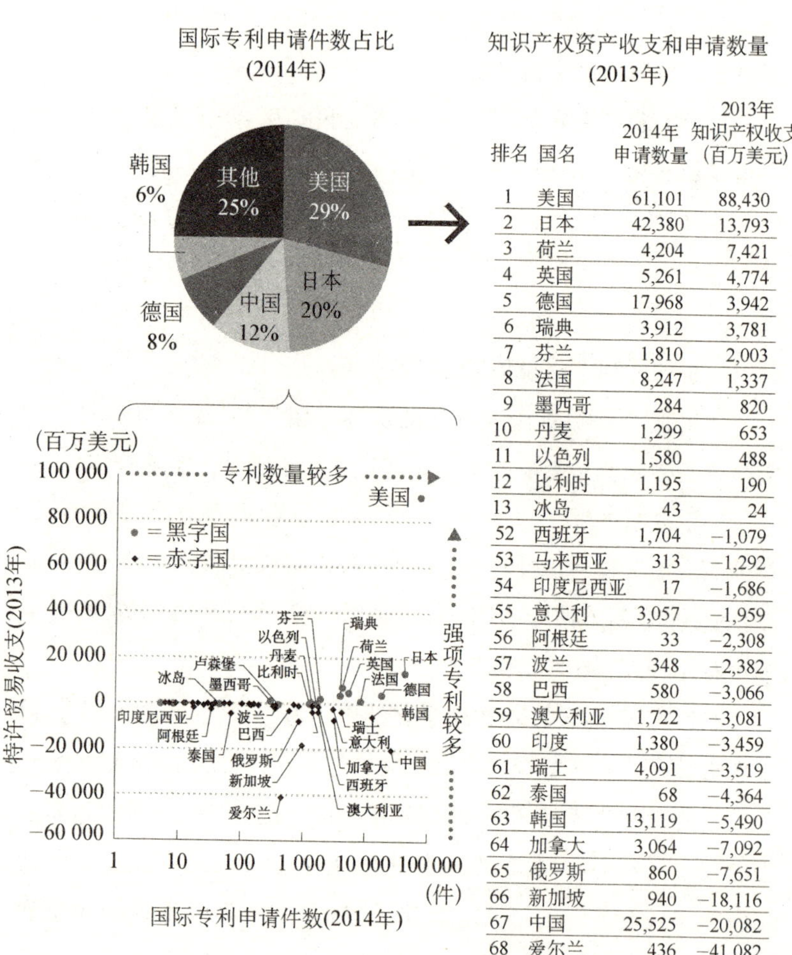

知识产权资产收支和申请数量
(2013年)

排名	国名	2014年申请数量	2013年知识产权收支（百万美元）
1	美国	61,101	88,430
2	日本	42,380	13,793
3	荷兰	4,204	7,421
4	英国	5,261	4,774
5	德国	17,968	3,942
6	瑞典	3,912	3,781
7	芬兰	1,810	2,003
8	法国	8,247	1,337
9	墨西哥	284	820
10	丹麦	1,299	653
11	以色列	1,580	488
12	比利时	1,195	190
13	冰岛	43	24
52	西班牙	1,704	–1,079
53	马来西亚	313	–1,292
54	印度尼西亚	17	–1,686
55	意大利	3,057	–1,959
56	阿根廷	33	–2,308
57	波兰	348	–2,382
58	巴西	580	–3,066
59	澳大利亚	1,722	–3,081
60	印度	1,380	–3,459
61	瑞士	4,091	–3,519
62	泰国	68	–4,364
63	韩国	13,119	–5,490
64	加拿大	3,064	–7,092
65	俄罗斯	860	–7,651
66	新加坡	940	–18,116
67	中国	25,525	–20,082
68	爱尔兰	436	–41,082

图 9

巨大。但是，中国（25 000 件）和韩国（13 000 件）的追赶势头异常猛烈。

跟 1994 年进行对比的话，日本的专利提出数增加了 2.9 倍，而韩国增加了 14 倍，中国增加了 3 500 倍。从以专利为主的知识产权等使用费的收支对比来看，日本在 2013 年度的收入高达 138 亿美元，仅次于美国，而中国和韩国则是世界上最大的赤字国家，并且其赤字幅度以每年 20%的速度增加。其实，在知识产权方面，收支盈余的国家在世界上只有 13 个。虽然中国和韩国在申请专利件数方面有很大的提高，但日本仍然依靠高品质的专利获得了大量利益。因此，日本的基础研究能力之强，也可以以这样的形式在技术上反映出来。

熟练技能的世界

接下来，我们探讨一下比科学和技术更加实用的“技能”领域。所谓“技能”，指的是“通过身体长期从事而自然掌握的熟练能力”。也就是说，只要有一技之长，不管去哪里都可以养活自己。

在专业技能的领域里，为了给专业技能人员的相互竞争提供平台，有世界技能大赛，可以说是技能领域的奥运会。以前，该大赛的竞技种类以焊接、机械组装等产品制造领域为主，并且多为男士竞争的项目；近几年也开始有网页设计、西点制作、美容治疗以及护理技能等服务领域的技能竞技。这个“技能奥运会”，也在跟随着时代的变迁而改变（见图 10）。20 世纪 50 年代，这个大赛刚创立的时候，是以创立国西班牙为主的；到了 20 世纪 60 年代，主角变成了德国。日本从经济高速增长期开始的 1962 年参加大赛（巴塞

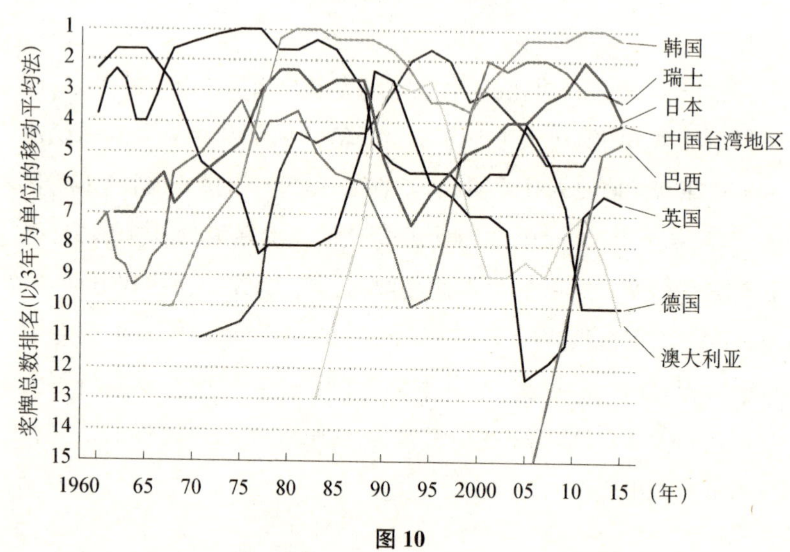

图 10

总奖牌数排名

1999—2015
排名

排名		奖牌总数	占比(%)
1	韩国	210	15.3
2	瑞士	141	10.3
3	日本	123	9.0
4	中国台湾地区	111	8.1
5	巴西	88	6.1
6	奥地利	71	5.2
7	法国	71	5.2
8	德国	66	4.8
9	意大利	52	3.8
10	澳大利亚	49	3.6

2011—2015
排名

排名		奖牌总数	占比(%)
1	韩国	72	13.9
2	巴西	50	9.7
3	瑞士	47	9.1
4	日本	44	8.5
5	中国台湾地区	43	8.3
6	英国	26	5.0
7	奥地利	25	4.8
7	法国	25	4.8
9	中国大陆	19	3.7
10	德国	18	3.5

罗那大赛),在 20 世纪 70 年代迎来了获奖的高峰期。20 世纪 80 年代的主要获奖国是韩国;20 世纪 90 年代,中国台湾地区开始兴起,和瑞士一起并肩进入四强。进入 21 世纪之后,巴西成了主力。2010 年之后,中国大陆开始急速发力。如果从 1999 年开始计算日本的累积奖牌数的话,一共是 123 枚,仅次于韩国和瑞士,名列第三;如果只看最近 3 次大赛的成绩,日本已被巴西超越,排名第四。

"技能奥运会"的主要获奖国家和地区,随着时代的变迁而转移:先是南欧国家,再是北欧国家,接下来是日本。20 世纪 70 年代开始,从东亚的新兴国家逐渐转移到金砖四国。这样的变化也反映了企业选择厂址的变化,可谓描绘了一幅时代的画卷。

其中,瑞士和日本等国为了维持自己的优势地位而在不断努力,这也彰显了日本尊重专业技能人士的文化。

如何看待优雅的研究

到这里为止,我们整理出了跟知识能力相关的各种科目。首先我们从最主要的基础科学领域开始,接下来探讨了一般成人的教育程度、中学生的学习能力、大学的排名以及经营者中的意见领袖。最后,我们分析了跟实用相关的专利以及专业技能领域。在各个领域,我们都明确看到了日本的实力。

在本节的最后,我们稍微改变一下方向,以"什么是纯粹的研究、优雅的研究"为题进行思考。

所谓学习,就是从对知识的好奇心起步,来对世界进行探索。为了人类的健康、节约能源、提高便利性等类似"想为更加丰富的生活做出贡献"的说法,虽然是学者们的口头禅,但学者们的真实想法应该是"因为感兴趣才开始进行探究";而回报社会等想法,应该是在发生兴趣之后才产生的。"趣味性"才是研究的本质,从这一点来讲,"对于趣味性的追求"只有在较为富裕的社会才可能被许可,这也可以说是"贵族的游戏"。

对于研究宇宙的天体物理学家和研究古生代三叶虫的生物学者来说,让他们创造利润简直是天方夜谭。为了突破追逐利润的束缚,满足人们的好奇心,对那些进行纯粹研究的学者给予奖励,并让人们发自内心地微笑,有一个被称为"搞笑诺贝尔奖"的奖项。这一奖项不仅仅是为了搞笑和对诺贝尔奖的有趣模仿,还启发人的思考,因此要求参与评选的人必须具有幽默感和独创性。实际上,近些年来,日本几乎每年都有获得"搞笑诺贝尔奖"的人,是该奖项的获奖大国。例如,有研究可防止鸽子在铜像上拉屎的用于雕刻铜像的金属材料(2003 年)、鸡蛋土(1997 年)和卡拉 OK(2004 年)的发明家获得了该奖项。笔者对于获得该奖项的国家,按照国家进行了分类(见图 11)。

结果一目了然:日本研究者们在该奖项中十分活跃。主办国美国的获奖数排名第 1 位,而日本的累积获奖数居然达到了第 3 位。并且,2007 年以后,日本的获奖速度明显加快,呈现出赶超第 2 位英国的态势。这里,笔者将诺贝尔奖获奖国家和"搞笑诺贝尔奖"获奖国家进行了比较,将尖端技术研究领域和搞笑研究领域进行对比,可以看到活跃在前几位的国家有一些共同点。在大部分领域,日本都呈现出追赶美英的态势。

日本的博士们不仅会认认真真地搞研究,其中还有很多人是具有幽默感的。一方面,他们在基础科学领域的研究成果获得了

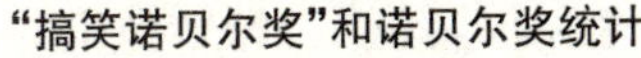

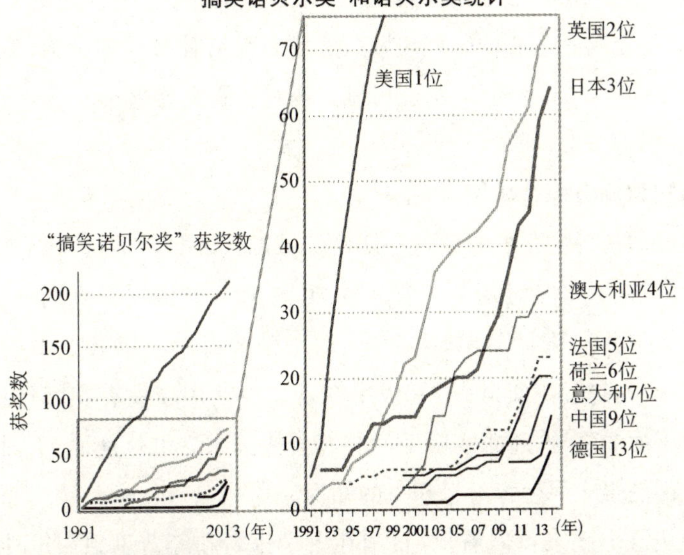

图 11

诺贝尔奖与“搞笑诺贝尔奖”比较

诺贝尔奖（2001 年—/科学奖）

占比(%)	获奖数	国家	排名
50	61	美国	1
12	14	日本	2
9.4	11	英国	3
5.8	7	德国	4
5.0	6	法国	5
4.0	5	以色列	6
2.5	3	俄罗斯	7
2.5	3	奥地利	8
2.1	3	加拿大	9
1.7	2	挪威	10
1.7	2	瑞典	11

“搞笑诺贝尔奖”（1991 年—）

排名	国家	获奖数	占比(%)
1	美国	209	33
2	英国	73	12
3	日本	64	10
4	澳大利亚	33	5.2
5	法国	23	3.6
6	荷兰	20	3.2
7	意大利	19	3.0
8	加拿大	18	2.8
9	中国	14	2.2
9	捷克	14	2.2
11	西班牙	13	2.1
12	瑞士	12	1.9

有益于技术创新的专利权，对社会的收益有很大的贡献；另一方面，那些充满好奇心的研究领域虽然暂时没有什么实用价值，但也获得了国家的预算支持，由此可见日本对于研究的宽容。

基础知识能力综合成绩

我们从各种角度对活跃在知性领域的代表日本的选手们进行了介绍，接下来要对其作一个总结（见图 12），具体项目分别是“搞笑诺贝尔奖”、诺贝尔奖、大学排名、基础教育等。越靠上面的部分，其研究越脱离实际，研究成果在现实生活中越没有实际作用；越靠下面的部分，越跟实际生活有着直接关联。也就是说，下面的部分都是跟实际生存直接相关的知识。

从这个图表可以看出，日本在大学排名和经营思想家以外的领域都属于佼佼者，并且像日本一样的国家和地区很少。由于日本国民整体上不擅长英语，所以在大学排名方面不占优势，但日本在其他领域是非常优秀的。

如今，日本成了可以量产诺贝尔奖的国家，这对于前人来说几乎是在做梦。不仅如此，在一般教育程度、职业技能、高品质的专利、优雅的纯粹研究等领域，日本人都取得了卓越的成绩。

图 13 是对认知能力方面进行的综合实力排名。从该排名的结果来看，日本的认知能力综合实力是全球第一的。虽然英美国家在大学排名、诺贝尔奖以及经营思想家等领域具有压倒性的优势，但是这些国家的普通人和学生的平均水平不高。相反，那些在学生成绩方面排在前列的东亚国家和地区，在其他领域却较为落后。

基础知识能力综合成绩表

评价指标	1位	2位	3位	日本的成绩
“搞笑诺贝尔奖”	美国	英国	日本	3位
诺贝尔科学奖	美国	日本	英国	理科2位
经营思想家	美国	英国	加拿大	文科8位
大学排名 理科	美国	英国	德国	4~6位
大学排名 文科	美国	英国	澳大利亚	11~12位
专利数量与收入	美国	日本	荷兰	2位
“技能奥运会”	韩国	瑞士	日本	3位
一般成人PIAAC	日本	芬兰	荷兰	1位

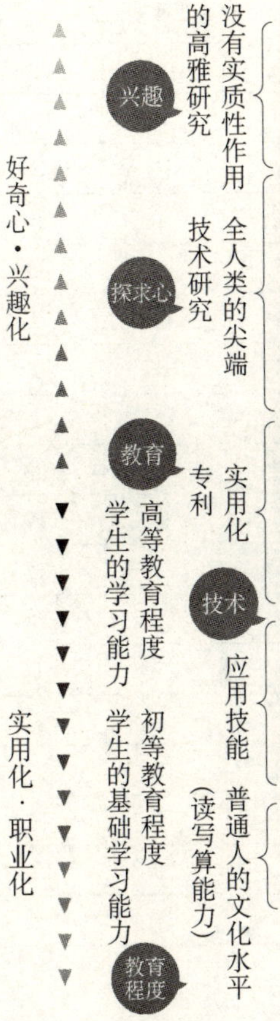

没有实质性作用的高雅研究
全人类的尖端技术研究
实用化专利
应用技能
普通人的文化水平（读写算能力）

兴趣
探求心
教育
技术
教育程度

高等教育程度学生的学习能力
初等教育程度学生的基础学习能力

好奇心·兴趣化
实用化·职业化

图 12

认知能力方面的综合实力排名

综合成绩排名		诺贝尔奖(3大科学奖)	“搞笑诺贝尔奖”	经营思想家	大学排名(QS全学院)	成人学力(PIAAC)
1	日本	2	3	8	6	1
2	英国	3	2	2	2	18
3	美国	1	1	1	1	22
4	加拿大	9	8	3	5	16
5	荷兰	15	6	6	10	3
6	德国	4	13		4	15
7	澳大利亚	15	4	17	3	11
8	瑞典	10	15	5	15	4
9	中国	12	10	11	8	
10	挪威	10	13	12		5
11	法国	5	5		12	23
12	韩国		30	10	9	17
13	奥地利	7	21			12
14	瑞士	12	12	22	12	
15	比利时	12	26	22	19	6
16	捷克		9			7
17	俄罗斯	7	18	22	19	13
18	丹麦		26	17	14	10
19	芬兰		38		19	2
20	爱尔兰	15	38	7		21

图 13

日本属于在各方面都比较平均的国家，从综合排名来看，它可说是世界上最为知性的国家。加拿大和荷兰在这方面较为接近日本,但日本在各方面的平均性上仍然是最好的。虽然有人指出日本的教育环境存在问题,但是我们应当认识到日本现在取得的成绩并非是一蹴而就的,还是应该给予肯定。

2. 基础体力

奥林匹克之花——100 米短跑比赛

抛开一些基础性的话题,我们首先从体能方面谈起。世界上有各种各样的运动,但要说到最具历史性和权威性的,当然要数奥林匹克运动会了。现在,奥运会的运动项目已经超过 400 种,其中最具奥林匹克精神的应该是在主体育场举办的田径项目。被称作“田径之花”的男子 100 米短跑比赛,是所有田径项目中最具人气、最活跃的项目。100 米短跑没有繁琐的规则,选手只需奋力向前冲刺即可,这也是所有比赛中最简单的形式。完成 45 步疾跑仅需 10 秒,这个表演确实太短暂了。在 100 米短跑的世界里,日本人的实力究竟如何?和过去相比,日本人的体格确实强健了不少,但同其他国家的人之间的差距果真缩小了吗?为此,我们调查了大正时代至今的 100 米短跑日本纪录和世界纪录的变化情况(见图 14)。

我们发现,至今为止,日本纪录逼近世界纪录的瞬间仅有两次。第一次是 20 世纪三四十年代,第二次是 20 世纪 60 年代。第一次是原定于 20 世纪 40 年代举办、但因战争原因未能举办的东京奥运会;第二次是 1964 年举办的东京奥运会。奥运会中,出现了彗星一样的著名日本选手——吉冈隆德和饭岛秀雄,创造了压倒性的日本纪录,几乎逼近世界纪录。但是,他们在奥运会后,也

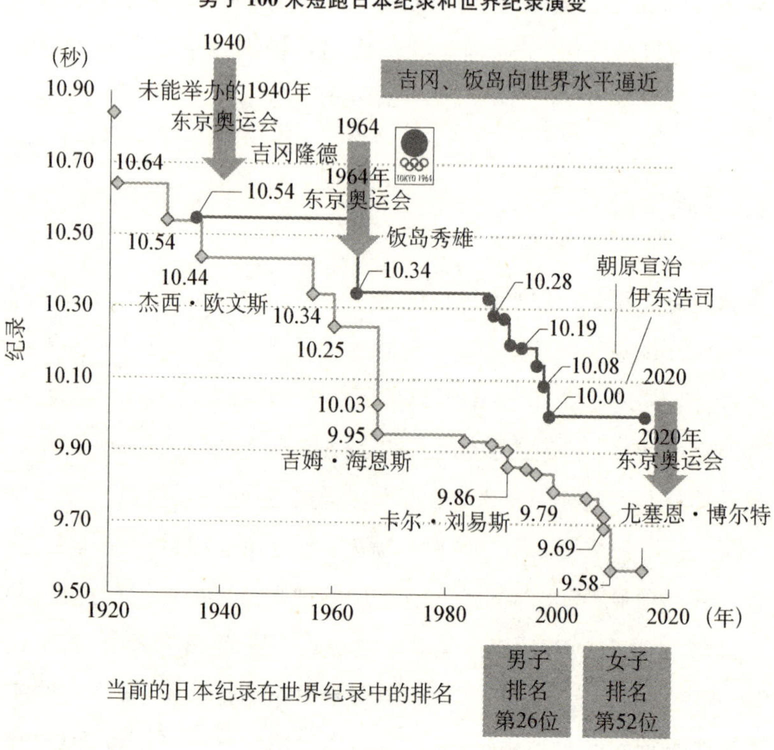

图 14

像彗星一样消失了。这之后，日本选手在田径领域并没有缩小同世界的差距。至今为止，日本纪录同世界纪录仍然存在令人绝望的 0.42 秒的差距。现在将世界各国的国内纪录自上而下地排列出来，日本现在的男子纪录在世界上排名第 26 位。第 26 位这个名次在世界舞台上，只能说相当于相扑界的幕下水平，是没有存在感的。女子排名更令人担忧——世界排名第 52 位。

跳跃类比赛的情况如何呢？跳高比赛的日本纪录是：男子排

名世界第40位，女子排名世界第38位。投掷项目的排名就更低了：男子铅球的世界排名是第81位，女子铅球的世界排名是第41位。虽说很遗憾，但这就是在严肃认真的体力比赛中日本所处的位置。这种全凭个人力量和速度来决定胜负的比赛同头脑竞技不同，日本人只能承认差距。

我们可以从径赛、田赛、投掷这3项最基本的比赛中发现一些不利于日本的因素，但即便如此，还是能看到日本选手们顽强拼搏的活跃场面——他们驰骋在世界的每个运动场上。本书将分别介绍球类比赛、格斗比赛中日本运动选手奋力拼搏的场景。但是，笔者想在本节中，仅从径赛这一基本运动出发，看看体格和体力欠缺的日本选手在拼搏的历程中，都采用了什么方法和策略。

男女老少全民运动

首先是“不论年龄”。刚才提到了100米短跑，笔者根据未成年人和成年人这两个年龄段，调查分析了世界纪录和日本纪录的不同(见图15)。

实际上，在最年轻年龄段的比赛和105岁以上的最高年龄段的比赛中，世界纪录保持者都是日本人。我们可以看出，日本选手在人生早期和后期都是渐渐向世界纪录逼近的。虽说根本无法同处于体力旺盛期的尤塞恩·博尔特抗衡，但是随着年龄的增加，日本选手或许能与世界顶级选手比肩。

我们将各个年龄段的100米短跑成绩以及历年前50—100名的选手按照国家进行了分类整理(见图16)。我们发现，19岁以下

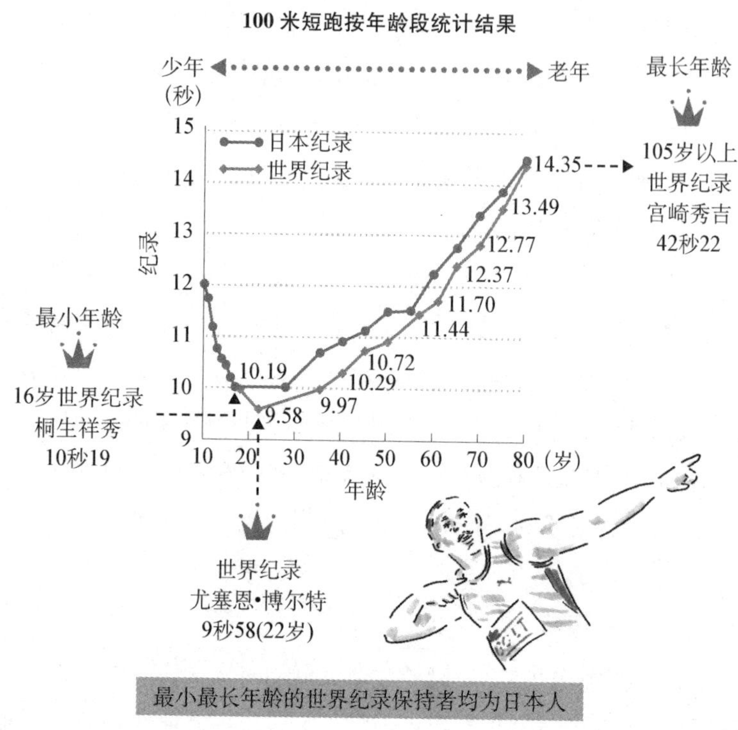

图 15

的青年及未成年人比赛中，日本紧随前三强的美国、尼日利亚、牙买加，取得了第 4 名的好成绩。桐生祥秀、萨尼布朗（日本人）是目前活跃在国际田径赛场上的日本选手。虽说日本人在人类体力最旺盛的 20—40 岁期间不能取得惊人的成绩，但是一旦过了 50 岁，日本人就会逐渐崭露头角；超过 80 岁，就能荣返世界前三强。中老年人的优秀选手赛中，将 35 岁以上各年龄段选手的成绩取平均值，就会发现日本仅次于美国和德国，位居世界第三。大家可能都

100 米短跑纪录在不同年龄段占比

儿童和青少年级别

1 位	美国	44%
2 位	尼日利亚	12%
3 位	牙买加	10%
4 位	日本	8.5%

成年级别

1 位	美国	44%
2 位	牙买加	13%
3 位	尼日利亚	6.7%
⋮		
26 位	日本	0.8%

精英级别

1 位	美国	35%
2 位	德国	11%
3 位	日本	8.3%

不同年龄段的历届优秀纪录保持者占比

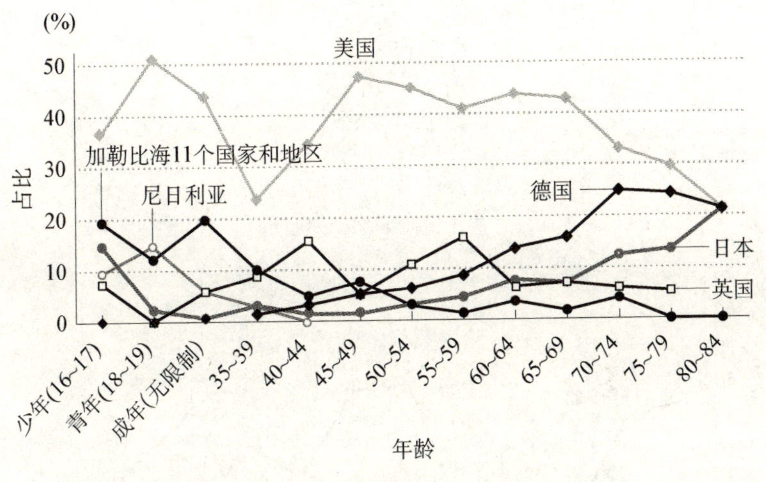

图 16

知道日本的老年人很有活力，但是应该没想到会这么有活力吧？除此之外，400 米赛跑和 1 500 米赛跑，也是同样的情况。

在低速比赛中凭耐力取胜

在低速比赛中，仅凭绝对的力量和速度是不能取胜的，所以必要的练习不可或缺。大家知道半程马拉松、全程马拉松以及为了进行马拉松练习而发明的100公里超级马拉松吗？

随着距离的增加，越是低速的比赛，日本选手的存在感越强烈。我们从最短的100米短跑到最长的1 500米长跑的历年排名表中选出前150位的选手，将他们按照国家整理出来（见图17）。

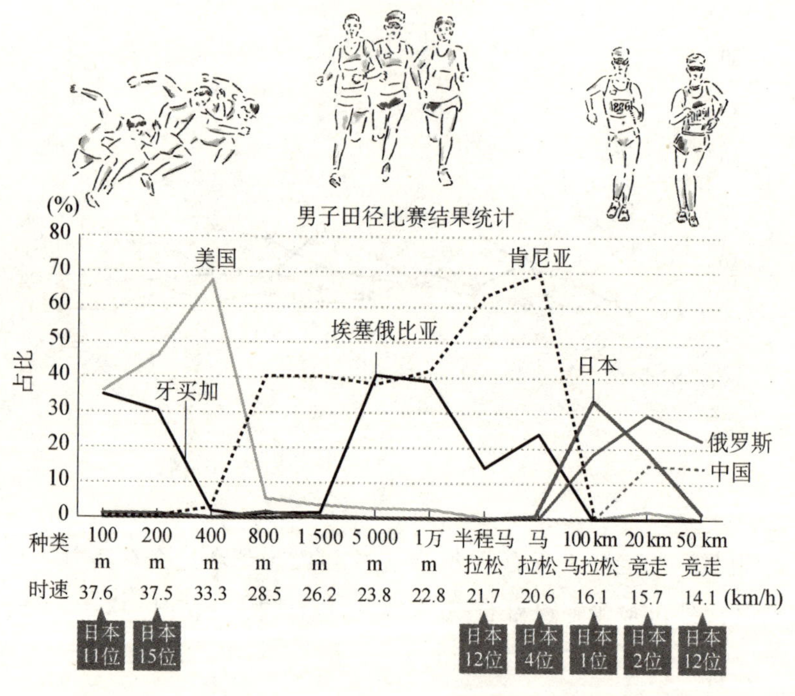

图17－1

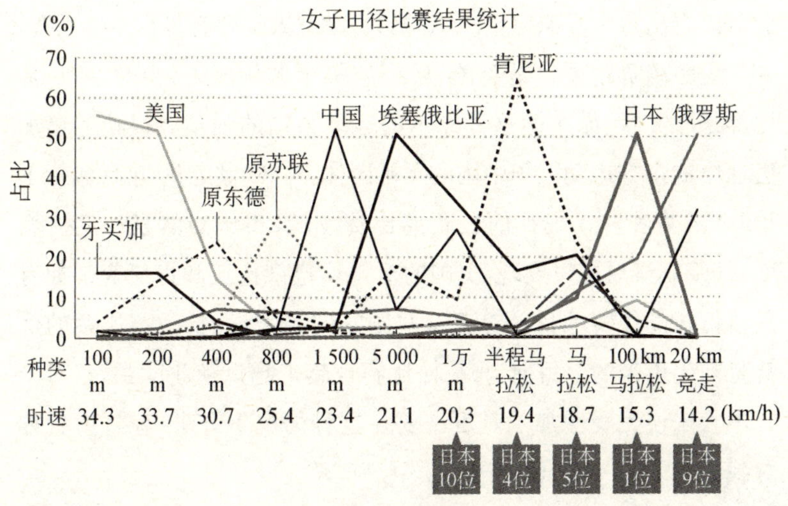

图 17－2

正如前述，女子100米短跑的日本纪录在全世界排名第52位，在世界纪录保持者中没有日本选手的名字。从中距离比赛到5 000米长跑的长距离比赛，都是如此。直到10 000米长跑比赛，国际排名第52位的日本纪录保持者涩井阳子终于登场了；前150名中，有9名日本选手。即便如此，从国家角度进行统计，因为有加权，所以日本只占其中的2%，排名第十。到了马拉松比赛，日本的名次终于浮上水面。雅典奥运会金牌得主野口瑞希创造的日本纪录，至今仍在世界排名第六。

这之后，就是长距离的100公里超级马拉松了。虽说这是比较小的项目，但日本的男女选手同时成为世界纪录保持者，确实不容易。历年来，女子比赛排名前十的选手中，日本选手占到4位。这一压倒性的结果，证明了日本选手在此方面的优势。从图中我们可以看出每个国家完整的、分栖共存的“人类两脚步行生态系”。

短距离赛跑项目是美国、牙买加等国的领域。400 米、800 米比赛是原苏联、原东德这种原本的运动大国的强项。很晚才参加奥运会的东方运动大国中国的女子团体，在 20 世纪 90 年代囊括了 1 500 米奖牌。在现在的长距离比赛领域，美国当然是王者。然而，仔细观察后可以发现，美国的对手埃塞俄比亚和肯尼亚都拥有各自擅长的径赛项目。对于这些国家的人来说，长距离比赛的优势是与生俱来的。目前，马拉松比赛也越来越重视速度了，这对于日本人来说无疑增加了难度。要在这种情况下寻求出路，就犹如寻找高山雪莲一般，机会渺茫。

挑战徒步的世界

日本男子 100 米短跑的世界纪录是 9 秒 58，将其换算成平均时速的话就是 37.6 公里。这样的话，400 米短跑的时速就是 33.3 公里，1 500 米长跑的时速就是 26.2 公里。马拉松的时速降低为 20.6 公里，日本选手拿手的 100 公里超级马拉松的时速降低为 16.1公里。即使速度再慢，最多就是 100 米以 22.4 秒的时间跑完，这对于 100 公里超级马拉松来说依然是令人难以置信的速度。而且，前方就是田径的世界。实际上，20 公里长跑的世界纪录保持者是以 15.7 公里/时的速度完成的，这几乎是逼近 100 公里超级马拉松的速度。目前，这项世界纪录的保持者是日本选手铃木雄介。虽说在竞走界，日本选手几乎没有引起重视，但是近年来日本在此方面的实力急速增强。

从图 17－1、图 17－2 最右边的竞走结果可以看出，被速度竞争日益激烈的运动领域排挤的日本选手们在竞走领域以16公里的时速，几乎达到了世界的顶点。这个“步行界”同长距离跑步领域不同，完全没有看到非洲人的气势。男女竞走比赛都由俄罗斯和中国包揽前二，接下来的排名是法国、意大利、西班牙等国。这一项目似乎在南欧和中南美洲也有很高的人气。之后才进入这个领域的日本，首先从男子20公里竞走开始挑战，目前成果不错。从图17－1中可以看出，由于非洲运动员推进了男子马拉松的速度革命，日本选手为了寻求出路，开始选择竞走比赛。今后，女子马拉松也会越来越重视速度，日本的女子马拉松运动员早晚也会去参加竞走比赛。

开始越野徒步、登山

先是从跑道开始，随后向公路进军，日本人已经全方位开始行走，之后将迈入越野徒步的世界。当然，对于勇于挑战的运动员来说，不会满足于在原野上步行，他们的目标是人迹罕至的山顶。

虽说目前有很多种说法，但是最普遍的应该是征服包括南极洲在内的各大洲最高峰，即征服“世界七大高峰”：亚洲的珠穆朗玛峰(8 848米)、欧洲的厄尔布鲁士山(5 642米)、北美洲的麦金莱山(6 194米)、南美洲的阿空加瓜山(6 959米)、非洲的乞力马扎罗山(5 895米)、大洋洲的科修斯科山(2 228米)、南极洲的文森峰(4 892米)。由于还不确定是否将新几内亚岛的查亚峰(4 884米)列入大洋洲，所以世界高峰征服者的名单有两份。截至2 011年，同时征服八大峰的登顶者有122人，确认成功登顶任意7座山峰的人员有348人。我们对此进行了分类整理(见图18)。从图中可以看出，日本在世界排名第四，一共有15名日本人成功登顶，这让我们看到了冒险者精神。可以说，这使“山地大国”——日本名声大振。从历史上来看，第一个征服七大峰的人是美国人理查德（1985年）。在这之前，有1978年成功登顶6座高峰的意大利人莱茵霍尔德·梅斯纳尔。在梅斯纳尔之前的，则是1970年首次征服五大峰的植村直己。植村直己因此获得了国民荣誉奖，是开辟世界最高峰登顶运动的先驱。另外，首次完成世界七大洲最高峰登顶的第一位女性，是日本人田部井淳子。

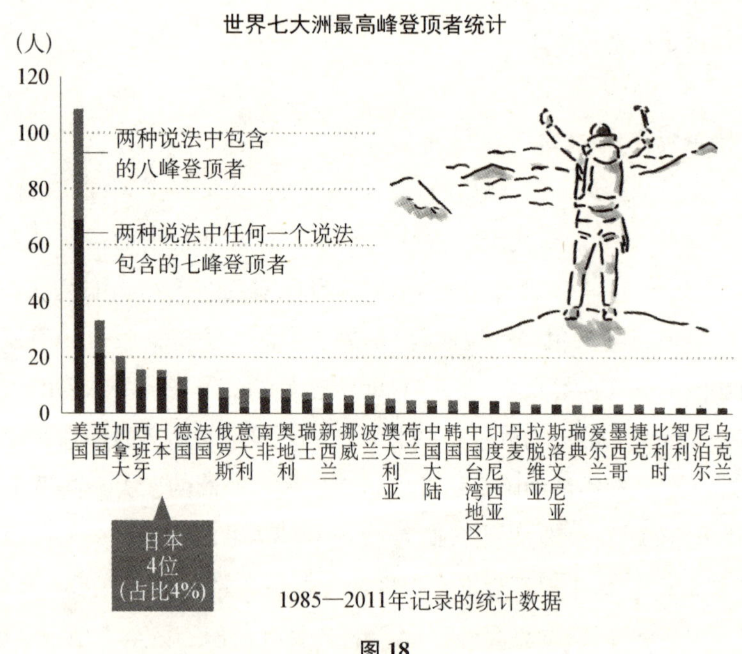

图18

同田径比赛一样，在登山领域，日本的青少年发挥了很强的能力。世界上超过 8 000 米的山峰有 14 座，曾登上超过 8 000 米的超级山峰的、超过 65 岁的登山者一共有 65 名，其中日本人占到 34 名——竟然有一半以上是日本人（见图 19）。不论是女性还是高龄人群，日本人都在世界登山领域发挥着领头人的作用。除了实际的登顶成绩，还针对全球登山家设立了一个令人梦寐以求的“金冰镐奖”，这个奖甚至被称作“登山界的奥斯卡”。该奖的获奖者并不只是简简单单地登上高山——该奖项是向“K7 西南壁第二登（新路线首次登顶）”以及“极其险峻的道拉吉里峰南壁攀登”那样的开辟了新挑战线路的勇者颁发的。我们将 1992 年金冰镐奖设立以来的获奖人数按照国家进行了整理（见图 20）。

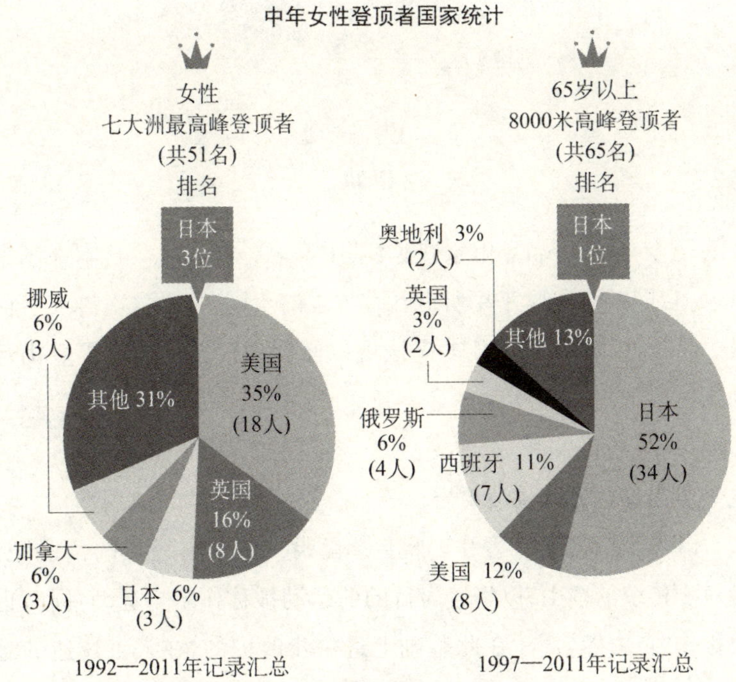

图 19

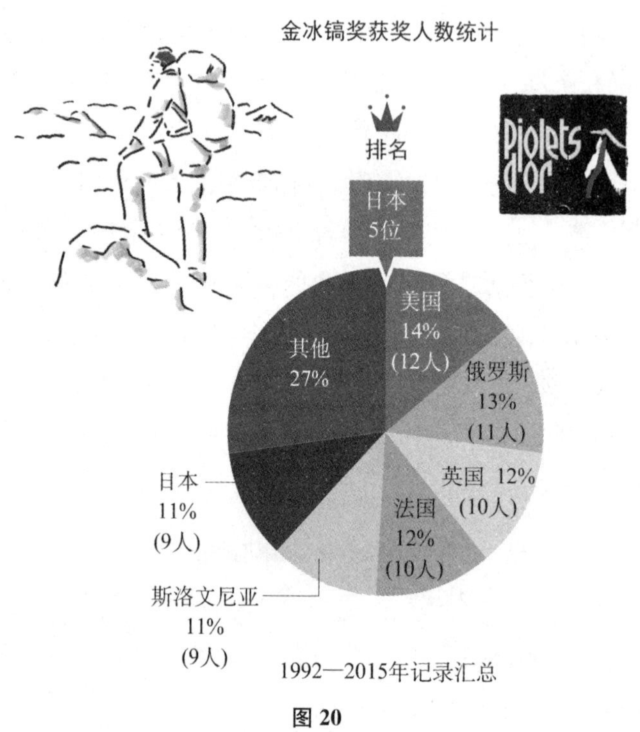

图 20

至今有近 90 名登山家获奖，其中 9 名是日本人。日本在国家排名上，同斯洛文尼亚并列第五。与之前不同，日本这次进入了前五。从这些结果来看，日本应该可以骄傲地说自己是世界登山运动强国了吧。

进一步向垂直方向挑战攀岩

既然我们说到了登山，那接着就谈一谈攀岩领域的情况吧。相对于传统的登山，以攀岩为目的的运动被称作攀岩运动，同时也被称作“自由攀岩”。在此基础上进一步改进的、在人工建造的悬

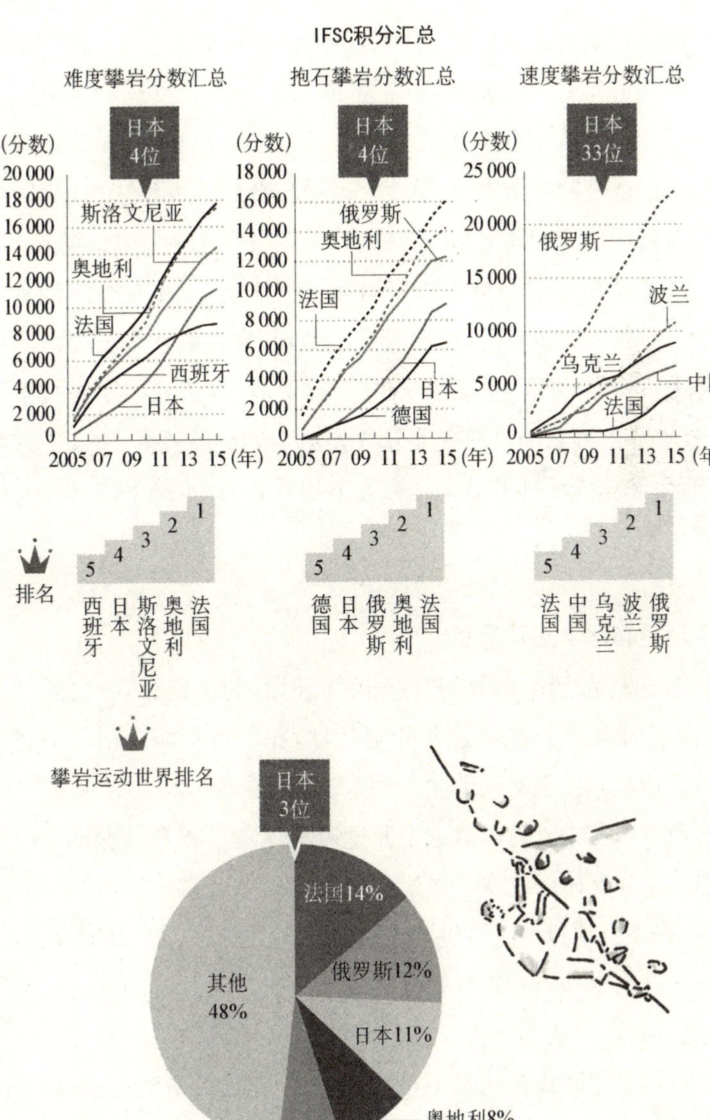
IFSC积分汇总
难度攀岩分数汇总
抱石攀岩分数汇总
速度攀岩分数汇总
日本
4位
日本
4位
日本
33位
(分数)
斯洛文尼亚
奥地利
法国
西班牙
日本
俄罗斯
奥地利
法国
日本
德国
俄罗斯
波兰
乌克兰
中国
法国
2005 07 09 11 13 15 (年)
排名
西班牙 日本 斯洛文尼亚 奥地利 法国
德国 日本 俄罗斯 奥地利 法国
法国 中国 乌克兰 波兰 俄罗斯
攀岩运动世界排名
日本
3位
法国14%
俄罗斯12%
日本11%
奥地利8%
斯洛文尼亚7%
其他
48%

图 21

崖上进行安全的攀登运动的比赛，被称作“运动攀岩”。这项运动近年来在世界上广泛普及，很有可能被列入东京奥运会的极限运动项目。国际运动攀岩联盟（IFSC）公开了重点选手排名，按照国家将其整理绘制成图表（图 21）。这项比赛由难度攀岩（在规定的时间内到达更高的高度）、抱石攀岩、速度攀岩这 3 个项目组成。

日本是最早引领世界攀岩运动的国家之一，尤其在难度攀岩和抱石攀岩方面很拿手，出现了平山裕司、野口启代等赢得世界杯的选手。根据 2015 年 IFSC 的重点选手清单，按照国家进行整理后，日本 3 个攀岩项目的合计分数分别是男子排名第三、女子排名第四、男女总成绩排名第三。从登山到攀岩，日本选手的韧性超乎寻常。

水上运动和冰上运动选手

本节先是谈跑步，从短距离径赛开始，到道路径赛，之后又从登山谈到了攀岩。除了这些陆上运动，我们也不能忘记同样重要的水上运动和冰上运动。

我们一起来看看游泳选手及速度滑冰选手在赛场上活跃的身影吧。首先是游泳比赛。奥运会中距离最短的游泳比赛是 100 米游泳，有 4 个项目——自由泳、蝶泳、仰泳、蛙泳。我们统计了 1970 年以后这 4 个项目的世界锦标赛和奥运会男子比赛的金、银、铜奖牌总数，列出了获 300 枚以上奖牌的国家，见图 22。

在自由泳和蝶泳比赛中，日本迄今为止还没拿到过一枚奖牌。但在仰泳项目中，日本累计获得了 5 枚奖牌，排名世界第五；蛙泳项目累计获得了 7 枚奖牌，排名世界第三。我们应该对这样一种

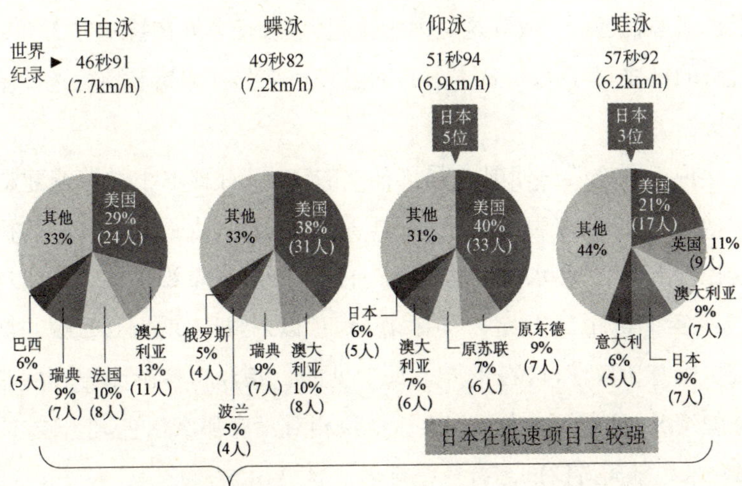
男子100米游泳比赛结果统计
自由泳
蝶泳
仰泳
蛙泳
世界纪录
46秒91 (7.7km/h)
49秒82 (7.2km/h)
51秒94 (6.9km/h)
57秒92 (6.2km/h)
日本 5位
日本 3位
美国 29% (24人)
其他 33%
巴西 6% (5人)
瑞典 9% (7人)
法国 10% (8人)
澳大利亚 13% (11人)
美国 38% (31人)
其他 33%
俄罗斯 5% (4人)
波兰 5% (4人)
瑞典 9% (7人)
澳大利亚 10% (8人)
美国 40% (33人)
其他 31%
日本 6% (5人)
澳大利亚 7% (6人)
原苏联 7% (6人)
原东德 9% (7人)
美国 21% (17人)
其他 44%
英国 11% (9人)
澳大利亚 9% (7人)
意大利 6% (5人)
日本 9% (7人)
日本在低速项目上较强

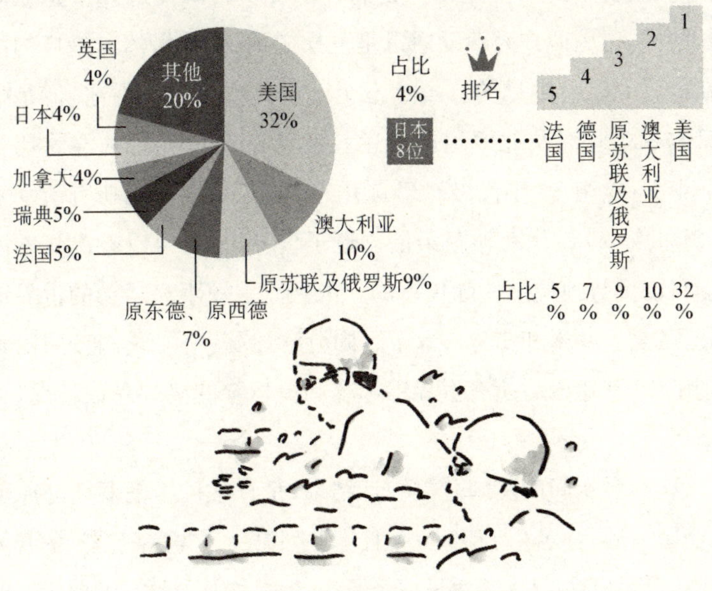
游泳(4×100米接力)
其他 20%
美国 32%
英国 4%
日本4%
加拿大4%
瑞典5%
法国5%
原东德、原西德 7%
原苏联及俄罗斯9%
澳大利亚 10%
占比 4%
排名
日本 8位
1 2 3 4 5
法国
德国
原苏联及俄罗斯
澳大利亚
美国
占比 5% 7% 9% 10% 32%

图 22

模式很熟悉吧：同陆上项目一样，越是低速运动的项目，日本人获胜的概率就越大。或许这是因为比起力量，日本人在技术方面更有优势的缘故。可以说，日本人是通过技巧来弥补体格和体力上的不足的。

说点题外话。外国人看了日本的动漫，对日本小学普遍建造泳池、设置游泳课表示惊讶。日本是海洋国家，人们和水接触的机会比较多，为了在水灾发生时保护自己，所以很重视游泳训练。自1953年将8月14日定为“国民游泳日”以来，日本就极其重视并彻底贯彻游泳教育，这在世界上是少见的。综合4种游泳方式的获奖牌情况，日本的自由泳和蝶泳虽说相对没有那么出色，但日本的100米短距离游泳的综合成绩排名世界第八。

那么，日本的冰上运动又是怎样的呢？日本在地理上是纵向狭长的国家，因此户外活动通常是夏季游泳、冬季滑冰。这样的国家在世界上是很少见的。虽然不至于说日本是全民滑冰，但是生于日本本岛北部及北海道的选手持续活跃在世界级的滑冰比赛中。继20世纪80年代黑岩彰首开先河之后，21世纪初有清水宏保，21世纪10年代有加藤条治创造了世界纪录，可以看出日本冰上项目的优势地位是一脉相承的。说到冰上短距离运动的世界锦标赛，就是500米和1 000米了。同游泳比赛一样，我们按照国家整理了1970年以后所有世界锦标赛和奥运会的奖牌总数情况（见图23）。

这40多年间的奖牌总数统计结果，是日本位于俄罗斯与原苏联、美国之后，排名第三，荷兰与日本并列第三。与这些国家的身体强壮的选手相比，日本选手虽说个子小，但是精神抖擞。实际上，500

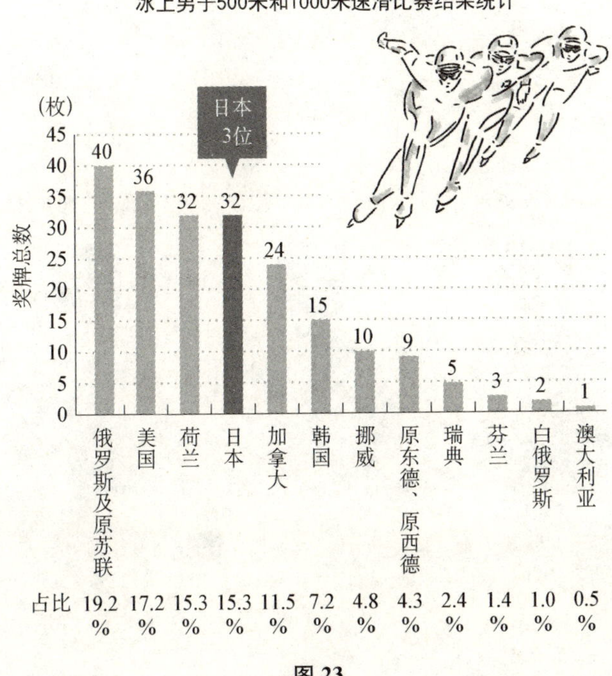

图 23

米速度滑冰比赛中，在一周 111.12 米的跑道上，能将身体大幅度向内倾斜滑动，对于小个子选手来说是一大压倒性的优势。仅韩国和中国获得的奖牌数，就将近奥运会奖牌总数的一半。按理说，日本在这方面不应该很弱，但是至今只收获了 3 枚奖牌。日本偏要挑战自己不擅长的长距离跑道，从中可以看到日本人对于胜负的美学意识。

对于 100 米和 200 米田径比赛的世界选手，我们也进行了同样的分析，将陆上、水上、冰上最短距离比赛的奖牌总数（1970 年以后）进行了整理总结，见图 24。

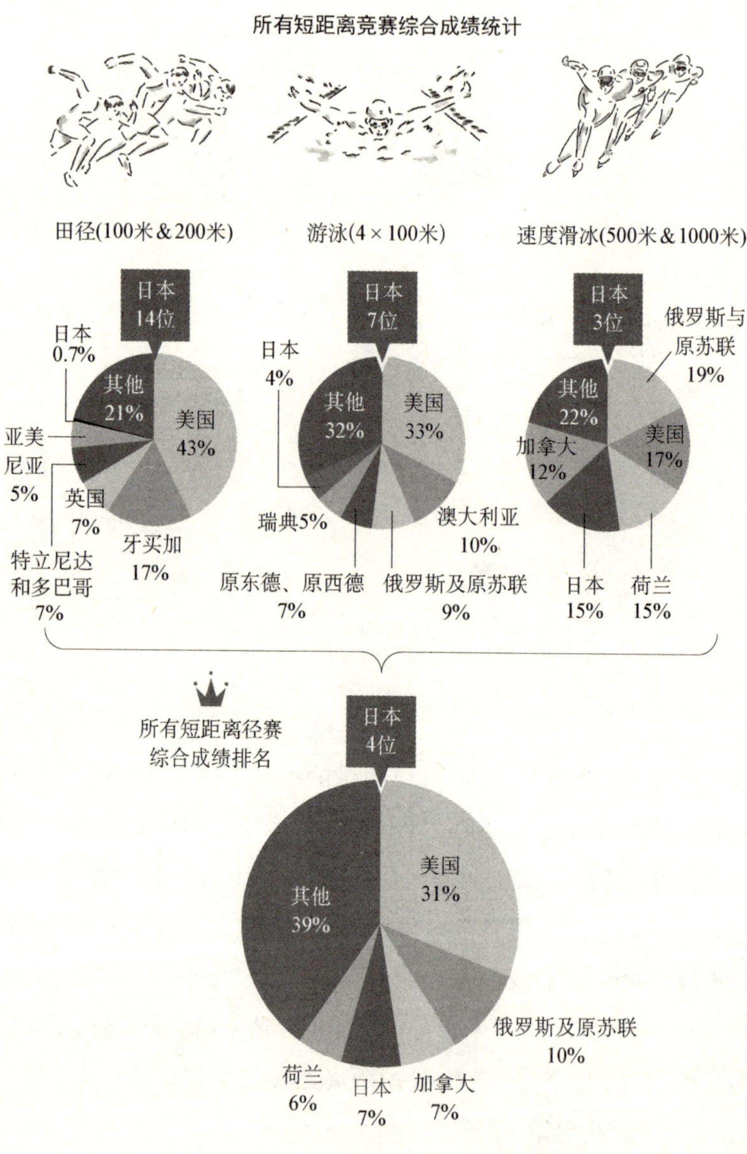
所有短距离竞赛综合成绩统计
田径(100米&200米)
日本
14位
日本
0.7%
其他
21%
美国
43%
亚美
尼亚
5%
英国
7%
牙买加
17%
特立尼达
和多巴哥
7%
游泳(4×100米)
日本
7位
日本
4%
其他
32%
美国
33%
瑞典5%
澳大利亚
10%
原东德、原西德
7%
俄罗斯及原苏联
9%
速度滑冰(500米&1000米)
日本
3位
俄罗斯与
原苏联
19%
其他
22%
美国
17%
加拿大
12%
日本
15%
荷兰
15%
所有短距离径赛
综合成绩排名
日本
4位
美国
31%
其他
39%
俄罗斯及原苏联
10%
荷兰
6%
日本
7%
加拿大
7%

图 24

将3种比赛综合起来看的话，日本在多个项目中的整体表现均衡，名次上升到了第四。虽说这些比赛都是所有运动中最简单的短距离径赛，但能同时在陆上、水上、冰上比赛中都获得好成绩的国家是很有限的，而日本就是这些国家中的一个。虽说日本没有那么显眼，却是潜在的短距离竞速大国。

少数人的战斗

刚刚我们讨论了奥运会以及世界锦标赛的相关话题，却忘了另外一个很重要的话题，就是残疾人运动会。同奥运会相比，我感觉大家很少关注国际残奥会。但是，我们还是简单看一下残疾人的100米径赛情况。

国际残奥会陆地竞赛中的田径项目分为4种，分别是视觉障碍组、脑原性麻痹组、截肢·机能障碍组、轮椅使用组。我们将这其中的轮椅使用组以及假肢使用组的比赛结果进行了分类整理（见图25）。具体来说，据国际轮椅及截肢体育协会(IWAS)发表的世界排名结果，我们记录了排名靠前的A级或B级的一流选手数量(2011年、2013年、2015年3年的总人数)。

结果令人吃惊：日本排名世界第三。在假肢使用组的比赛中，日本仅次于美英，排名第三。在轮椅使用组的比赛中，日本位于美国、英国、泰国之后，排名第四。将这两个结果综合起来计算的话，日本在短距离竞赛的运动员占比为8.3%。虽说这个结果包括未成年人以及高龄人群，但如果抛开这些人群的因素，我们仍可以看到日本的优势所在。

100米竞赛轮椅及假肢使用组顶级运动员比例统计

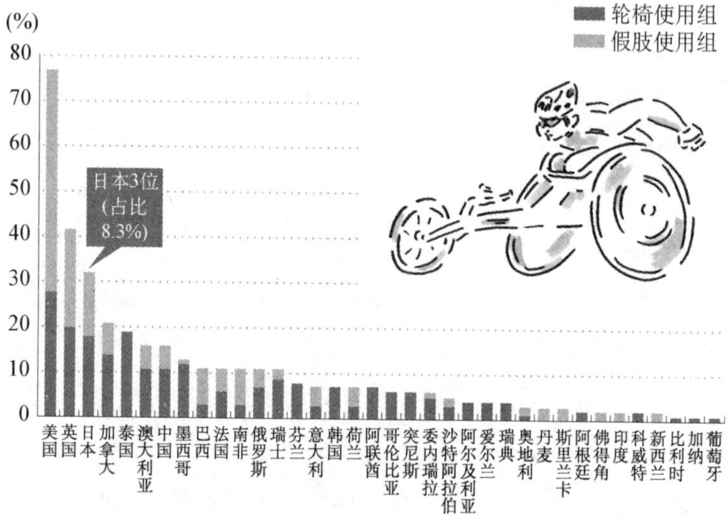

图 25

奔跑在沙滩上的"短距离游泳选手"

我们分析了小众的残奥会后，再分析一下奔跑在沙滩上的救生员。在众多比赛项目中，他们是少有的短距离游泳选手，活跃在沙滩上救助生命。救生员在海水浴场等水边工作，防止溺水等事故的发生，通常都持有资格认定证明。他们是具备生命救助法、应急措施、苏醒术、危机管理等方面知识的专家。

救生方法被运用到运动比赛中，已经有很长时间了，似乎在20世纪初就已经在澳大利亚各地的沙滩上被广泛应用。可以说，这是救生方法的发祥国澳大利亚的"国技"。最具权威的国际救生联合会世界救生锦标赛，隔年举办一次，比赛项目包括使用冲浪板的海洋类项目、在沙滩上进行比赛的沙滩类项目，以及打捞很重的人体模特的泳池类项目等。由于本节首先讲述的是 100 米陆上径赛，所以也简单讨论一下沙滩上的短距离争夺赛的 2 个项目。一个是属于沙滩短距离竞速的 90 米沙滩径赛，另一个是海滩信号旗争夺赛——这项比赛以前方 20 米远的旗帜为目标进行争夺，首先拿到旗帜的人获胜。下面，我们将接近 12 届世界锦标赛（1992—2014 年）中排名前八的选手按国家进行整理，结果如图 26。

日本选手的活跃程度，让人吃惊。将短距离沙滩竞速的成绩汇总后，日本男子选手排名世界第七，女子选手竟然排名世界第二。此项目被称为澳大利亚的“国技”，非常有人气，而日本女子团体居然可以紧随澳大利亚之后，她们真是令日本人骄傲的“大和抚子”。

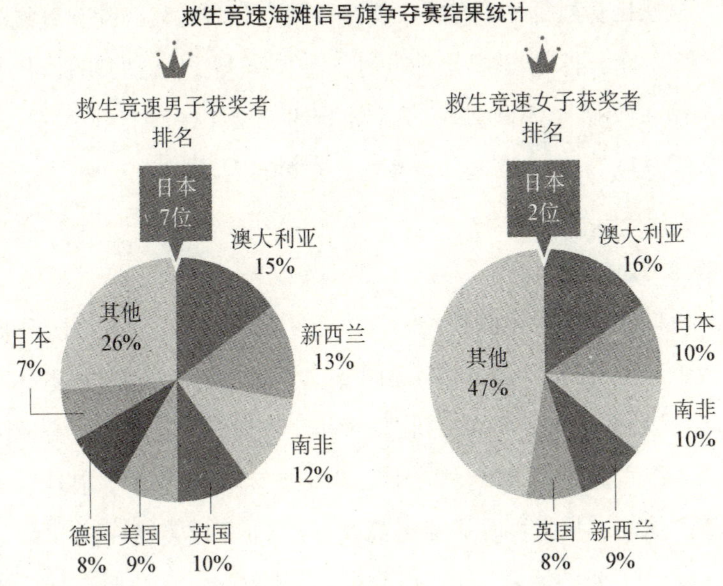

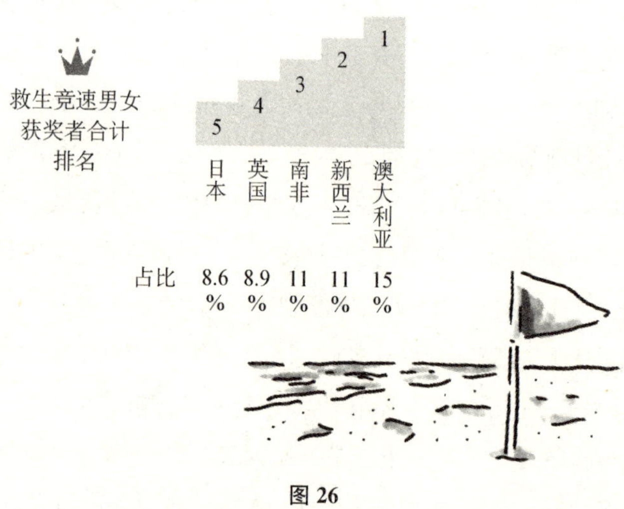

图 26

这些比赛项目并不像足球或者 F1 赛车那样，赢得胜利就能得到很多奖金。但是，这些运动员肩负着守护人类生命的职责，他们是奔跑在沙滩上、不断训练、积累经验的英雄。在这个用意志奔跑的救生领域，有这么多坚强奋斗的日本年轻人，真令人感叹。

完赛能力总结

我们在各个领域都看到了日本选手的活跃姿态。在此，我们综合汇总了不同领域的结果，见图 27。图的中心是被称为“奥林匹克之花”的 100 米径赛，它的最大竞争者是北美以及加勒比海地区的黑人选手，他们具有绝对的速度优势与实力，日本选手很难从正面战胜他们。我们暂时避开年龄段不谈，如果参赛选手的年龄是 16 岁和 105 岁的话，日本人仍然保有世界纪录。在长距离低速比

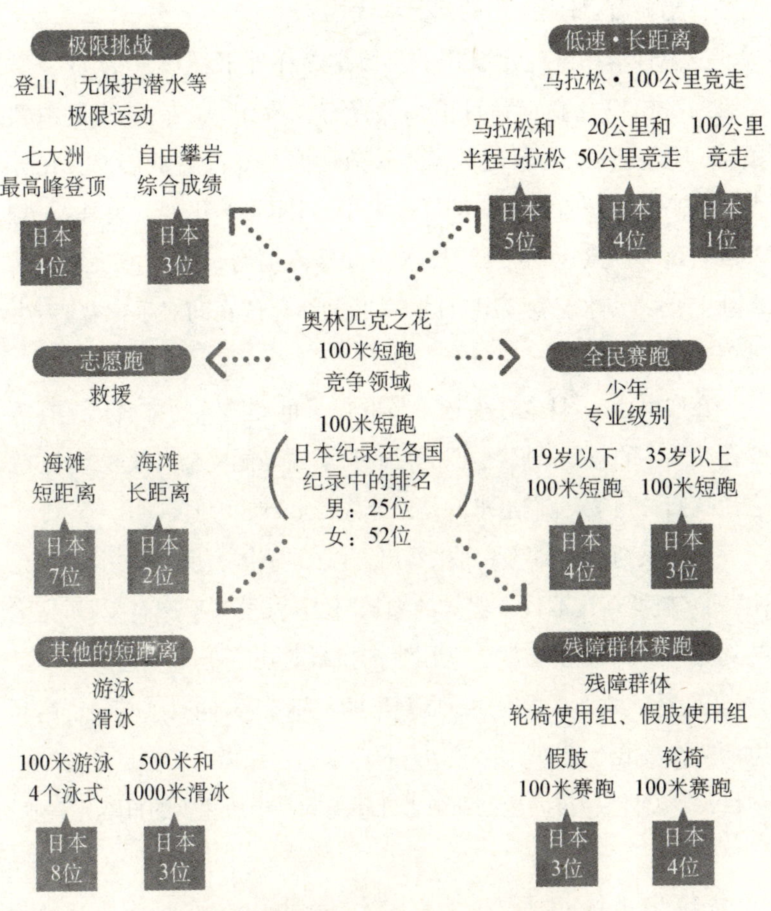
完赛能力统计
极限挑战
登山、无保护潜水等
极限运动
七大洲
最高峰登顶
日本
4位
自由攀岩
综合成绩
日本
3位
低速·长距离
马拉松·100公里竞走
马拉松和
半程马拉松
日本
5位
20公里和
50公里竞走
日本
4位
100公里
竞走
日本
1位
奥林匹克之花
100米短跑
竞争领域
100米短跑
日本纪录在各国
纪录中的排名
男：25位
女：52位
志愿跑
救援
海滩
短距离
日本
7位
海滩
长距离
日本
2位
全民赛跑
少年
专业级别
19岁以下
100米短跑
日本
4位
35岁以上
100米短跑
日本
3位
其他的短距离
游泳
滑冰
100米游泳
4个泳式
日本
8位
500米和
1000米滑冰
日本
3位
残障群体赛跑
残障群体
轮椅使用组、假肢使用组
假肢
100米赛跑
日本
3位
轮椅
100米赛跑
日本
4位
图中日本的战绩犹如被抽去花茎的花

图 27

赛中，日本人的战术也是很有效的。女子比赛的话，目前还可以参加马拉松。但是男子比赛的话，随着非洲人在田径项目中的速度优势日趋显著，日本选手的状况堪忧。

虽说日本在这些领域几乎要被排除在外了，但是在100公里超级马拉松以及竞走项目中仍然保有世界纪录。在徒步登山领域，日本竟然为我们展现了世界一流的野外冒险者的姿态。在各大洲最高峰登顶者数量的世界排名中，日本排名第四。另外，在野外攀岩这一新兴运动领域，日本在世界范围内领先，占三强之一。在陆上、水上、冰上竞技中，日本选手也都会认真同对手比赛，一决高下。

在残奥会上，日本残疾运动员取得了世界第三的排名。还有活跃在沙滩上的救生员们，他们的目的并不是高额奖金以及收入，其意志让我们看到了，他们追求的是比金钱更宝贵的价值。

从一系列总结的结果可以看出，日本的整体表现可以用“以柔克刚”四字概括。在不具备优势的领域，日本人没有半途而废，而是坚持到底，寻找取胜的方法。从用生命挑战登山到处于劣势的田径竞技，我们看到的是日本运动员展现出的英雄本色，同时感受到了用意志活跃在沙滩上的救生员们对美的追求。仅仅借由所有运动的基础项目——赛跑，应该就能在细微之处感受到其中所蕴含的日本元素吧。

3. 操纵类竞技

机动车运动中最具权威的比赛——F1世界锦标赛

上一节对竞技类运动进行了探讨，主要是滑、跑、游等基本竞速运动。除此之外，比赛速度的运动还有雪橇、帆船、赛艇、自行车以及赛马等。但是，与其说这些运动是跑步的延伸，不如说是由人操纵机械或动物的竞技。要在这些项目的顶级赛事中取得好成绩，不仅要求运动员具备瞬间爆发力和良好的耐力等，还要求具备观察运动物体的视力和反射神经等感觉能力。此外，除了较高的个人能力，机动车的性能也会对比赛结果产生很大的影响，这与单纯的田径类运动差别很大。

机动车类运动包括船类和飞机类运动，但最主要的还是汽车类运动。世界上有各种各样的汽车类运动大赛。例如，被称为"魔鬼机器"的汽车拉力赛不进行弯道角逐，只比赛直线距离；被称为"粉碎性赛马"的汽车格斗要相互撞击，直到对方无法移动。类似的项目还有很多，这里笔者举一些大家耳熟能详的正统汽车比赛，以此观察这些比赛中各国的实力。

毫无疑问，世界一级方程式锦标赛（F1）是全球范围内最具影响力的赛车比赛，也是赛车界最权威的比赛。F1 赛车的特点是开放式车舱及轮胎，也就是说，无论是驾驶员还是轮胎，都是暴露在外的。如果是封闭式车舱的话，对安全性等会比较有利。但这就是 F1 的传统和规则，也是 F1 之所以是 F1 的原因。

F1 已有多年历史，英国和意大利两国一直延续着其品牌价值。F1 以欧洲为中心，每年大约举行 20 场比赛，累计每场比赛的成绩，以选出当年的世界冠军。F1 除了给参赛选手颁奖之外，还会给予综合运营团队的建设者们相同的荣誉，为他们颁发 F1 世界团队运营冠军大奖。在这里，笔者把从 1950 年开始的所有年度的优胜者们按照国家进行总结（见图 28）。

F1世界锦标赛结果统计

赛车手排名

赛车手	总计
迈克尔·舒马赫	91胜
阿兰·普罗斯特	51胜
路易斯·汉密尔顿	43胜
塞巴斯蒂安·维特尔	42胜
埃尔顿·塞纳	41胜
费尔南多·阿隆索	32胜

赛车手

年度综合冠军

日本 0

英国 23%
德国 17%
巴西 12%
阿根廷 8%
芬兰 6%
其他 34%

全赛段综合成绩

日本 0

英国 26%
德国 17%
巴西 11%
法国 8%
芬兰 5%
其他 33%

赛车制造商排名

赛车制造商	总计
法拉利	223胜
迈凯伦	182胜
威廉姆斯	114胜
路特斯车队	79胜
红牛	41胜
梅赛德斯	32胜

赛车制造商

年度综合冠军

日本 0

英国 56%
意大利 29%
奥地利 6%
法国 4.5%
德国 4.5%

全赛段综合成绩

日本 7位 (0.3%)

英国 56%
意大利 28%
法国 6%
奥地利 5%
日本 0.3%

(1950—2015年记录的统计数据)

图 28

结果正如大家所看到的那样，无论是赛车手还是赛车制造商，日本都没有获得年度综合优胜。如果把门槛降低一点，将每年举行的20次左右的所有比赛都计算在内，仍然没有日本选手获胜。在900多次顶级赛事中，日本选手一次也没有获胜过。但是，在赛车制造商方面，按照一般成绩来计算，日本有极少数制造商获过奖，其中只有本田车队获得过3次胜利。这可能是因为，比起成为拼命的赛车选手，日本人更适合制造车体。因此，笔者把赛车制造商重新整理了一遍，图29是至今为止所有年度综合优胜车辆中所搭载的发动机以及轮胎制造商的履历。

由此可见，在获胜的赛车中，有7.6%搭载的是日本制造（本田）的发动机，16%使用的是日本制造（普利司通）的轮胎。这体现了日本的固有特色。在F1赛事中成名的赛车手都是运动领域的顶尖运动员，是享有高额报酬的特殊精英。他们被众多赛车美女包围着，站在领奖台上豪爽地打开香槟，庆祝获奖。其实，这并不符合日本人的本性。日本人更适合担任工程师，在幕后为团队的胜利作出贡献。

“新大陆的F1”——印地500

实际上，汽车大国——美国并没有参加F1比赛。也许美国人认为他们是最早进入“汽车社会”的，怀着这样的自负，所以不愿意参加欧洲人组织的F1，而是另外制定了赛事规则，举行了自己的比赛，即可与欧洲的F1相匹敌的印地500。印地500采用的是椭圆形赛道，赛车过弯道时不需要减速，这与F1比赛主要考验车手的弯道技术有所不同。在印地500中，赛车可以始终维持高速，因

冠军车队使用零件生产国统计

大零件

赛车制造商排名

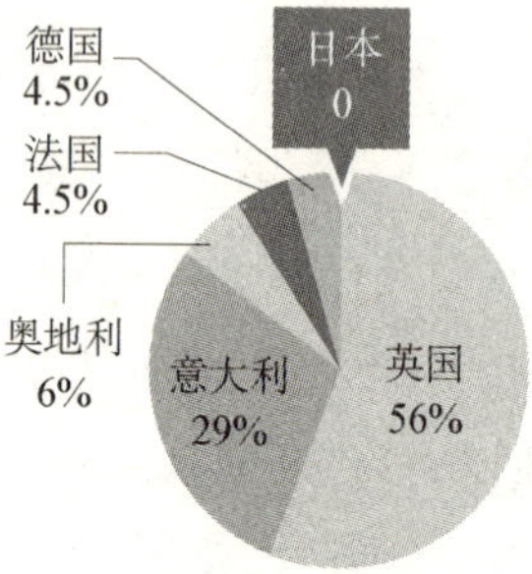

德国 4.5%
法国 4.5%
奥地利 6%
意大利 29%
英国 56%
日本 0

引擎排名

排名	制造商	获奖次数
1	法拉利	15次
2	福特	13次
3	雷诺	11次
4	梅赛德斯	7次
5	本田	5次

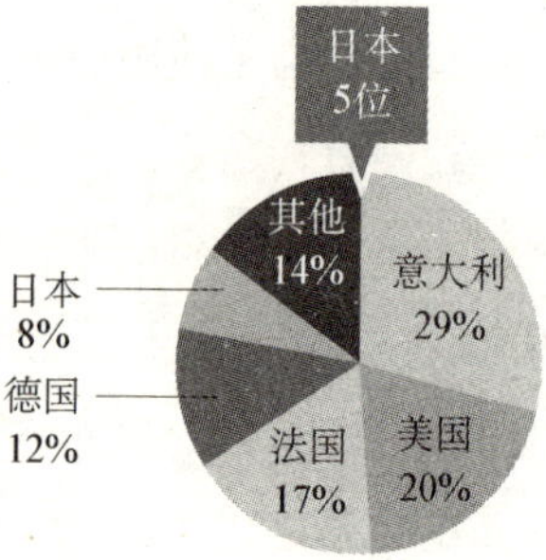

日本 5位
其他 14%
意大利 29%
日本 8%
德国 12%
法国 17%
美国 20%

小零件

轮胎排名

排名	制造商	获奖次数
1	固特异	24次
2	普利斯通	11次
3	倍耐力	10次
4	邓禄普	8次
5	米其林	6次

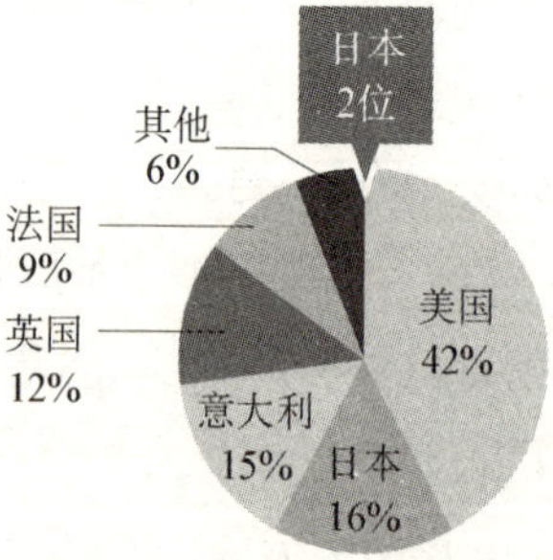

日本 2位
其他 6%
法国 9%
英国 12%
美国 42%
意大利 15%
日本 16%

图 29

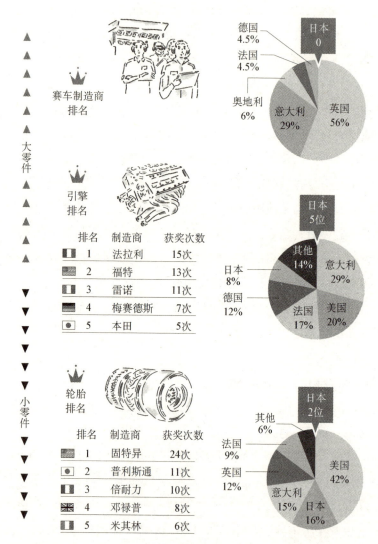

此该比赛的赛车速度超过 F1，最高时速可达每小时 350 公里。这样的比赛，非常符合美国人的风格。接下来，笔者对印地 500 的比赛结果进行了总结(见图 30)。

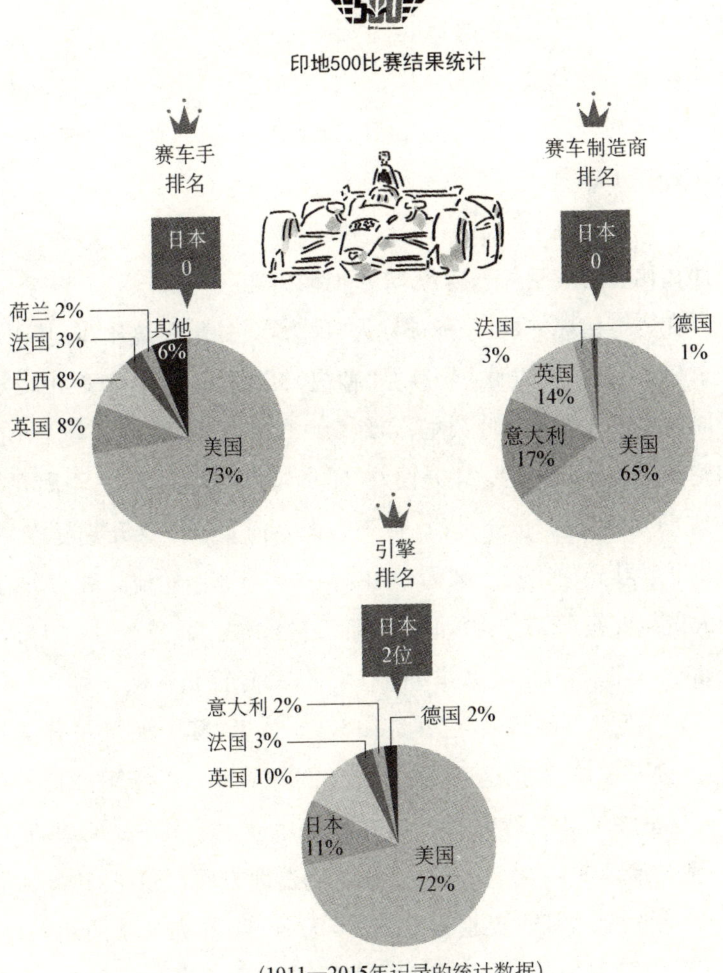

图 30

用一句话来概括，在印地 500 比赛中，不论是赛车手、引擎制造商还是团队运营方面，美国人占了 70%，剩下的 30%同时也是 F1 的参赛者。从赛车手的国籍来看，除了美国之外，主要是英联邦国家以及中南美洲国家。F1 和印地 500 这两个比赛的“自尊心”都很强，所以两者完全是两套生态系统。在印地 500 中，日本厂商仍是发动机的主要供应商(本田 11 次，丰田 1 次)，与 F1 一致。在欧洲和美国的较量中，日本并没有选择站在哪一边，而是低调地给双方都提供了引擎。

长距离比赛的殿堂——勒芒 24 小时耐力赛

在赛道比赛中，有一种被称为“耐力赛”的长距离比赛，其中历史最悠久、最著名的耐力赛就是“勒芒 24”了。F1 的决胜赛中，2 个小时内赛车大约跑 300 公里；印地 500 的比赛中，大约是 3 个小时内跑 805 公里；而勒芒 24 是要在 24 小时内持续比赛，总距离几乎达到 5 000 公里。也就是说，赛车一天之内要从东京开到曼谷，是一场非常壮烈的比赛。勒芒 24 中，由 3 名赛车手轮流驾驶赛车，其间大概需要换 12 次轮胎，消耗将近 2 吨汽油。勒芒 24 从 1923 年开始举办，迄今为止一共举办了 83 届，每年都是在法国勒芒市的萨尔特赛道举行(该赛道一周有 13.6 公里，其中大半是普通道路)。接下来，笔者把这项赛事的比赛结果总结一下(见图 31)。

这里终于可以看到有日本赛车选手获胜了(关古正德，1995 年；荒圣治，2004 年)。另外，在赛车制造商方面，马自达速度团队(1991 年)和乡团队(奥迪运动日本，2004 年)作为日本的团队，取得了两次胜利。丰田团队和日产团队虽然没有获得冠军，但是数

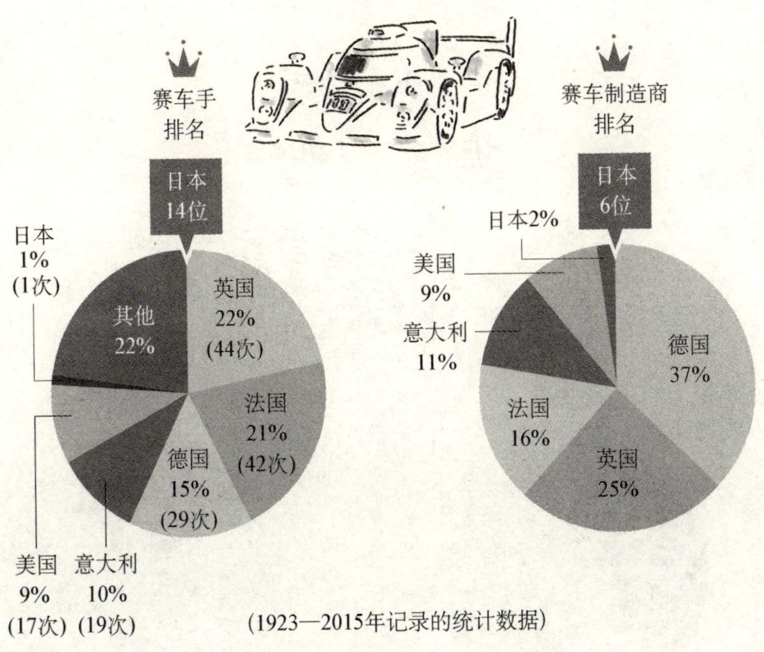

图 31

次名列前茅。与田径比赛相同，日本人在考验耐力、持久性和相互信赖的比赛中，表现得更为突出。

“新大陆”自创赛制的比赛——代托纳 24 小时耐力赛

在耐力赛领域，美国还创立了另一项比赛，就是代托纳 24 小时耐力赛。这项赛事在佛罗里达州的代托纳海滩举办。它不同于勒芒 24 小时耐力赛，并没有使用公共道路作为赛道，而是使用每周 4 公里的专用赛道，并由 4 名赛车选手交替进行比赛。这项赛事原本只驾驶 1 000 公里，1964 年改为 24 小时耐力赛，其比赛结果总结如下（见图 32）。

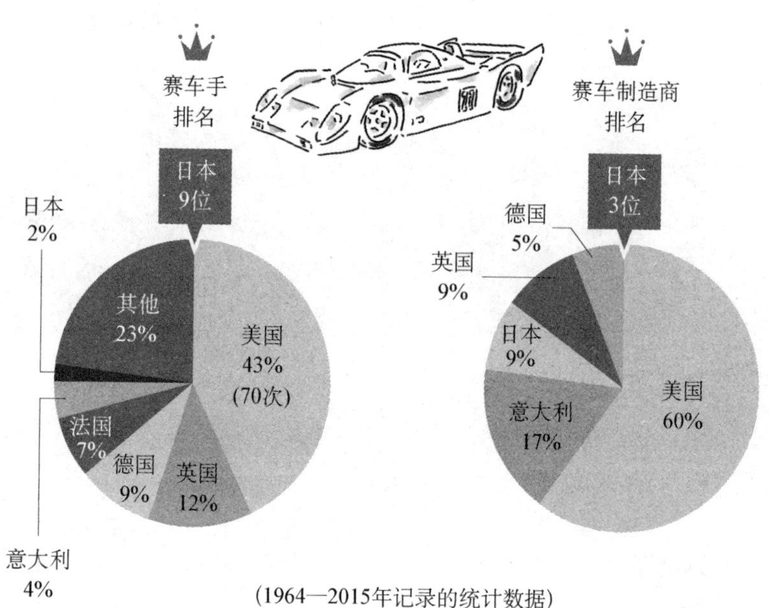

图 32

结果与印地 500 相同，该比赛一半左右的选手都是美国籍的，其余的参赛者也是勒芒 24 小时耐力赛的参赛者。至今为止，一共有 164 名选手获胜，其中 3 名选手是日本人，日本的排名上升到了第 9 位。另外，在赛车制造商方面，日本获得过 3 次冠军，名列第三。在勒芒24小时耐力赛中曾经取得第3名的星野一义被称为"日本最快的男人",他在日产团队的支持下于1992年取得了日本的第1个耐力赛冠军,整整超过第2名9圈。据统计,日产团队获胜2次(1992年和1994年),丰田团队获胜1次(1993年)。在20世纪90年代初期,日本在赛车团队运营方面十分活跃和领先。之后,从2006年开始,雷克萨斯开始给冠军车队提供引擎。在欧洲赛制和美国赛制相互对抗的情况下,日本非常低调地同时参与了双方的耐力赛,并且不断提高自身能力。

一般道路比赛的世界汽车拉力锦标赛

还有一项与F1和耐力赛不同的、非常重要的比赛,就是拉力赛。以前拉力赛都是在世界各地举办分赛的,从1973年开始,国际汽车联合会(FIA)对该项赛事进行了统一,举办了世界汽车拉力锦标赛(WRC)。比赛中,驾驶员与副驾驶员两人一组,沿着一般道路中指定的地点驾驶,在3—4天内行驶大约1 500公里。笔者总结了该项比赛在1977年以后的所有结果(见图33)。

年度总冠军选手中,芬兰和法国两个国家呈现压倒性优势。特别是2004年以后,法国的塞巴斯蒂安·勒布和塞巴斯蒂安·奥吉尔两名选手连续占据了冠军宝座。

日本选手还没有获得过该比赛的冠军,但是在赛车制造商方面,日本累计获得过11次优胜(丰田4次,三菱汽车4次,斯巴鲁3次),仅次于法国,排名世界第2位。在WRC的比赛项目中,有一项是量产车世界拉力锦标赛(PWRC),有2名日本选手获得过该项比赛的冠军。这项赛事的冠军车辆中有78%都是日本制造的(主

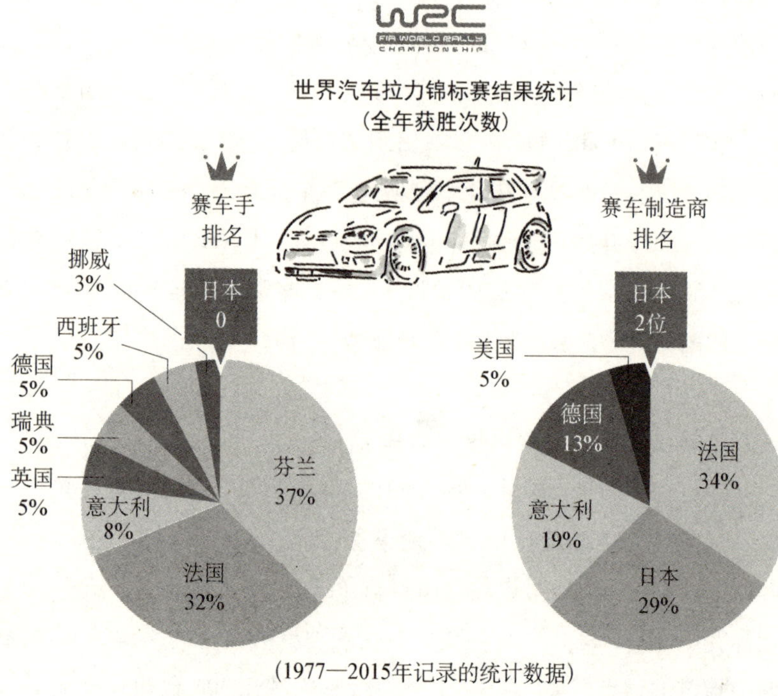

图 33

要是三菱的“Lancer Evolution”和斯巴鲁的“翼豹”），在相关方面，日本占有绝对优势。与 F1 和耐力赛相比，拉力赛中的日本汽车比例大大增加了。道路状况越是不好，日本车的表现就越突出。

越野比赛中最具权威的比赛——达喀尔拉力赛

日本人对于拉力赛的印象，是在沙漠等地方进行的比赛。实际上，沙漠中的比赛只是拉力赛的一部分。最为著名的沙漠赛，就是 1979 年首次举办、被称为“全球最残酷汽车比赛”的达喀尔拉力赛。过去,该比赛叫做“巴黎-达喀尔拉力赛”,因为巴黎是该比赛的起点,达喀尔是终点。2008 年,由于受恐怖袭击的影响,比赛从非洲大陆转移到了南美洲举行。如今,该项赛事在南美洲的阿根廷、智利、玻利维亚等国家举行,赛车要在 2 周时间内行驶将近 1 万公里(2015 年该项赛事的冠军纪录是 40 小时 32 分行驶 9 000 公里),而且道路状况很差。在达喀尔拉力赛中使用的机动车,有摩托车、汽车和卡车 3 类。从 1979 年的第一次比赛到现在,一共进行了 36 届大赛,笔者把这些赛事中 3 种车型的比赛结果按照国家进行了统计(见图 34)。

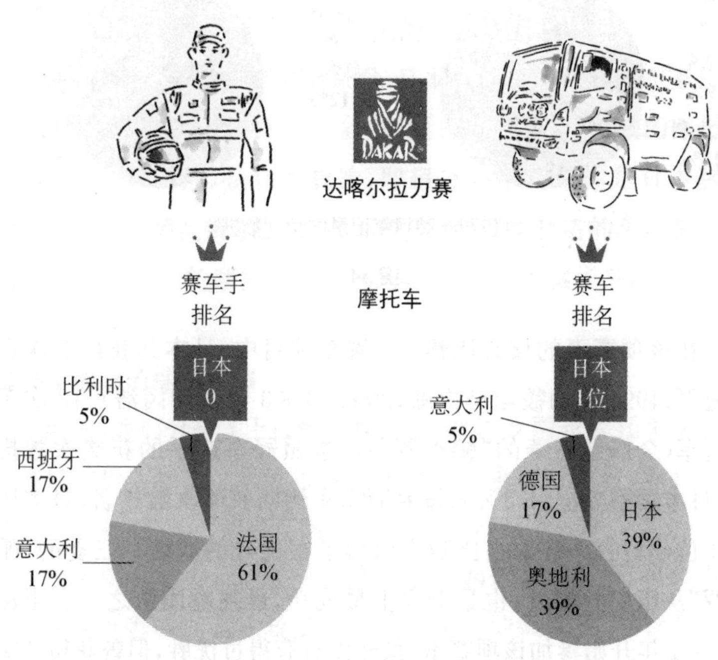

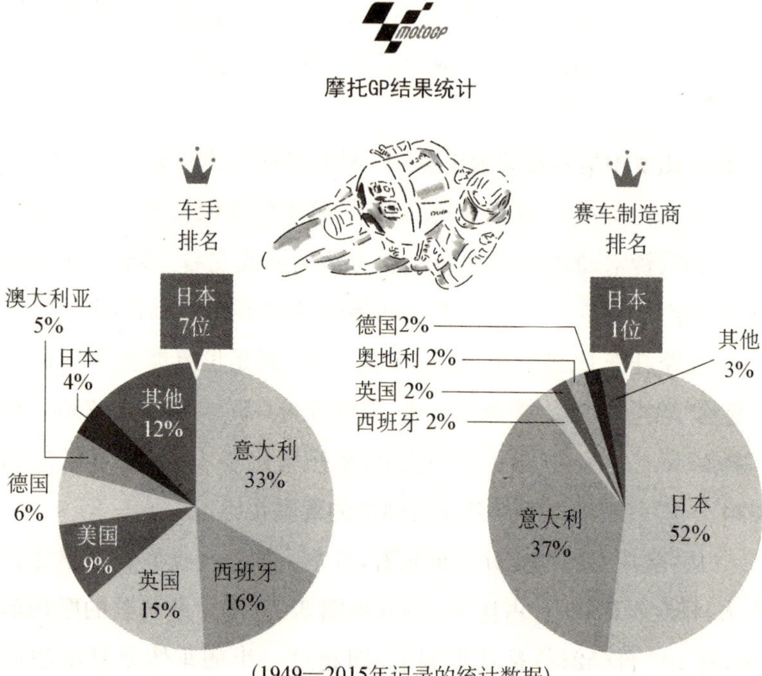

(1949—2015年记录的统计数据)

图 35

英国、德国、意大利等国家。这些国家在相关比赛中都保持着很好的平衡，只有日本的表现比较特殊。日本在制造车辆方面表现很出色，但在驾驶车辆方面却没有很好的表现。能在世界顶级赛事中获得车队运营方面的胜利，并成功制造出较高水平的车体的团队，全世界只有 9 个。

日本有句古话叫做“抬神轿的人、坐神轿的人和做草鞋的人，各有各的职责”。日本人比较擅长做幕后工作，虽然走上领奖台的人们非常风光，但那些穿着汽车维修服的日本人对团队的取胜

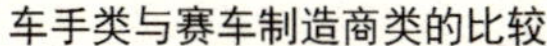

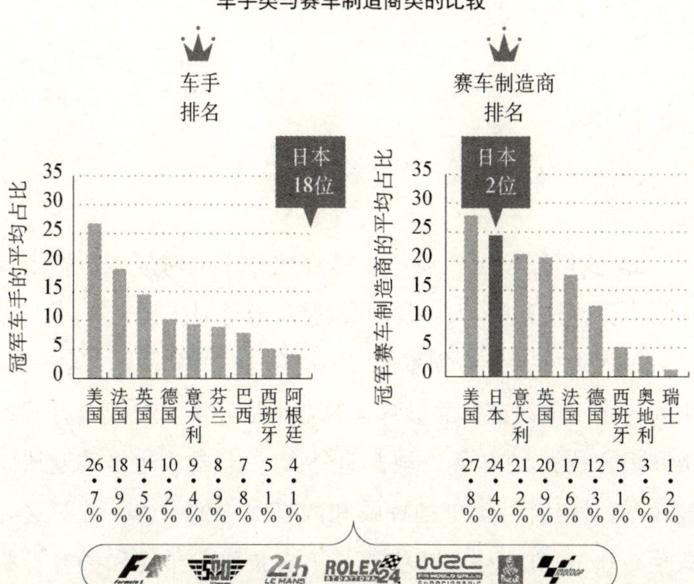

擅长“做草鞋”的日本人

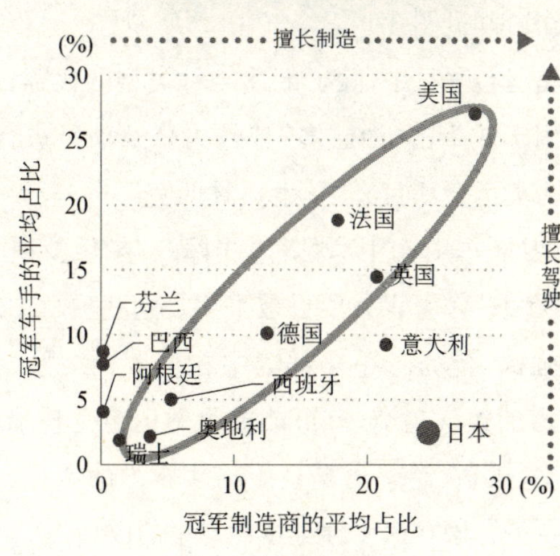

图 36

也起到了至关重要的作用。

4. 格斗比赛

——空手格斗技四强：摔跤、拳击、柔道、跆拳道

至此，我们终于可以谈一谈体育比赛中的对战型比赛了。运动项目中受到欢迎的，大多是球类、格斗类等对抗型比赛。

武术大致可以分为剑术类、射击类、空手格斗类。这一节，我们主要讨论不使用道具的最基本的空手格斗类。交战双方分为散打类和组合技类，在国际上被普遍公认、而且规则也被普遍认同的竞技比赛，是组合技类中的摔跤和散打类中的拳击。针对这些西方式格斗技，东方式格斗技主要是组合技类的柔道和散打类的跆拳道。其实，原本散打类是空手进行的，但在奥运会中采用的是 4 种形式。笔者将包含空手竞技在内的奥运会中采用的各种格斗技，进行了分类整理(见图 37)。

在过去的奥运会项目中，除了上述 4 种类型的比赛，冰岛摔跤“格力马”和法国泰式拳击“沙巴多”曾作为公开项目进行过一次，但没有继续作为奥运会项目。“学生奥林匹克”——世界大学生运动会中，目前俄罗斯军用格斗术“桑博式摔跤”和俄罗斯乌拉尔地区流传的“皮带摔跤”作为官方项目被采用。这些项目中来自俄罗斯的选手特别强大，优秀选手全部集中在俄罗斯。另一方面，柔道、相扑、空手道的人气高涨，有可能成为奥运会竞技项目。可以看出，摔跤、拳击、柔道、跆拳道是空手格斗技中的四强。接下来，我们一起来看一下各国在这 4 种竞技比赛中的成绩。

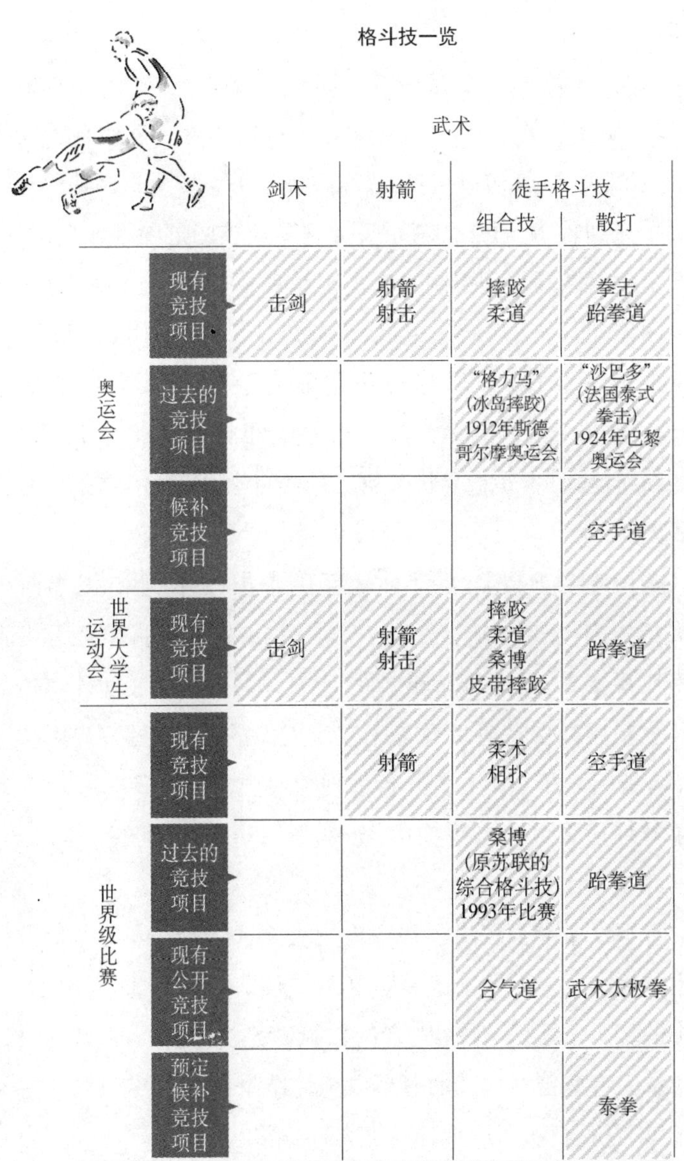

格斗技一览

		武术			
		剑术	射箭	徒手格斗技	
				组合技	散打
奥运会	现有竞技项目	击剑	射箭 射击	摔跤 柔道	拳击 跆拳道
奥运会	过去的竞技项目			"格力马" (冰岛摔跤) 1912年斯德哥尔摩奥运会	"沙巴多" (法国泰式拳击) 1924年巴黎奥运会
奥运会	候补竞技项目				空手道
世界大学生运动会	现有竞技项目	击剑	射箭 射击	摔跤 柔道 桑博 皮带摔跤	跆拳道
世界级比赛	现有竞技项目		射箭	柔术 相扑	空手道
世界级比赛	过去的竞技项目			桑博 (原苏联的综合格斗技) 1993年比赛	跆拳道
世界级比赛	现有公开竞技项目			合气道	武术太极拳
世界级比赛	预定候补竞技项目				泰拳

图 37

拳击

拳击，顾名思义，就是用拳头同对方交战。作为最简单的格斗技，设计出系统的运动规则反倒让人特别头疼。近代拳击诞生于17世纪的英国，最初包括咬人、障眼等空手竞技形式。选手为了不被对手抓到软肋，通常会剃光头。这一竞技的危险性及残忍性，终于在多年后渐渐得到控制。拳击也是奥运会项目。由于存在4个主要团体，所以有4个拳王。我们找出了世界拳击协会(WBA)、世界拳击理事会(WBC)、国际拳击联合会(IBF)、世界拳击组织(WBO)这4个团体的拳王，按国家进行了分类整理(见图38)。结果如图所见，日本是世界排名第三的格斗强国，这一结果很令日本人骄傲。

拳击起源于欧美，除了欧美系的拳击以外，还有以墨西哥和波多黎各为代表的中南美系拳击。而以泰国和菲律宾为代表的东南亚系拳击，是现今拳击界的主力。另外，被称为“日本冠鹫”的具志坚用高保持着世界拳王宝座卫冕的最高纪录，共成功卫冕13次，被列入了“国际拳击名誉殿堂博物馆”。日本另有4名拳击手被列入日本拳击博物馆，分别是原田战、小泉龙、本田明彦、大场政夫。

日本女子拳击较男子拳击发展缓慢。2004年，日本女子拳击选手才登上了专业拳击选手榜单WBA(见图39)。另外，日本女子拳击的历史很短，累计优胜者的数量特别少(总计73名)，但是从包含拳王宝座卫冕次数的冠军数统计结果图可看出，日本的“大和抚子”们竟然仅次于阿根廷女性，排名第二。

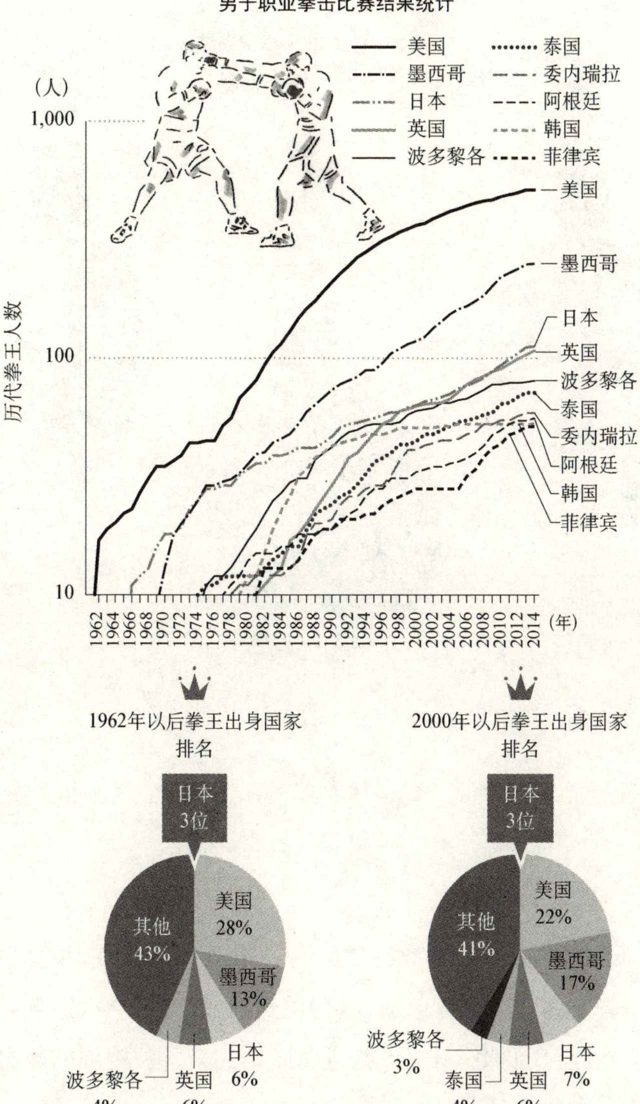
男子职业拳击比赛结果统计
美国
墨西哥
日本
英国
波多黎各
泰国
委内瑞拉
阿根廷
韩国
菲律宾
（人）
1,000
100
10
历代拳王人数
1962
1964
1966
1968
1970
1972
1974
1976
1978
1980
1982
1984
1986
1988
1990
1992
1994
1996
1998
2000
2002
2004
2006
2008
2010
2012
2014
（年）
1962年以后拳王出身国家排名
日本
3位
美国
28%
其他
43%
墨西哥
13%
日本
6%
英国
6%
波多黎各
4%
2000年以后拳王出身国家排名
日本
3位
美国
22%
其他
41%
墨西哥
17%
日本
7%
英国
6%
泰国
4%
波多黎各
3%

图 38

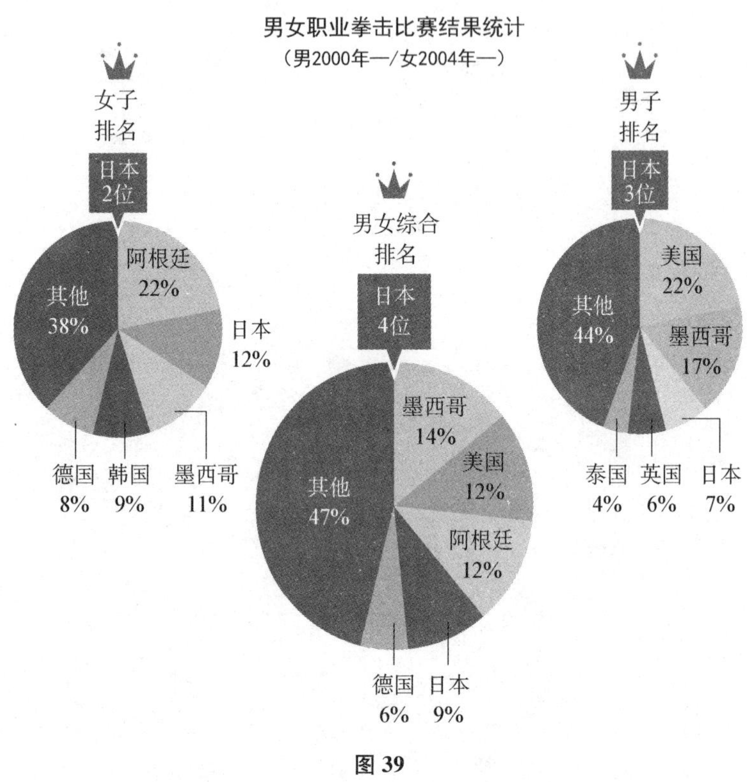

图 39

摔跤

同拳击一起被称为“双璧”的另一个传统格斗技，是摔跤。职业摔跤具有强烈的比赛色彩，但是说到最盛大的比赛，还要数奥运会了。在此，我们将 1904 年奥运会以来的金、银、铜牌的数量按照国家进行了整理（见图 40）。

如图所示，日本选手在一个世纪中的累计奖牌总数仅次于美

摔跤比赛结果统计

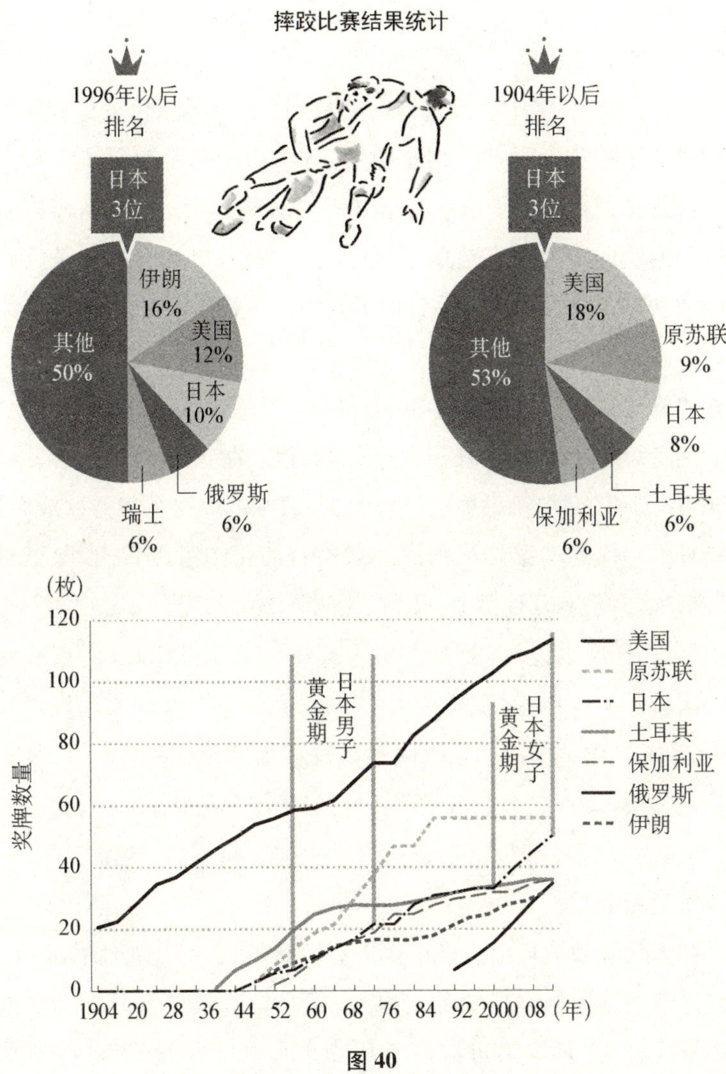

图 40

国、原苏联，排名世界第三。1996年以后，伊朗排名第一，但日本仍然排名第三。实际上，这个排名的背后是有原因的——近几年日本的多数奖牌是由女子选手获得的。

从东京奥运会开始到加拿大蒙特利尔奥运会期间，是日本男子摔跤选手的黄金时期。在此期间，日本男子选手获得了大量奖牌。最近虽说日本男子选手的士气不如从前，但另一方面，日本女子选手的团体实力正在渐渐增强。至今为止，奥运会中女子摔跤的金牌共有12枚，日本选手获得了其中的7枚。

西方式格斗比赛的综合成绩

笔者总结了职业摔跤和业余摔跤比赛的结果（见图41）。将1996年以后的两个结果横向比较来看，日本都取得了很好的成绩，而和日本一样的国家是很少的。从左右两张图可以看出，除了日本和美国，并没有其他国家同时在这两张图中出现。

另外，通常来说，喜爱拳击的国家往往不喜爱摔跤，而喜爱摔跤的国家对拳击不感兴趣。中南美洲国家和东南亚国家比较喜欢拳击，而亚洲中部国家和东欧国家比较喜欢摔跤。相对而言，日本既喜欢摔跤，又喜欢拳击，有“两艺兼具”的罕见特征。

按照重量级分类

在多数运动项目中体格存在劣势的日本人，只能苦练技术（下节将详细讨论体格和成绩的关系）。但是在有重量级分类的拳击和摔跤比赛中，日本人可以毫无压力地应战。在此，笔者按照体重，排列了各国的成绩（图42）。

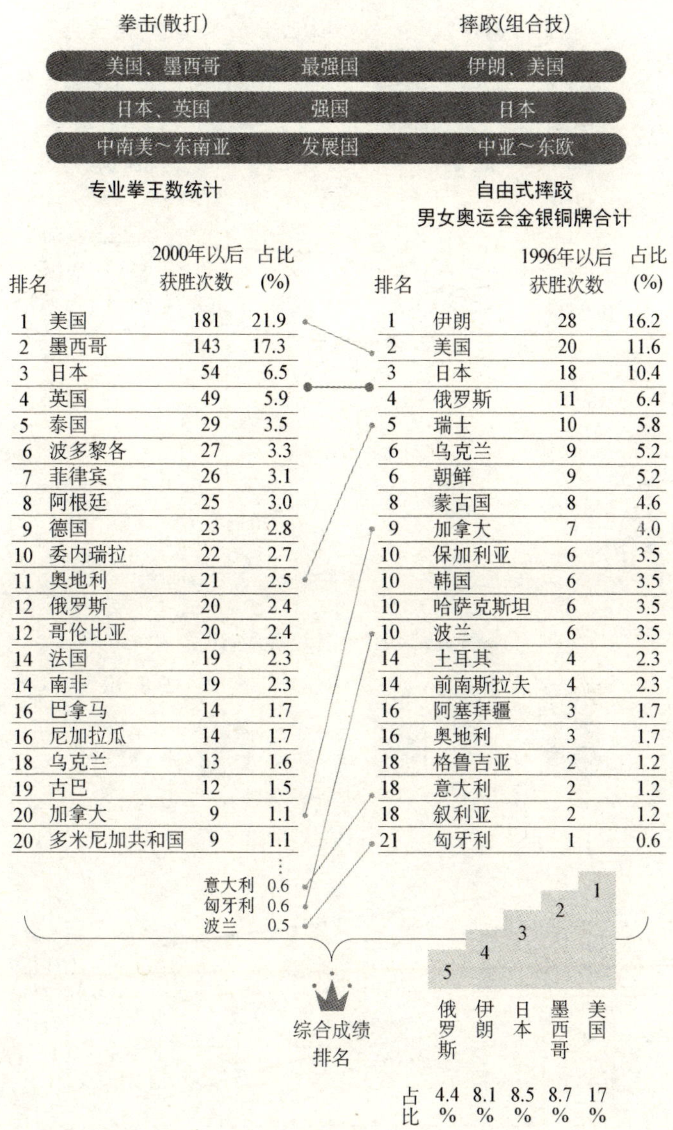

拳击·摔跤比赛结果统计

拳击(散打)		摔跤(组合技)
美国、墨西哥	最强国	伊朗、美国
日本、英国	强国	日本
中南美～东南亚	发展国	中亚～东欧

专业拳王数统计

排名		2000年以后获胜次数	占比(%)
1	美国	181	21.9
2	墨西哥	143	17.3
3	日本	54	6.5
4	英国	49	5.9
5	泰国	29	3.5
6	波多黎各	27	3.3
7	菲律宾	26	3.1
8	阿根廷	25	3.0
9	德国	23	2.8
10	委内瑞拉	22	2.7
11	奥地利	21	2.5
12	俄罗斯	20	2.4
12	哥伦比亚	20	2.4
14	法国	19	2.3
14	南非	19	2.3
16	巴拿马	14	1.7
16	尼加拉瓜	14	1.7
18	乌克兰	13	1.6
19	古巴	12	1.5
20	加拿大	9	1.1
20	多米尼加共和国	9	1.1
⋮			
	意大利		0.6
	匈牙利		0.6
	波兰		0.5

自由式摔跤
男女奥运会金银铜牌合计

排名		1996年以后获胜次数	占比(%)
1	伊朗	28	16.2
2	美国	20	11.6
3	日本	18	10.4
4	俄罗斯	11	6.4
5	瑞士	10	5.8
6	乌克兰	9	5.2
6	朝鲜	9	5.2
8	蒙古国	8	4.6
9	加拿大	7	4.0
10	保加利亚	6	3.5
10	韩国	6	3.5
10	哈萨克斯坦	6	3.5
10	波兰	6	3.5
14	土耳其	4	2.3
14	前南斯拉夫	4	2.3
16	阿塞拜疆	3	1.7
16	奥地利	3	1.7
18	格鲁吉亚	2	1.2
18	意大利	2	1.2
18	叙利亚	2	1.2
21	匈牙利	1	0.6

综合成绩排名

	5	4	3	2	1
	俄罗斯	伊朗	日本	墨西哥	美国
占比	4.4%	8.1%	8.5%	8.7%	17%

图 41

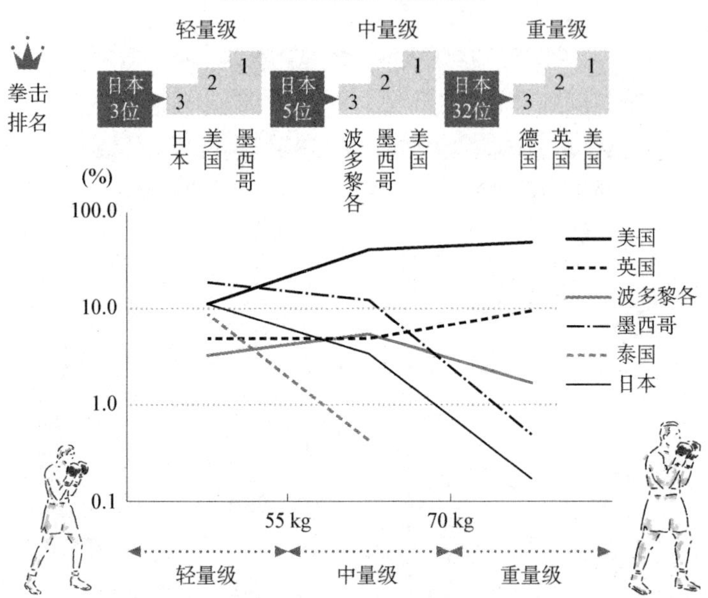
按重量级划分的拳击强国统计
轻量级
中量级
重量级
拳击排名
日本3位
日本5位
日本32位
日本 美国 墨西哥
波多黎各 墨西哥 美国
德国 英国 美国
(%)
100.0
10.0
1.0
0.1
55 kg
70 kg
美国
英国
波多黎各
墨西哥
泰国
日本
轻量级
中量级
重量级

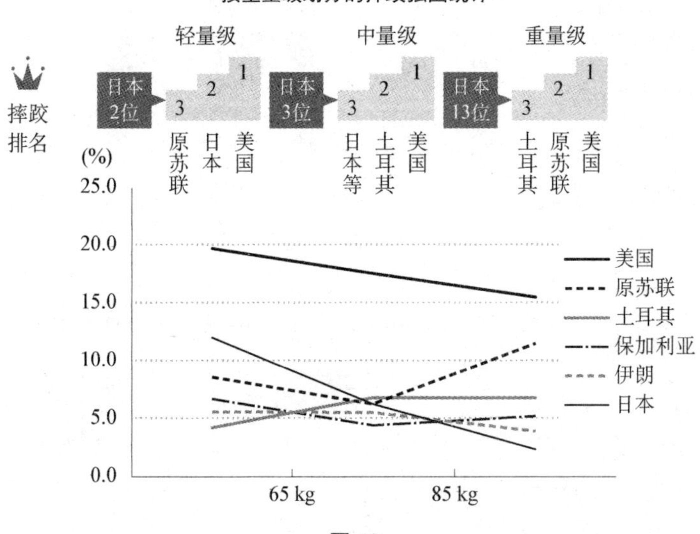
按重量级划分的摔跤强国统计
轻量级
中量级
重量级
摔跤排名
日本2位
日本3位
日本13位
原苏联 日本 美国
日本等 土耳其 美国
土耳其 原苏联 美国
(%)
25.0
20.0
15.0
10.0
5.0
0.0
65 kg
85 kg
美国
原苏联
土耳其
保加利亚
伊朗
日本

图 42

从结果来看，体重同各国的成绩有很大的关联。日本的好成绩出在轻量级选手，在体重低于60公斤的级别，即使说日本选手是世界最强的，也不为过。

同各国人体格的相关性

在此，我们更深入地调查了各国人的体格同格斗技成绩之间的关系。图43排成一排的数据，是各国平民(男性)的平均身高。

塞尔维亚、荷兰等国的平均身高超过180厘米，玻利维亚、印度尼西亚等国的平均身高低于160厘米，这之间有很大的差别。日本选手的平均身高是171.6厘米，位于中下水平。在拳击的重量级和轻量级这两个级别中，除去平均身高排名前五的5个国家，从身高为176.3厘米(重量级平均身高)到169.9厘米(轻量级平均身高)之间，可以看出有6.4厘米的差距。我们根据每个级别的平均身高，来寻找相应国家的国民平均身高。在重量级中，我们发现美国、英国、俄罗斯的级别平均身高，同本国的平均身高是一致的。

轻量级拳击比赛中，墨西哥、泰国这些国家的级别平均身高与本国平均身高刚好一致。摔跤的话，则是土耳其、西班牙这些国家刚好一致。日本人在两个轻量级格斗技间的平均身高，则是刚刚好。

跆拳道和柔道

接下来，笔者要谈一谈东方式格斗技，其中包括散打类的跆拳道和组合技类的柔道。我们用和之前同样的方法，整理了世界男女选手的金、银、铜牌累计获得数量(图44)。

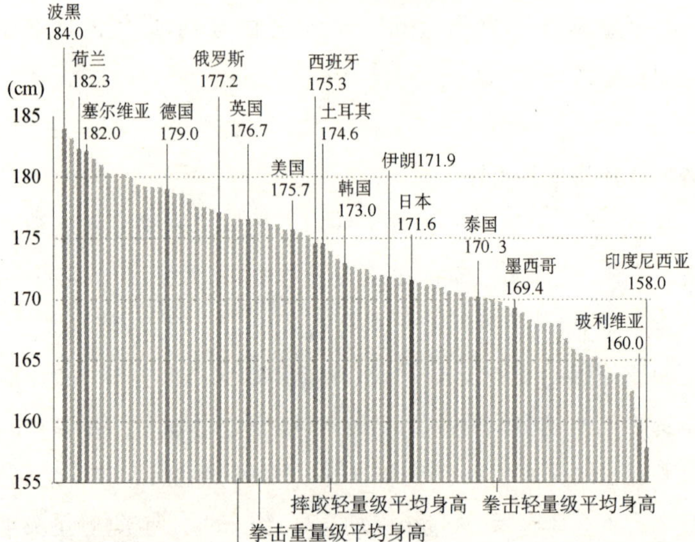

拳击重量级前5位国家
平均身高176.3 cm

		平均身高
1位	美国	175.7
2位	英国	176.7 cm
3位	德国	179.0 cm
4位	法国	175.7 cm
5位	阿根廷	174.5 cm

拳击轻量级前5位国家
平均身高169.9 cm

		平均身高
1位	墨西哥	169.4 cm
2位	美国	175.7 cm
3位	日本	171.6 cm
4位	泰国	170.3 cm
5位	菲律宾	162.7 cm

摔跤重量级前5位国家
平均身高176.8 cm

		平均身高
1位	美国	175.7 cm
2位	原苏联	177.2 cm
3位	土耳其	174.6 cm
4位	瑞典	179.9 cm
5位	保加利亚	176.7 cm

摔跤轻量级前5位国家
平均身高174.6 cm

		平均身高
1位	美国	175.7 cm
2位	日本	171.6 cm
3位	原苏联	177.2 cm
4位	保加利亚	176.7 cm
5位	伊朗	171.9 cm

图 43

跆拳道与柔道比赛结果统计

跆拳道(散打类)(1973—)	最强国	柔道(组合技类)(1956—)
韩国	最强国	日本

跆拳道世界锦标赛

排名		男女奖牌数合计	占比(%)
1	韩国	222	18.8
2	西班牙	108	9.1
3	美国	81	6.8
4	中国台湾地区	79	6.7
5	土耳其	62	5.2
6	墨西哥	62	5.2
7	德国	50	4.2
8	伊朗	50	4.2
9	法国	32	2.7
10	中国大陆	30	2.5
11	加拿大	25	2.1
12	荷兰	24	2.0
13	俄罗斯	23	1.9
14	泰国	21	1.8
15	意大利	20	1.7
16	澳大利亚	19	1.6
16	乌克兰	19	1.6
18	埃及	17	1.4
19	古巴	14	1.2
19	英国	14	1.2
19	巴西	14	1.2
19	希腊	14	1.2
19	科特迪瓦	14	1.2
	⋮		
	日本		0.6

柔道世界锦标赛

排名		男女奖牌数合计	占比(%)
1	日本	309	20.6
2	法国	153	10.2
3	韩国	89	5.9
4	荷兰	76	5.1
5	古巴	74	4.9
6	英国	62	4.1
7	原苏联	57	3.8
8	俄罗斯	54	3.6
9	中国	48	3.2
10	德国	46	3.1
11	巴西	42	2.8
12	比利时	41	2.7
13	原西德	37	2.5
14	波兰	32	2.1
15	美国	29	1.9
16	意大利	28	1.9
17	格鲁吉亚	26	1.7
18	匈牙利	24	1.6
19	西班牙	20	1.3
19	原东德	20	1.3

综合成绩排名

	5	4	3	2	1
	美国	西班牙	法国	日本	韩国
占比	4.4%	5.3%	6.5%	11%	12%

图 44

这两个运动的发祥国分别是韩国和日本，而且两国的综合成绩都是第一，奖牌数量占总数的20%。从图表中可以看出，柔道和跆拳道同为强项的国家和地区极为有限，只有韩国是例外。因此，计算综合值的话，韩国的这两项运动都是最强的。日本散打类格斗技的技能是从空手道开始的。跆拳道在全球的普及较柔道晚了20年。20世纪70年代，韩国将跆拳道确立为本国国技，之后开始向世界推广。那时，跆拳道的普及目标主要是柔道尚未普及的区域，因此逐渐形成了现在擅长柔道和跆拳道的国家和地区几乎完全不同的局面。

国际性格斗比赛的4种综合成绩

我们将西方式的摔跤、拳击和东方式的柔道、跆拳道这4种运动的比赛成绩综合计算，结果如图45。从图中可以看出，日本仅次于美国，排名世界第二。

5. 球类运动与打靶

各种球类运动的起源

在格斗领域，日本选手展现出了强者姿态。那么，在球类运动领域，日本选手的表现又如何呢？在日本，柔道、剑道以及弓道等都是比较受欢迎的项目，而薙刀、居合道及合气道等项目也有各种各样的流派，真是不胜枚举。但是说到球类运动，在日本却很少听闻有传统项目，顶多是蹴鞠、踢毽子之类的类似游戏的运动。

现在，全球普及的球类竞技项目大多是在工业革命之后的英

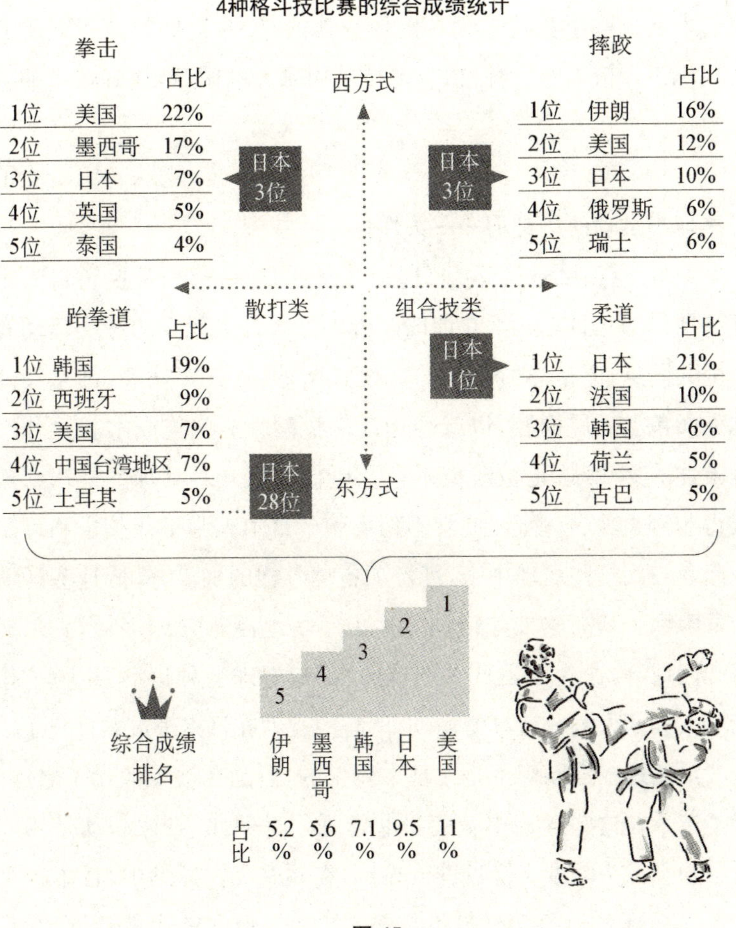

4种格斗技比赛的综合成绩统计
拳击
占比
1位 美国 22%
2位 墨西哥 17%
3位 日本 7%
4位 英国 5%
5位 泰国 4%
日本 3位
西方式
摔跤
占比
1位 伊朗 16%
2位 美国 12%
3位 日本 10%
4位 俄罗斯 6%
5位 瑞士 6%
日本 3位
散打类
组合技类
跆拳道
占比
1位 韩国 19%
2位 西班牙 9%
3位 美国 7%
4位 中国台湾地区 7%
5位 土耳其 5%
日本 28位
东方式
柔道
占比
1位 日本 21%
2位 法国 10%
3位 韩国 6%
4位 荷兰 5%
5位 古巴 5%
日本 1位
综合成绩排名
1 2 3 4 5
伊朗 墨西哥 韩国 日本 美国
占比 5.2% 5.6% 7.1% 9.5% 11%

图 45

国诞生的，如棒球、高尔夫球、乒乓球、水球、足球、橄榄球、曲棍球、门球等都是起源于英国。而篮球和排球是在美国诞生的，都起源于19世纪90年代的马萨诸塞州。另外，网球来源于法国的贵族运动，保龄球来源于德国；羽毛球是印度土著的游戏，后来被英国殖民者发展成一项竞技运动。比较有趣的是，曲棍球起源于北美原住民伊洛克依人的一种仪式，现在是加拿大的国球，在日本也非常受欢迎。

日本球类运动的关键词——柔性化

原本不存在“球类运动”这一概念的日本，却非常擅长将外来竞技项目加入日本元素并加以改善。加入日本元素的球类运动有一个共同点，就是“柔性化”。如软式网球、软式棒球等，都是在硬球外面包上一层橡胶，以减轻运动的危险性。就连原本就没什么危险性的乒乓球，也被改成了球速更低的软式乒乓球。排球则被改得非常柔软、有弹性，使其不伤手腕。日本人为了让孩子和母亲一起参与到这些运动中来，进行了各种各样的加工，降低这些运动的危险性。从高尔夫球运动派生出了场地高尔夫球、公园高尔夫球和门球等，这些都是日本制造的“高尔夫球变种运动”。为了让老年人和家人们一起享受运动，所有的运动在日本都被柔性化了。

虽然这些运动都不是在日本诞生的，但是在被柔性化了之后，日本选手在这些运动中就变得非常强了。例如，飞镖运动是用金属制的飞镖头瞄准飞镖盘进行投掷，在硬式飞镖运动中，日本选手的世界总排名为第18位，不是非常出色。但在软式飞镖运动中，日本的世界排名（WSDA排名）是第1位。所谓软式飞镖，指的是将原来的金属制飞镖头改为塑料制，并在飞镖盘上打出很多洞，是在硬式飞镖的基础上进行改造的新型运动。从飞镖到高尔夫球、棒球、乒乓球，所有的这些球类运动都被日本人改造为适合老年人和小孩游戏的项目。

24种运动(球类运动与打靶)的国际成绩比较

在前一节，我们提到了飞镖运动。这不属于球类运动，而是属于打靶类的体育项目。提到打靶类运动，容易让人联想到西洋射箭或是运动射击，但如果深入思考的话，就会发现这些运动其实与球类运动之间是很难划清界限的。从以静止的目标为对象这一点来讲，保龄球和冰壶、台球等都是一样的。高尔夫球虽然表面上看起来属于球类运动，实际上仔细思考一下的话，它也是以静止的目标为对象的打靶类运动。棒球稍微有些特殊，投手的任务肯定是属于打靶类的，但击球员和外野手从事的却是球类运动。篮球和足球在本质上属于球类运动，但是罚点球和射门是属于打靶类运动的。网球和排球可以说在发球的时候是属于打靶类运动的。由于很难将打靶类运动和球类运动划分清楚，所以笔者将两者结合起来进行比较。由于对运动一个一个地进行比较的话并不全面，所以笔者从全球普及的竞技运动中选出了24种，进行综合评价。在各个竞技领域，主办的国际团体都给出了顶级专业选手的排名。例如，在足球领域有国际足球联合会(FIFA)的排名，在水球领域有国际游泳联合会(FINA)的国家和地区的团体排名。在个人项目比赛中，网球有职业网球联合会(ATP)的个人排名。笔者对排在前100位的选手进行比较，并将这些比较结果总结如下图(见图46)。

球类运动与打靶类运动统计

国际 A 级

飞盘

日本 男：5位
3位 女：1位

1位	美国
2位	加拿大
3位	日本

羽毛球

日本 男：5位
2位 女：2位

1位	中国
2位	日本
3位	韩国

乒乓球

日本 男：3位
2位 女：2位

1位	中国
2位	日本
3位	韩国

棒球

日本 男：1位
1位 女：1位

1位	日本
2位	美国
3位	古巴

排球

日本 男：14位
8位 女：5位

1位	巴西
2位	美国
3位	俄罗斯

室内足球

日本 男：11位
7位 女：6位

1位	巴西
2位	西班牙
3位	俄罗斯

桌球

日本 男：6位
6位 女：5位

1位	中国大陆
2位	中国台湾地区
3位	菲律宾

高尔夫球

日本 男：9位
5位 女：3位

1位	美国
2位	韩国
3位	澳大利亚

国际 B 级

曲棍球

日本 男：16位
11位 女：10位

1位	荷兰
2位	澳大利亚
3位	阿根廷

冰壶

日本 男：13位
11位 女：10位

1位	加拿大
2位	瑞典
3位	苏格兰地区

网球

日本 男：9位
10位 女：13位

1位	美国
2位	西班牙
3位	法国

长曲棍球

日本 男：8位
8位 女：9位

1位	加拿大
2位	美国
3位	澳大利亚

射击

日本 男：19位
16位 女：20位

1位	中国
2位	俄罗斯
3位	德国

冰球

日本 男：20位
15位 女：8位

1位	加拿大
2位	美国
3位	俄罗斯

橄榄球

日本 男：10位
15位 女：20位

1位	新西兰
2位	英格兰地区
3位	爱尔兰

保龄球

日本 男：10位
13位 女：12位

1位	美国
2位	韩国
3位	芬兰

国际C级

沙滩排球
日本 男：21位
18位 女：14位
1位 巴西
2位 美国
3位 德国

射箭
日本 男：24位
18位 女：13位
1位 美国
2位 韩国
3位 法国

水球
日本 男：15位
17位 女：19位
1位 美国
2位 匈牙利
3位 西班牙

手球
日本 男：22位
17位 女：13位
1位 美国
2位 俄罗斯
3位 丹麦

篮球
日本 男：47位
24位 女：15位
1位 美国
2位 西班牙
3位 法国

足球
日本 男：50位
23位 女：4位
1位 德国
2位 阿根廷
3位 英格兰地区

壁球
日本 男：22位
19位 女：18位
1位 英格兰地区
2位 埃及
3位 澳大利亚

飞镖
日本 男：18位
18位 女：18位
1位 英格兰地区
2位 荷兰
3位 苏格兰地区

图 46

各项竞技比赛的最前面的数值是日本的排名，旁边是男女分开的排名，下面是各种竞技比赛中位列前 3 名的国家和地区。在 24 项比赛中，有 7 项是打靶类。球类比赛和打靶类比赛，用不同的颜色区别。

比赛的结果大致分为 3 段记录。前面是日本成绩最好的国际 A 级竞技项目，男女混合的综合成绩排在前 10 名的运动项目都属于国际 A 级。中间的 8 项竞技比赛，是国际排名在第 10 名到第 15 名左右的项目。排名更靠后的，则排在更下面。换句话说，前面的是顶级团队在世界上跟强敌进行比赛的项目，中间的是为了晋升国际 A 级比赛的后备力量，最下面的则是仅能评到参与奖的项目。

从结果来看，右上角的棒球、乒乓球、羽毛球项目，日本在世界上的排名可以达到第一或者第二，这些是日本的强项。在棒球方面，美国的职业联赛明显是世界上最强的。由于各种原因，棒球比赛没有出现在国际大赛中。从世界棒球经典赛（WBC）等的实战统计来看，日本的排名是最高的。

相反，最靠近左下角的是日本最不擅长的项目，如身高因素占主导的篮球，还有有203个国家和地区参赛的、竞争最为激烈的足球。足球也是身高较高的人占优势的项目，但在五人制足球比赛中，日本的排名为世界第七，因为身体轻巧的日本选手灵活性更强，更能在比赛中体现出自身优势。

由此可见，左右胜负的因素主要有两个：一个是体格的优势，很多比赛都是身高较高的运动员占优势；另一个是身体控制能力，例如打靶类项目完全不需要身体接触，对于身体控制能力的要求很高。而像橄榄球、篮球这样的比赛，会有很激烈的身体接触。下一节，将对身体条件对运动的影响进行详细的分析。

身高在球类运动中很重要

球类运动中没有格斗那样的级别划分，所以不能通过在轻量级比赛中多获取奖牌来弥补奖牌总数少的缺憾。也就是说，在球类运动中，所有的比赛都是重量级的。身材较小的选手，只能通过不断练习技巧和增加练习量来克服自身的短板，或者通过专门训练对自己有利的项目来获得更多奖牌。

这里，笔者对各个竞技比赛中排名前8位国家的国民平均身高进行了考察。下图显示了日本人的平均身高和所擅长项目的排名（见图47）。

从排名结果来看，身高和日本的成绩之间存在一定的相关性。羽毛球强国中有很多是国民身材较小的国家（如印度尼西亚、中国

平均身高与不同种类运动成绩之间的关系

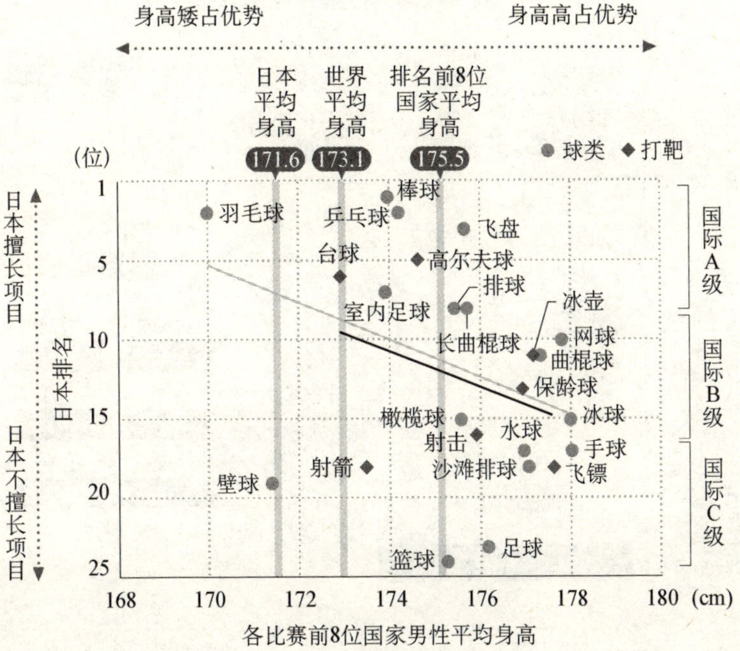

图 47

等)，但冰上曲棍球、手球等项目的强国(如塞尔维亚、俄罗斯等)，其运动员的身高都较高。当然也不能一概而论，身高并不是决定比赛成绩的唯一因素。

在灵活性方面寻找获胜的机会

结合上一节提到的身高问题以及身体控制能力的因素，若从这两个侧面来考察竞技项目，就可以更容易地看出日本球类运动的特点(见图 48)。

身高高矮与有无身体接触运动的关联

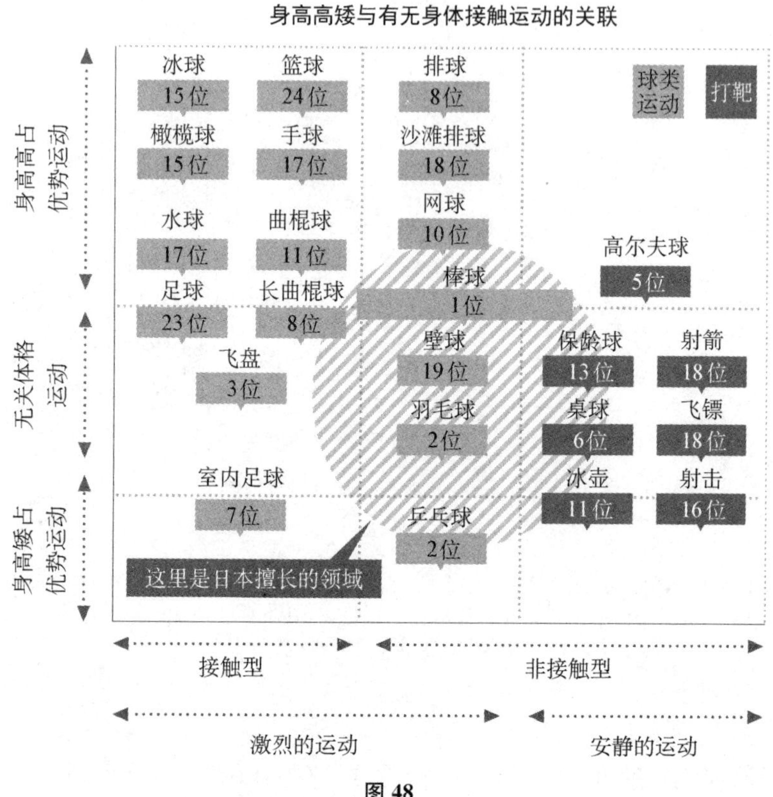

图 48

图中左上角的项目是身高较高的运动员们进行激烈身体对抗的比赛,这些领域对日本来说是表现最差的。右下角的打靶类项目,看上去日本的成绩还算可以,但也不是最醒目的。其实,安静的打靶类项目也不能算是日本人擅长的。日本人最擅长的领域,是处于这两者之间的项目。也就是说,既需要有身体的活动,又是小范围内的活动,身高因素并不是主要的,且需要身体接触较少的项目。满足这两个条件的运动项目，日本人都非常擅长。

日本选手在体格上无法跟其他强国相比，他们在力量和速度等方面都略逊一筹。日本选手擅长在小范围内活动身体的项目，而不擅长在较大的自由空间内与对手混战。

像羽毛球和乒乓球这样的项目不需要身体接触，动作越敏捷就越能获胜。从这个意义上讲，日本在壁球等项目上今后可能会有更大的进步。当然，在该领域，日本选手还会面临同自身体格较为相似的亚洲其他国家运动员的竞争。

女性发挥巨大作用的日本球类运动领域

前面的论述都是建立在男女混合的基础上。而在有些项目上，日本女性和男性的活跃程度有很大的不同。图 49 将这一差异进行了很好的整理和展示。图 49 的纵轴表示的是女选手的综合排名，横轴表示的是男选手的综合排名。图的右上角表示的竞技项目是男女都很擅长的项目，左下角表示的是男女都不擅长的项目；图的左上角表示的是女性选手擅长的项目，右下角表示的是男性选手擅长的项目。

男女项目中成绩差异最大的是足球（日本男队排名第 50 位，女队排名第 4 位）和排球（日本男队排名第 14 位，女队排名第 5 位）。这两项运动在日本国内都很有人气，虽然训练强度很大，但因为全球强者太多，所以日本男队在世界大赛上很难获胜。不过，通过开发新技术以及增加练习量，日本男队拥有提高的空间。

和乒乓球之类要求身体灵敏度的比赛不同，需要努力克服身体不利条件的运动项目，在世界范围内都是很有人气的，所以竞争

男女选手的强项与弱项示意图

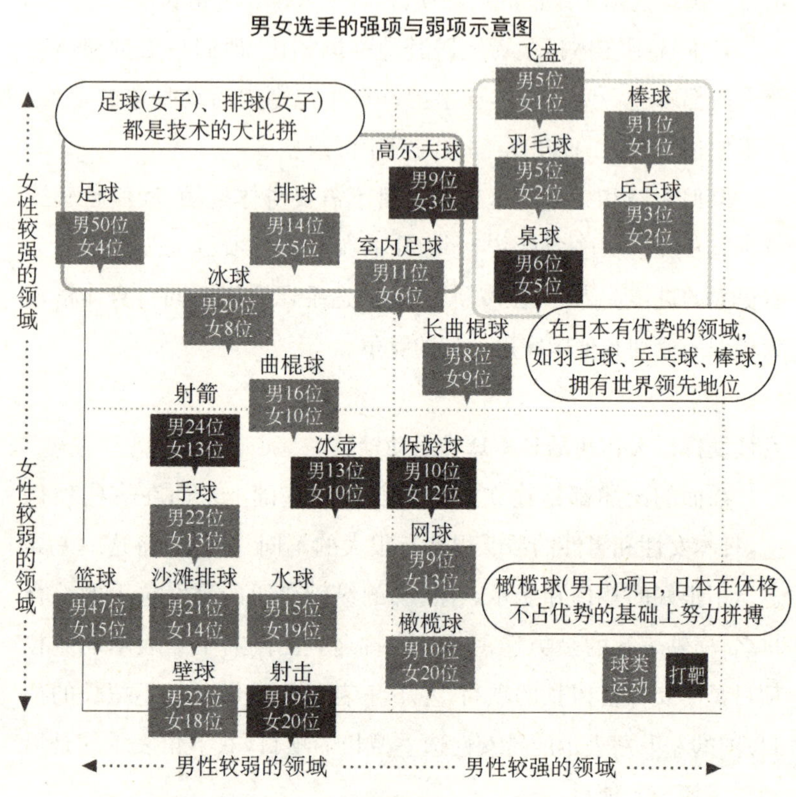

图 49

也很激烈。首先,在图 49 中,男子运动项目呈现从右上向左上移动的趋势,女子项目也是有了人气之后逐渐呈现向左下跌落的趋势。这种情况可以说很无情,但也体现了该竞技项目的成熟度。

最例外的是处于图 49 右下角的橄榄球运动,日本正在这项比赛中取得进步。之前的世界杯比赛中,在艾迪 · 琼斯教练的魔鬼式训练下,日本男队完成了“世界最强训练量”后,获得了优秀的成绩。从基本的身体素质来看，日本人应该是最不擅长橄榄球的，但是他们创出了如此好的成绩，这给予了其他运动项目的运动员极大的信心，让他们相信通过努力也是可以取得好成绩的。

日本实际上是球类运动强国

通过前面的介绍，大家也许会认为日本的球类运动不太出众。实际上，前面提到的 24 项球类运动（7 项打靶类运动和 17 项纯球类运动），如果把所有的成绩都加起来，日本的成绩仅次于英国和美国，排在第 3 位。

根据项目的不同，参加比赛的国家和地区的数目也会有所不同。笔者把各个国家和地区的成绩按照百分比进行排列，然后再对比全部竞技项目，求得平均值，就得出了图 50 的表格。

如图所示，不论是单看打靶类运动的 7 项，还是单看纯球类运动的 17 项，日本的成绩都仅次于英国和美国，排名世界第三。如果单看每个单项的成绩，日本的成绩并不显眼，但是因为日本参加的项目较多，所以排位靠前。正如企业经营一样，一般的做法是集中精力，一个一个项目地攻破。但日本的做法不是这样，而是不论在哪一方面都喜欢参与，即使处于不利的环境，也不放弃，而且不断下功夫。这才是具有日本特色的做法。

6. 智力运动和电子竞技

前面几节，我们谈了跑步、游泳等以体力为基础的竞技，还谈

球类、打靶类运动综合成绩统计

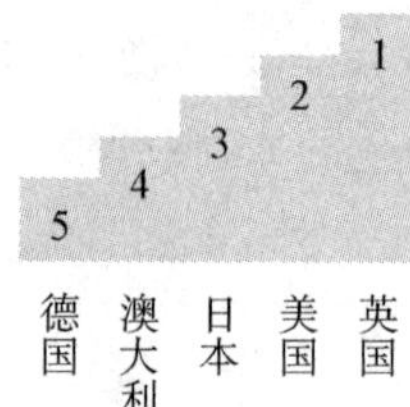

图 50

全 24 种运动综合结果

排名		成绩合计
0	英联邦总计	3,284
1	美国	2,145
2	日本	2,012
3	澳大利亚	1,862
4	德国	1,855
5	加拿大	1,778
6	荷兰	1,659
7	俄罗斯	1,616
8	西班牙	1,592
9	法国	1,574
10	意大利	1,551
11	中国	1,504
12	韩国	1,500
13	捷克	1,395
14	瑞典	1,321
15	波兰	1,297
16	新西兰	1,240
17	奥地利	1,198
18	芬兰	1,197
19	巴西	1,130
20	克罗地亚	1,113

射击类 7 种运动综合结果

排名		成绩合计
0	英联邦总计	1,142
1	美国	656
2	日本	600
3	韩国	557
4	德国	549
5	瑞典	505
6	澳大利亚	500
7	加拿大	499
8	荷兰	451
9	中国大陆	449
10	俄罗斯	438
11	意大利	418
12	法国	399
13	芬兰	397
14	西班牙	395
15	奥地利	394
16	丹麦	391
17	中国台湾地区	374
18	挪威	371
19	新西兰	356
20	英格兰地区	338

纯球类 17 种运动综合结果

排名		成绩合计
0	英联邦总计	2,054
1	美国	1,489
2	日本	1,412
3	澳大利亚	1,362
4	德国	1,306
5	加拿大	1,279
6	荷兰	1,208
7	西班牙	1,197
8	俄罗斯	1,178
9	法国	1,175
10	意大利	1,133
11	捷克	1,093
12	中国	1,055
13	巴西	996
14	波兰	969
15	韩国	943
16	阿根廷	928
17	新西兰	884
18	克罗地亚	869
19	瑞典	816
20	瑞士	811

了应用中的格斗技以及球类运动。在赛车运动篇中,我们看到比起体力技能,更重要的是能将运动神经运用自如。我们对交通工具的"操纵"概念进一步深入,就进入了机器操作的世界。电子游戏现在被称作"电子竞技(e运动)",运动员须熟练地操纵鼠标或操纵杆,在虚幻的空间中同对方比赛,一决胜负。虽说这里没有实际的加速度或冲击力,但可以说这个假想领域中纯粹的运动神经竞赛开辟了一个新的运动空间。电子竞技中,除了必要的动作,还需要战略思考,通过分析敌人的战斗力和行动模式来破解其下一步战略,是一种模仿实际战斗的模拟游戏。从这一点来看,电子游戏同国际象棋、橄榄球等有相似之处。智力游戏玩家通常将电子游戏称作脑力游戏,而且也可将其视为广义运动的一个分支。从这个观点来看,肌肉运动和赛车运动、电子竞技、脑力运动等周边运动都可以关联起来了(见图51)。

随着电脑科技的发展,电子竞技的形式也在持续变化。目前,人类社会已经进入到同电脑苦战的时代。不论是国际象棋还是将棋、围棋,人类几乎都不是电脑的对手了。与此同时,计算机程序员之间的竞争也进入白热化阶段,未来并不是人类之间的头脑战,而是工程师所发明的程序之间的"头脑"战。以肉体格斗技来打比方的话,首先是穿着能量套装的格斗家之间的斗争,之后就变为机器操纵者之间的战争,最后可能会变成独立判断、独立行动的机器人之间的"比武大会"。

前言讲得虽多,但本节的重点就是前言中所说的"广义运动"。在此,我们想调查智力运动和电子竞技领域中日本选手的活跃度。笔者将在这两大领域中出现的游戏体系的整体状况,整理到如下

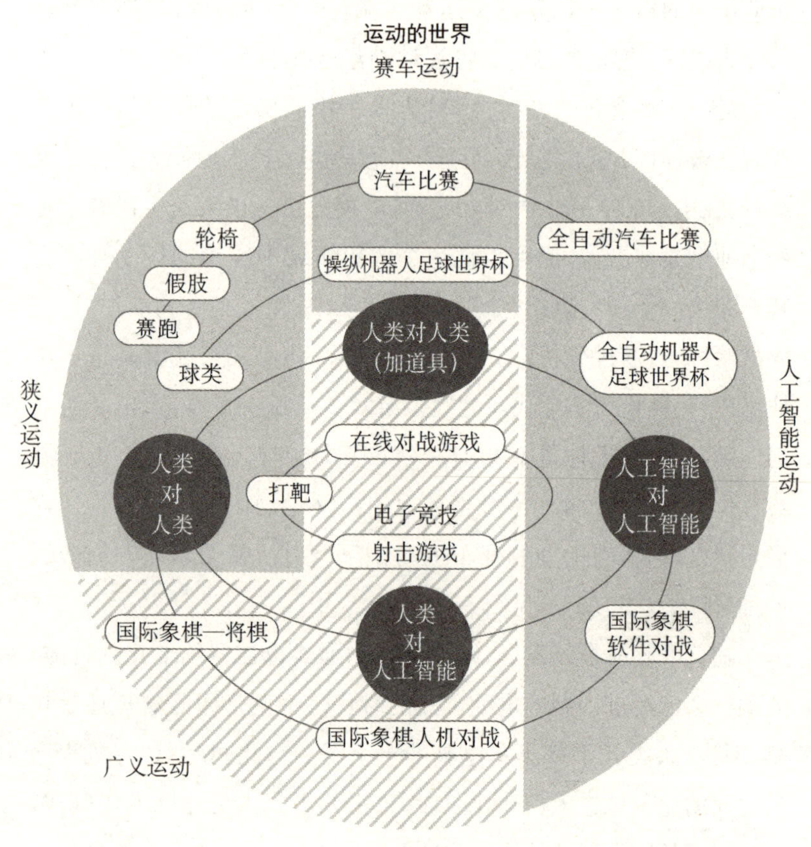

图 51

的树状图中(见图 52)。

智力游戏大致从 A 到 E 分为 5 个系统。A 为基本脑力系统，类似于智能测试的“争地头”；D 为战略系统，类似经营类范畴，竞争应用能力接近于战略实战领域。首先，我们从 C 到 D 这些平日最熟悉的棋类游戏及纸牌游戏说起。

运动一览表

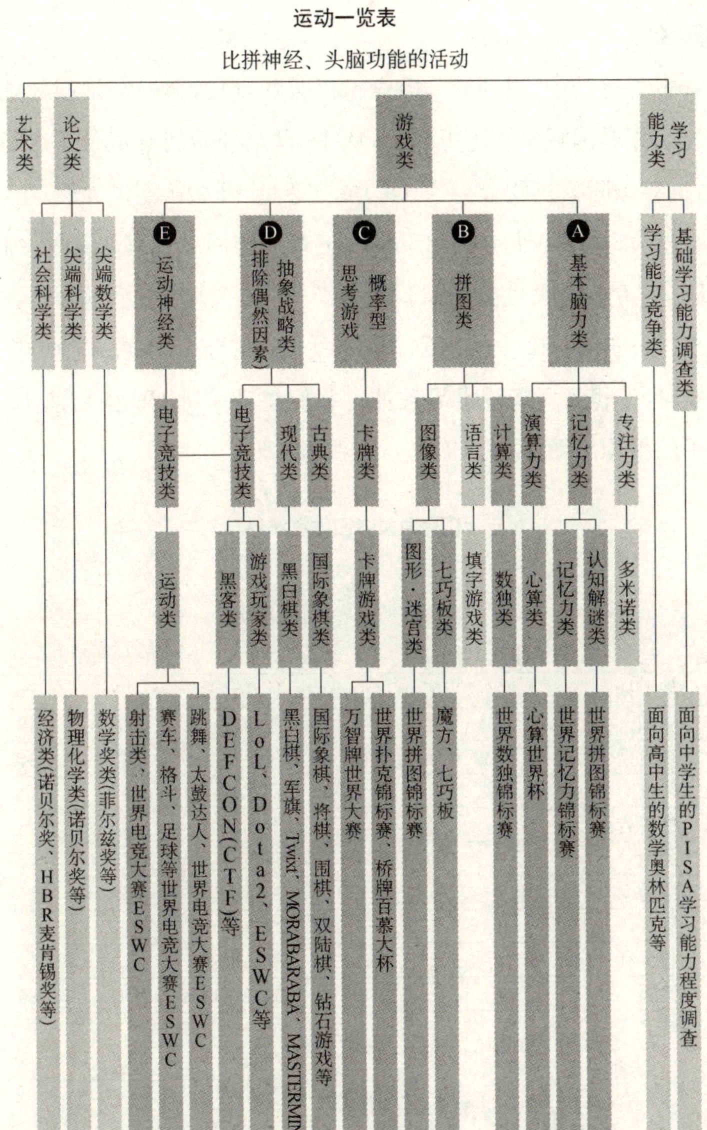
比拼神经、头脑功能的活动
艺术类
论文类
游戏类
学习能力类
社会科学类
尖端科学类
尖端数学类
E 运动神经类
D 抽象战略类(排除偶然因素)
C 概率型思考游戏
B 拼图类
A 基本脑力类
学习能力竞争类
基础学习能力调查类
电子竞技类
电子竞技类
现代类
古典类
卡牌类
图像类
语言类
计算类
演算力类
记忆力类
专注力类
运动类
黑客类
游戏玩家类
黑白棋类
国际象棋类
卡牌游戏类
图形·迷宫类
七巧板类
填字游戏类
数独类
心算类
记忆力类
认知解谜类
多米诺类
经济类(诺贝尔奖、HBR麦肯锡奖等)
物理化学类(诺贝尔奖等)
数学奖类(菲尔兹奖等)
射击类、世界电竞大赛ESWC
赛车、格斗、足球等世界电竞大赛ESWC
跳舞、太鼓达人、世界电竞大赛ESWC
DEFCON(CTF)等
LoL、Dota2、ESWC等
黑白棋、军旗、Twixt、MORABARABA、MASTERMIND等
国际象棋、将棋、围棋、双陆棋、钻石游戏等
万智牌世界大赛
世界扑克锦标赛、桥牌百慕大杯
世界拼图锦标赛
魔方、七巧板
世界数独锦标赛
心算世界杯
世界记忆力锦标赛
世界拼图锦标赛
面向高中生的数学奥林匹克等
面向中学生的PISA学习能力程度调查

图 52

国际象棋

智力运动中，说到最具历史和权威的竞技，那一定是国际象棋了。要探寻国际象棋历史的话，从16世纪开始就有记录了。1924年，世界国际象棋联合会(FIDE)成立以后，开始认定世界棋王。现在，每年都会举办世界国际象棋棋王赛。同网球和高尔夫球一样，FIDE的专业选手也会按照积分评价来进行排名并予以公布。近年来，挪威年仅22岁的国际象棋选手芒努斯·卡尔森成为历史上最年轻的"棋王"，备受世界关注。我们整理了FIDE排名前10位选手的平均成绩(见图53)。

国际象棋各国排名统计

综合成绩(男女合计)排名

排名		男子排名	女子排名
1	俄罗斯	1	1
2	中国	2	2
3	乌克兰	3	4
4	印度	5	5
5	格鲁吉亚	21	3
6	美国	4	10
7	波兰	10	6
8	法国	6	9
9	匈牙利	9	8
10	德国	14	7
11	阿塞拜疆	8	14
12	亚美尼亚	7	18
13	荷兰	13	17
14	塞尔维亚	19	11
15	保加利亚	15	16
16	西班牙	16	13
17	古巴	17	15
18	以色列	11	22
19	罗马尼亚	23	12
20	英格兰地区	12	26
⋮			
100	日本	92	102

(2015年记录的统计数据)

图53

扑克

同棋类游戏并称为“双璧”的，是纸牌游戏。最高级的纸牌游戏是扑克。各种扑克比赛的奖金金额悬殊巨大，最权威的世界扑克系列赛（WSOP）的优胜奖金达1 000万美元。WSOP也按国家和地区公布选手的排名，但不是按积分来排名，而是直接以奖金额来排名。参赛选手争夺奖金的比赛，就好像充满厮杀的西部大片。

从图54可以看出，这些比赛的奖金总额超过1兆日元，就像一个庞大的产业。美国选手得到的奖金占到奖金总额的一半多，美国是扑克界的超级大国。同排名第二的英国相比，美国获得的奖金几乎是英国的10倍。排名靠前的国家都是西方强国，好像一个欧美的成人俱乐部。在这一成人的世界里，日本获得的奖金排名第36位，只占0.18%，似乎只是小孩的水平。我们如果搜索一下世界扑克系列赛的网络照片，就可以看到胜者往往在堆满钞票的桌子旁微笑。

日本选手的成绩中，男子平均成绩排名世界第92位，女子平均成绩排名世界第102位，男女综合成绩排名世界第100位，同其他国家的差距很大。日本在国际象棋界完全无力抗衡强国，主要原因是日本的将棋很发达，但这种运动仅限于在日本国内发展。例如，在日本的将棋龙王战中取得冠军的话，能拿到4 200万日元，因此日本人很少去海外比赛。

新时代的纸牌游戏对战

进入21世纪以后，纸牌游戏也发生了新的变化，就是充满日本风格的集换式卡牌游戏（TCG）。说到“Pokémon”卡片游戏、“游☆

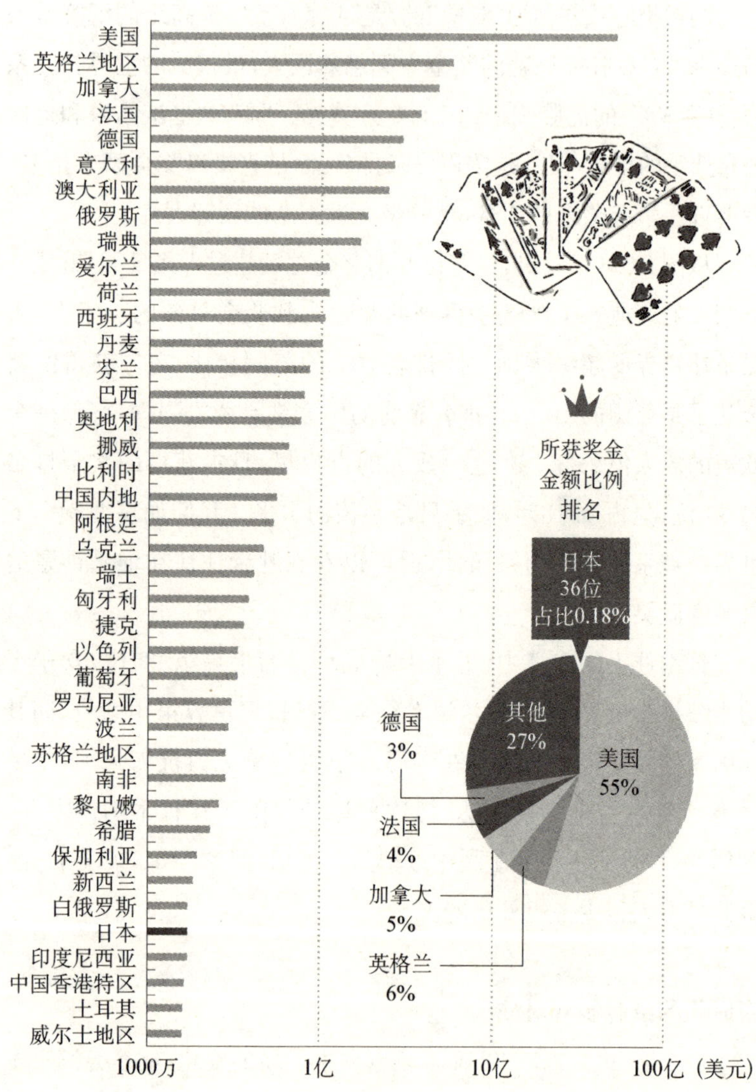
不同国家和地区获得的扑克奖金比例统计
（2015年记录的统计数据）
美国
英格兰地区
加拿大
法国
德国
意大利
澳大利亚
俄罗斯
瑞典
爱尔兰
荷兰
西班牙
丹麦
芬兰
巴西
奥地利
挪威
比利时
中国内地
阿根廷
乌克兰
瑞士
匈牙利
捷克
以色列
葡萄牙
罗马尼亚
波兰
苏格兰地区
南非
黎巴嫩
希腊
保加利亚
新西兰
白俄罗斯
日本
印度尼西亚
中国香港特区
土耳其
威尔士地区
1000万
1亿
10亿
100亿（美元）
所获奖金
金额比例
排名
日本
36位
占比0.18%
其他
27%
美国
55%
德国
3%
法国
4%
加拿大
5%
英格兰
6%

图 54

戏☆王 DM”等,大家就应该知道了。有些玩家对游戏特别热衷,甚至有高级玩家将此种游戏作为战略作战游戏来一决胜负。美国数学家首创的万智牌(Magic The Gathering)是被大众广泛认同的一款集换式卡牌游戏,自 1994 年开始每年都会举办世界锦标赛,但是日本一共只出了 4 名优胜者。我们将该比赛至今的成绩进行了整理总结(见图 55)。

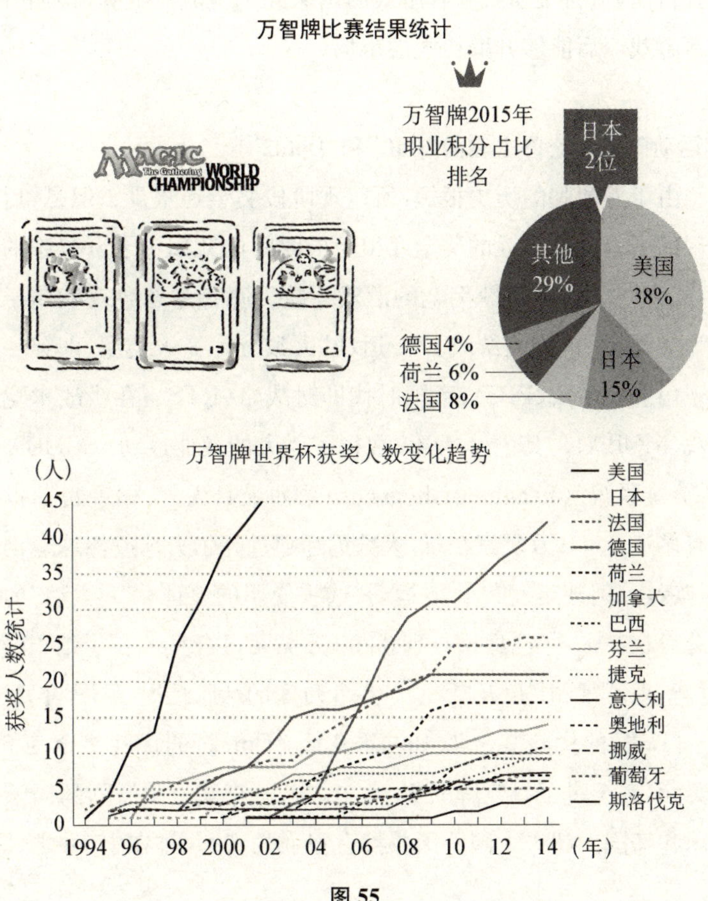

图 55

从图中可以看出，从2004年开始，日本选手的实力快速增强。日本现在的排名仅次于美国，位居世界第二，可以说在这一领域已经确立了领头地位。另外，笔者将各选手的专业分值按国家和地区整理后，结果同样是日本排名第二，占比15%。

虽说万智牌的优胜奖金每年都在增加，但是由于其历史很短，所以目前奖金只有5万美元，其规模和普及程度难以同扑克牌相比。目前，流行集换式卡牌游戏的国家几乎也流行纸牌，很期待这一新游戏今后能够开辟更大的市场。

“e运动”(1)：魔兽主题的“LoL”和“Dota2”

由于万智牌的历史很短，所以现阶段奖金还很少。但是，后来出现的魔兽主题游戏的奖金在很短的时间内就超过了万智牌的奖金，成为一个拥有巨额奖金的游戏竞技。魔兽主题游戏就属于被称为“e运动”的网络游戏。“e运动”大致分为3大类型，即第一人称视角射击游戏(FPS)、帝国时代即时战略(RTS)、在线战术竞技游戏(MOBA)。其中，MOBA取得了巨大的商业成功。MOBA中的“英雄联盟”(League of Legends)系列最具人气，据说目前世界上有多达7 000万玩家在玩，人数远远超过高尔夫球或棒球运动的参与者，美国甚至发布了“e运动”选手使用的签证。“e运动”的奖金总额在2014年已经增长到3 200万美元，5年间增长了约10倍。我们整理了“LoL”以及“Dota2”专业玩家的活跃情况(见图56)。

“LoL”的优胜奖金为100万美元，“Dota2”的优胜奖金为662万美元，都超过了扑克牌的奖金。目前，争夺奖金最激烈的国家是中国和韩国。超级大国美国并没有很强的实力，排在中、韩之后的

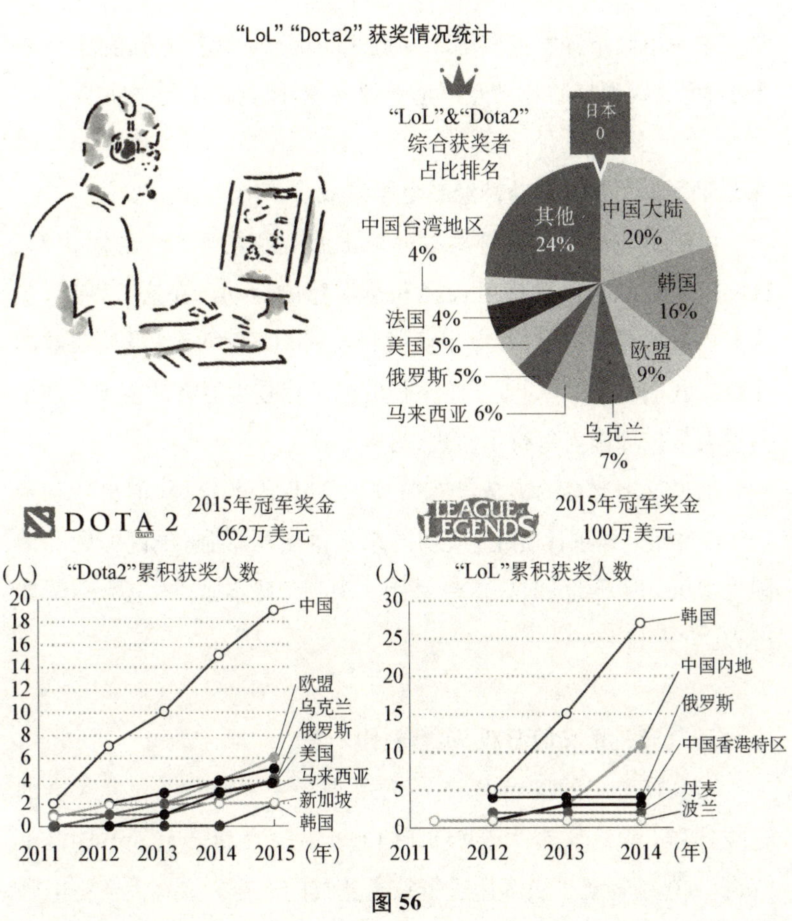

图 56

是俄罗斯及东欧国家，日本在这一领域几乎没有战绩。由于日本过度发展家庭电脑和游戏机，导致在网络游戏以及通信对战游戏领域发展缓慢。到 2015 年，日本终于推出了 Focus Me 等国内专业团队。

日本人在游戏技能上应该是有潜力的，但能否同中、韩以及东欧国家一争高下呢？这些国家和地区的玩家一天在电脑前练习10个小时，可以说打游戏已经不是一种兴趣，而是求生的技能了。

“e运动”(2)：基本运动神经系电子游戏

电脑游戏的原点就是简单的射击游戏和格斗，和足球、赛车、舞蹈等一样都是比赛反射神经和节奏感的运动。在这一领域，包含5—10种竞技项目的“电子竞技世界杯(ESWC)”是最具权威的比赛。我们将自2003年开始举行的电子竞技世界杯的前4名选手的总人数按照国家进行了整理(见图57)。

虽说这项比赛的奖金没有“LoL”及“Dota2”丰厚，但也达到了200万美元。该项比赛中，最初的东道国法国最强，虽说韩国和中国也很强，但还是和法国有差距。另外，日本连半决赛都没能进入。

“e运动”(3)：“正义的游戏”实力颇佳

在电脑游戏的世界里，有一种类似于一决胜负的比武大会的竞技比赛，就是黑客大会(DEFCON)中的夺旗赛(Capture The Flag)。夺旗赛就是黑客们进行技术竞技的比赛。黑客大会是电脑黑客的盛会，每年在拉斯维加斯举行。

CTF是团队作战的游戏，选手们相互入侵对手的电脑，争夺情报(旗帜)。这是一场需要比拼数据包分析、通信规程解析、系统管理、编程以及密码解读等高级知识和技能的比赛。可以说，这是具有游戏性质的黑客竞技比赛。这一比赛集结了超过300个来自世界各地的团队，争夺世界最高级工程师的荣誉。虽说冠军没有优

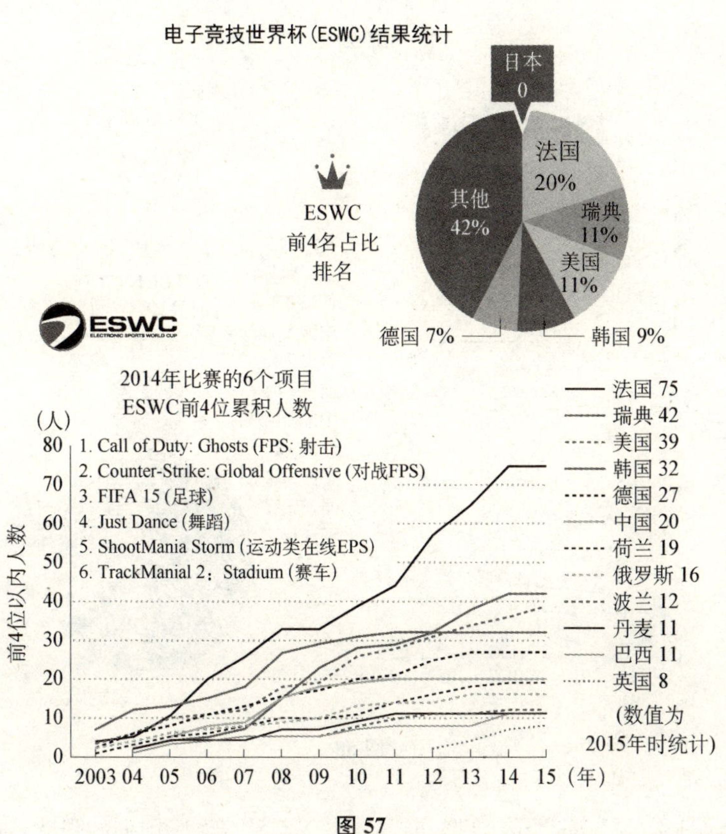

图 57

胜奖金，只是获得“白帽黑客”这一荣誉，但如果在这一比赛中胜出，据说不仅有机会被知名企业雇用，甚至还可能被 CIA 或 FBI 雇用。笔者整理了 DEFCON 上 CTF 中各个团队的活跃程度，一起来看一下吧(见图 58)。

从图中可以看到，实力最强的团队来自美国，是著名的卡内基·梅隆大学组建的“PPP”战队。这并不是一个简单的游戏玩家的集会，玩家要对电脑有高度的理解，这是情报战的战场。我们知

CTF结果统计

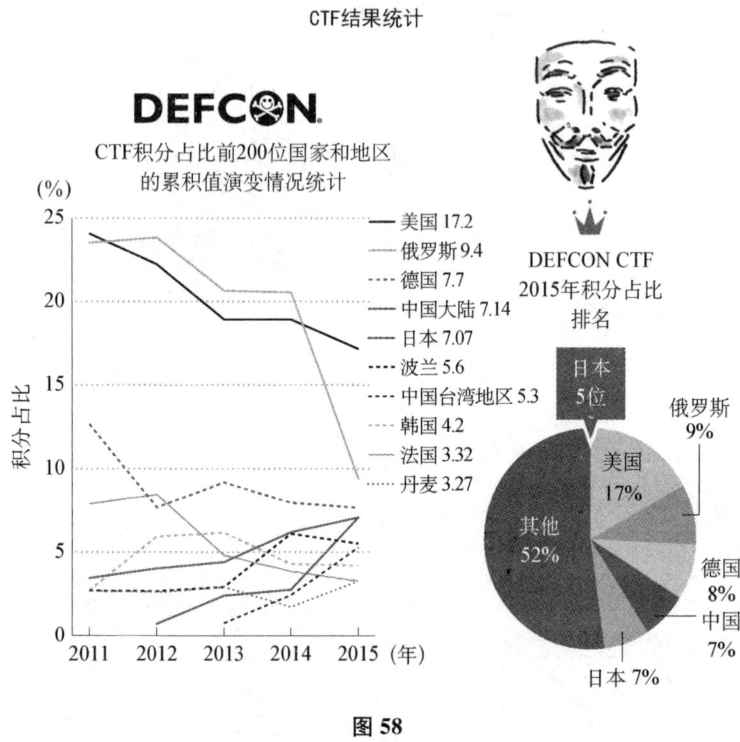

图 58

道，日本的“binja”“fuzzi3”“sutegoma2”等是跻身国际前列的强队。比赛中，参赛者全部以网名参赛，十分之一的团队甚至不明国籍。日本2015年的成绩排名世界第五，这个成绩很不错。此外，我们可以发现，前几名参赛国家和地区的成绩同“e运动”的排名有很大的不同。

擅长单人智力游戏

奥林匹克智力运动会以及各种智力游戏综合比赛同对战型的纸牌游戏和棋类比赛不同，还包括智力游戏竞技。在智力游戏领域，世界智力游戏联盟（WPF）主办的世界电子竞技职业精英赛（WPC）中，会出现各种数学难题。

在这些数学难题中，数独非常特别。从 WPC 中独立出来的世界数独锦标赛（WSC），由 WPF 举办。我们将 1992 年起举办的 WPC 和 2006 年起举办的 WSC 的两项结果，按照国家进行了分析整理（见图 59）。

智力游戏领域的统计结果同之前的游戏比赛结果有很大不同，日本在这方面展现了足够的能力和实力。日本的实力很强，但在几

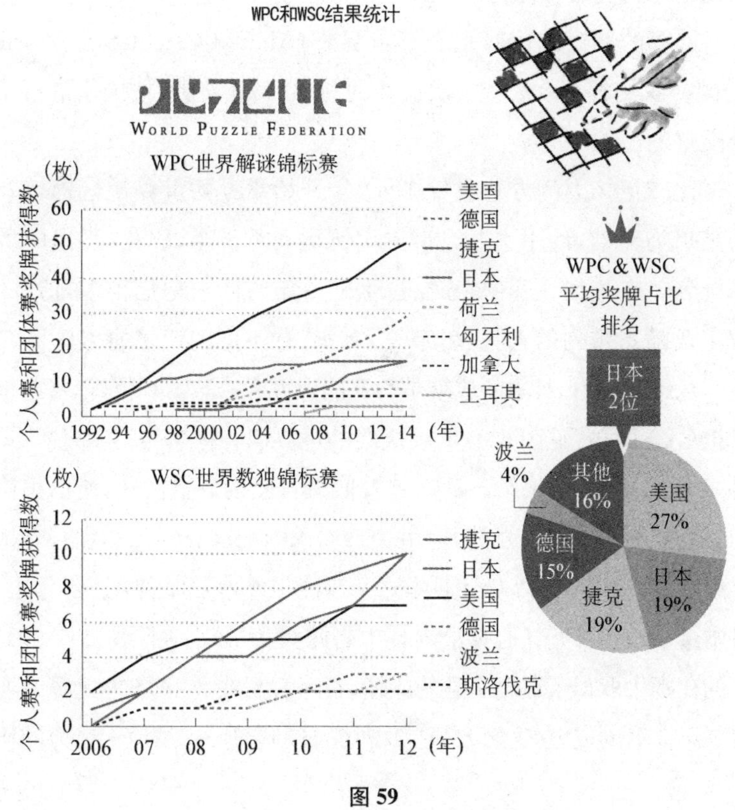

图 59

乎涵盖了所有智力游戏的 WPC 中，日本位于美国、德国之后，位居第三。日本参赛选手从 2005 年开始活跃起来，但在此之前由于日本选手的母语不是英语，所以在答题方面受到了影响。比起通过观察敌人的脸色和心理来采取下一步对策的对人型游戏，日本国民也许还是更喜欢介入人工智能的智力游戏，同出题人对决。

尤其不擅长基础脑力比赛

脑力运动说到底，就是简单的基础脑力比赛。具体来说，主要是比记忆力和心算能力。

心算的最权威比赛是心算世界杯（Mental Calculation World Cup）。我们将至今为止 6 次比赛的前 10 名获奖者，按国家进行了分类整理。

比较记忆力的方法是以 1991 年开始举办的世界记忆锦标赛的结果为基础，使用主办方世界记忆运动委员会（WSC）得出的世界排名。在这场比赛中，需要选手在一定时间内记忆很多排列的数字及随意排列的人脸、名字等，有 10 种不同的记忆能力比赛。

从结果来看，日本的成绩是心算能力世界排名第 8 位，记忆力世界排名第 16 位（见图 60），两项成绩的世界综合排名为第 16 位。这是一个很“微妙”的成绩。日本有着值得自豪的算盘文化，所以国民的心算能力应该是很强的，但由于日本国内的珠算锦标赛和心算世界杯之间的合作很少，导致日本选手没能很好地发挥实力。近年来，日本选手终于开始在心算世界杯中崭露头角，如小笠原尚良在 2012 年的比赛中取得了综合优胜的成绩，石川智惠在 2014 年的比赛中取得了第 3 名的成绩（这两人都是珠算学校的老师）。虽说记忆力的比

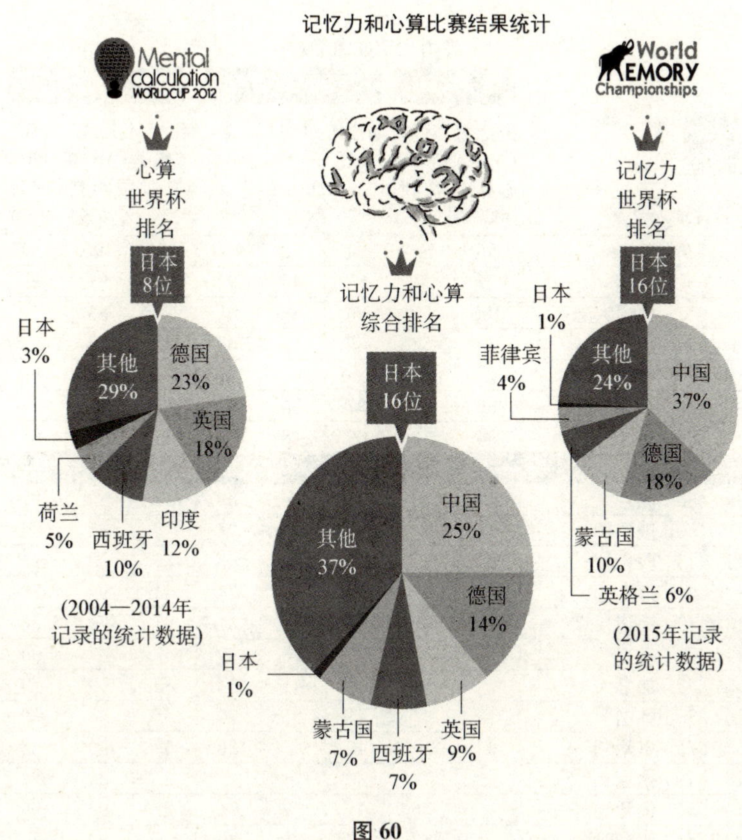

图 60

赛方法很相似，但由于比赛中使用英语，所以对日本人来说比较困难。目前，日本的记忆力排名第一的池田义博，在世界上排名第 67 位。

智力运动的综合成绩

我们整理了包括“e 运动”在内的所有智力运动的综合成绩。同球类运动一样，在各类比赛中，我们只是按照国家和地区的排名，根据前几名所占百分比的数值进行计算，如图 61 所示。

智力运动成绩汇总

综合成绩			基础能力		电子竞技			卡牌和棋类游戏		
排名	合计		记忆力（WMC）心算力（MCWC）	解谜（WPC）数独（WSC）	动作游戏类（ESWC）（$）	LoL（$）Dota2（$）	DEFCON CTF（$）	卡牌类（MTG）	扑克（WSOP）奖金排名（$）	棋类（FIDE）比赛（$）
1	720	美国	56	100	94	73	100	100	100	97
2	687	德国	97	81	89	45	94	89	97	95
3	615	中国大陆	100	50	86	100	91		88	99
4	540	荷兰	59	63	83		57	92	93	93
5	534	法国			100	68	77	94	98	96
6	529	瑞典	66		97	50	60	83	95	78
7	506	英国	94		69	18	54	83	99	89
8	452	日本	53	94			89	97	77	42
9	450	波兰	13	75	77	5	86	17	82	97
9	450	俄罗斯			80	77	97		95	100
11	445	西班牙	91		49	23	63	36	93	91
12	423	丹麦	25		74	36	74	44	92	76
13	419	斯洛伐克	19	69	57		51	67	70	86
14	406	乌克兰			66	86	69		87	99
15	399	加拿大		31	54	41	14	86	99	73
16	385	韩国	13		91	95	80		66	39
17	373	奥地利	63		40		29	69	90	82
18	348	捷克		94				81	85	88
19	331	匈牙利		56			71	22	86	95
20	330	比利时		19	17	9	49	75	89	73
21	326	意大利			46		46	56	97	83
22	314	巴西			71			78	91	74
22	314	挪威	28		51		3	61	89	81
24	297	马来西亚	50		3	82		31	72	60
25	290	芬兰	19		43	14		58	91	65
26	288	印度	84				34		71	98
27	285	中国台湾地区				64	83	50	65	24
28	282	葡萄牙			60		9	64	84	66
29	269	以色列	44				17	33	84	90
30	258	土耳其	72	31					75	80

图 61

笔者综合整理了2种基础脑力、3种“e运动”、3种纸牌游戏和棋类比赛的成绩，日本在其中排名第八。不论是哪个项目，只有美国和德国一直保持领先。排名第九的波兰在任何比赛项目的排名中都有出现。同日本的得分模式类似的，是捷克、匈牙利等中欧国家。韩国则是在日本不擅长的领域取得了很好的成绩。

智力运动的未来是“电脑对决”

“e运动”中，选手们进行对决的场所是电脑上的虚拟空间。另一方面，人类同人工智能在现实世界中的对决，正如本节开头所述，正随着电脑性能技术的提高而随之高涨。

国际象棋或者将棋比赛中有专业棋手同电脑对决，但是人类的智能却愈来愈不及电脑。目前，工程师们正在致力于开发机器人足球队，欲同国际足联世界杯中的人类团队对决。这样的设想，如果在几年之前，大家可能会觉得不切实际，但现在至少不会觉得这是绝对不可能实现的。

“编草鞋”在奥林匹克智力运动会中也很活跃

奥林匹克智力运动会中有许多游戏项目，1989年首次在伦敦举行，2000年以后由国际电脑游戏协会（ICGA）主办，现在已经成为国际赛事了。这一运动会至今已有45种比赛项目，但其中的大部分只比赛了一两次就没有再赛。根据ICGA整理的数据，该比赛至今为止举行最多的项目是国际象棋，1976年至今累计比赛约70次。前6名的6种比赛项目分别是国际象棋（70次）、围棋（37次）、中国象棋（16次）、将棋（13次）、国际跳棋（12次）、亚马逊国际象棋(12 次)。我们将这 6 种主要比赛项目的前 3 名获奖队伍的成绩,进行分类整理如下(见图 62)。

6 种主要电脑游戏成绩统计

对战成绩排名

(2001—2011 年记录的统计数据)

		国际象棋	围棋	中国象棋	将棋	国际跳棋	亚马逊国际象棋	综合		
	淘汰赛数量	70	37	16	13	12	12	160		
	淘汰赛数量的加权系数	43.8%	23.1%	10.0%	8.1%	7.5%	7.5%	100%		
排名								单纯奖牌数合计	奖牌数×加权系数	占比
1	德国	32	6				2	40	15.5	23.7
2	美国	9	15				8	32	8.0	12.2
3	日本		23		28		4	55	7.9	12.0
4	荷兰	8	4	2	2	15	12	43	6.8	10.4
5	以色列	14						14	6.1	9.3
6	法国	2	13	3			4	22	4.5	6.8
7	英国	5	4		3			12	3.4	5.1
8	比利时	5	2					7	2.7	4.0
9	中国台湾地区		3	18				21	2.5	3.8
10	中国大陆		3	8	2			13	1.7	2.5
11	世界		6					6	1.4	2.1
12	加拿大		5	1			1	7	1.3	2.0
13	瑞士	1				7		8	1.0	1.5
14	奥地利	2						2	0.9	1.3
14	匈牙利	2						2	0.9	1.3
16	捷克		3					3	0.7	1.1
17	土耳其	1						1	0.4	0.7

图 62

日本在围棋比赛和将棋比赛中排名第一，在亚马逊棋比赛中排名第三；综合成绩位于美国、德国之后，排名第三。德国在国际象棋比赛中获得了很多分数，综合成绩排名第一。荷兰综合成绩排名第四，但是在这 6 种比赛项目中都很活跃，越来越关注人工智能游戏领域了。正如刚才所说的，日本在智力运动领域的综合成绩排名第八，但在人工智能领域排名第三，成绩显著提高。

这和赛车运动是同一个模式，日本赛车选手的成绩综合排名第 18 位，但设计车体的工程师排名世界第二。这样说来，日本还是适合“编草鞋”。

日本在机器人世界杯上表现出色

笔者试着调查了机器人比赛。对战型的机器人项目很多，大部分具有浓厚的比赛色彩。在游戏项目中，人们普遍认为日本发起的机器人世界杯(Robo Cup)是目前该领域最具权威的赛事。

所谓机器人世界杯，就是由机器人参加的足球比赛。截至目前，有模拟机器人组、机车型机器人组、四腿机器人组等，但技术难度最高的是类人组。对机器人来说，用两腿步行本来就困难，现在还要让它们自己对动作和方向做出判断、互相合作来进行比赛，其难度可想而知。因此仅仅是让这个比赛开展起来，就存在很大难度。“外星人联盟”的设立要比机器人世界杯晚 5 年。我们总结并整理了 2002 年以来的类人组比赛成绩(见图 63)。

自该比赛开始举办，日本和德国的激烈竞争就没有停止过。我们从机器人的实际销售额中可以看出，日本、德国这两个对手的销售额占全球销售总额的九成以上。机器人世界杯排名第三的国

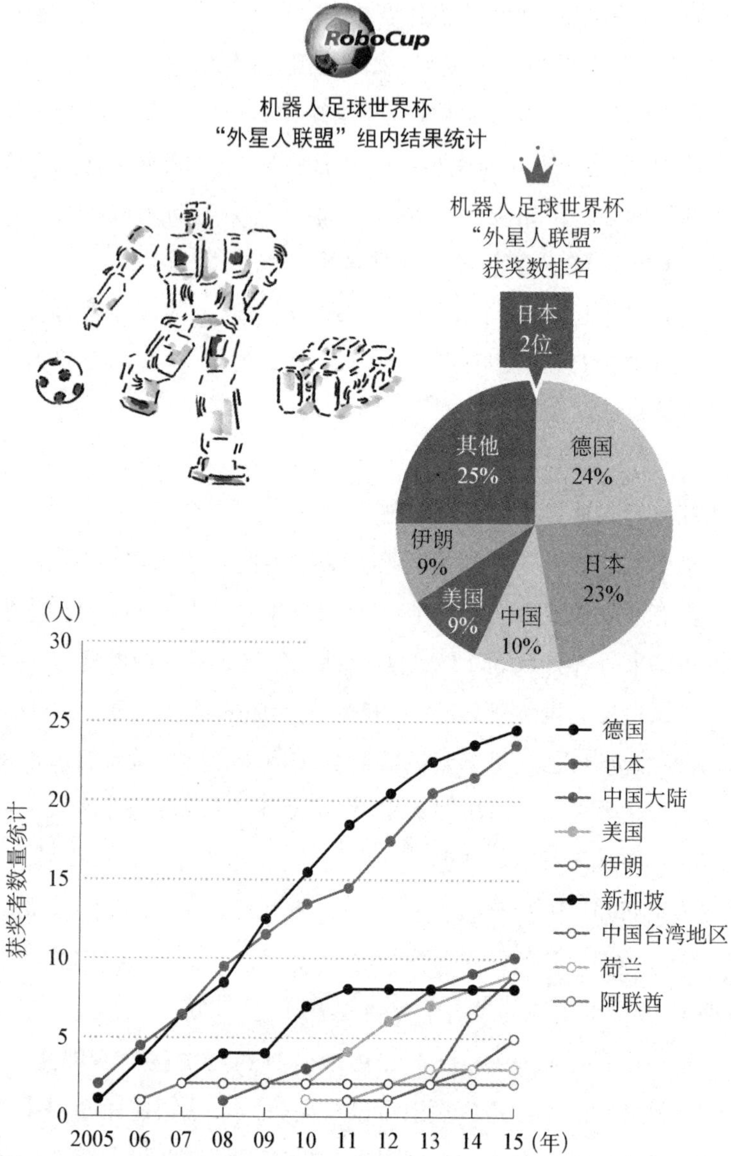

机器人足球世界杯
“外星人联盟”组内结果统计

机器人足球世界杯
“外星人联盟”
获奖数排名

日本
2位

其他 25%
德国 24%
日本 23%
中国 10%
美国 9%
伊朗 9%

(人)
30
25
20
15
10
5
0
获奖者数量统计
2005 06 07 08 09 10 11 12 13 14 15 (年)

德国
日本
中国大陆
美国
伊朗
新加坡
中国台湾地区
荷兰
阿联酋

图 63

家是中国和伊朗。在机器人救援仿真系统这一领域，泰国领先，而且新兴国家在对学生的技术培养方面都很积极。

应用于高性能机器人以及战略思考游戏的软件都属于高科技范畴，同武器、治安运用装备等领域的软件有着微妙的区别。在这个不太实用的领域，日本在软件方面排名第三，在硬件方面排名第二。

7. 体育竞技小结

全部体育项目的成绩一览

我们一直在讨论体育相关问题，这里笔者想进行一个小结，从汽车拉力赛等创造纪录的运动开始，到格斗、球类等对抗型运动，再到智力运动，对所有这些运动的成绩进行总结。同时，笔者希望对平衡体育运动的经济性和道德性进行思考。所谓“经济性和道德性”，就是在体育运动方面优先考虑财富还是名声，是关于国民性的探讨。

图 64 是关于前面讲述过的所有竞技项目成绩的总结。排序方式跟前文相同，只关注各个竞技比赛的国家顺序，并对该顺序进行了总结。首先讨论田径领域。虽然日本在 100 米赛跑领域与世界水平相差很大，但是在游泳、速滑等短距离项目上表现出色，综合起来为世界排名第四。另外，同样是 100 米赛跑，算上青年赛、成人赛和残疾人奥运会的话，日本的排名是世界第二。至于那些需要正面较量的项目，日本的成绩虽然不怎么样，但是如果换一个角度思考的话，在其他方面显示出真正的实力，这也许就是日本的获胜方式。

所有运动汇总

	体育类别				
	基础体力（完赛率）	操纵类竞技	格斗技	球类和打靶	智力运动
具体项目	田径 竞走 游泳 速滑 攀岩 登山	F1 印地500 勒芒24 代托纳24 达喀尔拉力赛 摩托GP	摔跤 拳击 柔道 跆拳道	足球 橄榄球 棒球 网球 壁球 乒乓球 羽毛球 射击 飞镖 高尔夫球	国际象棋 扑克 解谜 数独 MTG Dota2 LoL 心算 记忆力
前3名国家与日本的成绩	跑步、游泳、滑冰 日本4位 1 美国 2 俄罗斯 3 加拿大	赛车 日本18位 1 美国 2 法国 3 英国	散打类 日本5位 1 美国 2 墨西哥 3 韩国	球类 日本3位 1 英国 2 美国 3 日本	运动员 日本8位 1 美国 2 德国 3 中国
	老少残障人士比赛 日本2位 1 美国 2 日本 3 英国	车队 日本2位 1 美国 2 日本 3 意大利	组合技类 日本1位 1 日本 2 伊朗 3 美国	打靶 日本3位 1 英国 2 美国 3 日本	工程师 日本2位 1 德国 2 日本 3 美国
日本的特征	体格基本上缺乏力量和速度 陆、水、冰上项目均靠综合实力一决高下 低速运动实力强 残障人士和老人实力强	不擅长要拼命的赛车运动 擅长设计赛车等幕后工作 摩托车的驾驶技术不错	看上去很弱，实际上擅长打架 但仅在轻量级较强	由于体格不占优势，不擅长身体接触类比赛 擅长对灵敏度要求高的运动 无论哪种项目，通过训练都可以掌握，以综合实力取胜	不擅长奖金数额巨大的项目 比起多人对战类更擅长单人类运动 擅长制造高性能的“玩具”

图 64

在赛车比赛中，虽然日本选手略逊一筹，但日本可以为欧美国家车队提供质量过硬的车体，在车队的整体运营和团队协作方面可以排到世界第二。

在格斗领域，日本人出人意料地在综合排名中仅次于美国，位居世界第二；特别是在团体竞技（柔道和摔跤）中，日本是世界第一。但是，由于日本人的身材较小，低于世界标准，所以日本选手在轻量级运动中更为活跃，可以说是“最强的小兵”。

因为球类比赛不像格斗那样划分等级，所以日本选手在其中表现平平。日本人比较擅长乒乓球、羽毛球等项目，这些项目没有身体接触，考察的是身体的灵活性。此外，由于日本人参与了很多比赛项目，一点一点地积累了分数，所以综合成绩仅次于美国和英国，排名世界第三，非常令人意外。

在智力运动领域，日本不擅长那些提供巨额奖金的对抗性比赛，但是在开发对抗型机器人、设计程序等方面，日本开发了最具实力的机器。这一点与赛车比赛较为类似。笔者把全部比赛的成绩进行了统计，找到了“统一运动王”（见图 65）。

首先，可以从图表中得出的一个结论是，在如此大范围的运动领域都拥有运动员的国家是非常有限的。10 个项目全部都有运动员参赛的，只有美国、日本、德国、英国和法国这 5 个国家。从综合成绩来看，日本仅次于任何项目都排名第一的美国，位居世界第二，在世界体育界是卓有成就的。

图表左侧是广义的运动，将赛车和脑力运动也算入了运动的范畴。为了使排名更具代表性，笔者将狭义的 5 种运动也进行了统计。在图表右侧显示的结果中可以看到，虽然排位靠前的国家

广义的运动·狭义的运动统计

10种广义运动：短距离跑		赛车		格斗		球类		脑力运动						5种狭义运动	短距离跑	格斗		球类	
田径·游泳·滑冰	青少年组·专业组轮椅·假肢	车手	车队	散打类	组合技类	打靶类	纯球类	智力运动	软件机器人	广义运动平均值	国名	排位	国名	狭义运动平均值	田径·游泳·滑冰	散打类	组合技类	打靶类	纯球类
100	100	100	100	100	97	99	100	100	91	99	美国	1	美国	99	100	100	97	99	100
92	99	47	89	95	100	98	99	96	96	91	日本	2	日本	97	92	95	100	98	99
85	96	91	44	93	72	97	98	99	100	87	德国	3	俄罗斯	93	97	87	94	91	96
82	97	94	67	94	79	100	100	97	57	87	英国	4	英国	91	82	94	79	100	100
69	87	97	56	88	96	90	96	98	61	84	法国	5	韩国	91	74	98	93	97	93
62	93	88	78	74	70	91	95	90		74	意大利	6	加拿大	89	95	80	81	94	98
90	74	28		72	84	93	97	98	87	72	荷兰	7	德国	89	85	93	72	97	98
95	90	16		80	81	94	98	93	48	69	加拿大	8	法国	88	69	88	96	90	96
97	76			87	94	91	96	96		64	俄罗斯	9	荷兰	87	90	72	84	93	97
79	94	66		85	34	95	99	83		63	澳大利亚	10	澳大利亚	78	79	85	34	95	99
49	40	78	33	97	55	88	97	95		63	西班牙	11	意大利	78	62	74	70	91	95
74	69			98	93	97	93	92		62	韩国	12	西班牙	77	49	97	55	88	97
10	85			78	73	92	94	99	83	61	中国	13	波兰	70	36	52	87	83	93
59	84	81		67	67	53	94	89		59	巴西	14	乌克兰	70	33	67	90	71	87
77	59	72		50	13	96	91	97		56	瑞典	15	中国	70	10	78	73	92	94
	75	34	11	34	88	78	91	82	30	52	瑞士	16	巴西	68	59	67	67	53	94
	54	44	22	19	63	87	90	92	43	51	奥地利	17	瑞典	65	77	50	13	96	91
46	78	84		19	12	89	90	88		51	芬兰	18	伊朗	65		86	99	66	76
33	35	69		41	64	78	89	90		50	比利时	19	古巴	65	38	77	82	47	79
				86	99	66	76	83	74	48	伊朗	20	匈牙利	64	54	57	57	66	86

日本无论是广义运动还是狭义运动都排名第二

图 65

有一些变化(俄罗斯、韩国等的排名提高了),但日本依然保持第二的排名。

美国排名世界第一。在10个项目中,美国有7个项目都排在第1位,拥有压倒性的优势。

运动员精神的经济性与道德性

体育运动虽然是认真的较量,但也是一种“游戏”,追求美感。在体育运动的世界里,如果运动员不能给观众以感动和梦想,也是无法成为超级英雄的。要想获得人们的尊敬和高额的奖金,就必须通过公平竞争,不能使用那些不光明磊落的手段。二宫尊德先生曾经说过,没有道德的经济就是犯罪,没有经济的道德就是胡扯。因此,笔者在体育竞技小结中,对各国运动员的挣钱能力和美感进行一下调查。

在经济上取得成功的运动员

首先从挣钱能力说起。美国《福布斯》杂志从1990年起,每年都对顶级运动员的年收入进行调查和公布。到2015年为止的变化趋势,如图66所示。该图显示的是排名第一的年收入(包含广告收入等在内)和前10位的年收入总数的变化趋势。

从1990年至2015年的25年间,顶级运动员的收入在不断增长。2015年,排名前10位的运动员的平均年收入约为100亿日元。回顾一下各个年代具有代表性的男性运动员,从20世纪90年代的拳王迈克·泰森到篮球明星迈克尔·乔丹,再到21世纪的赛车手舒马赫、高尔夫球选手“老虎”伍兹、拳击冠军梅威瑟,其中只

顶级运动员年收入・年收入(排名前十)统计

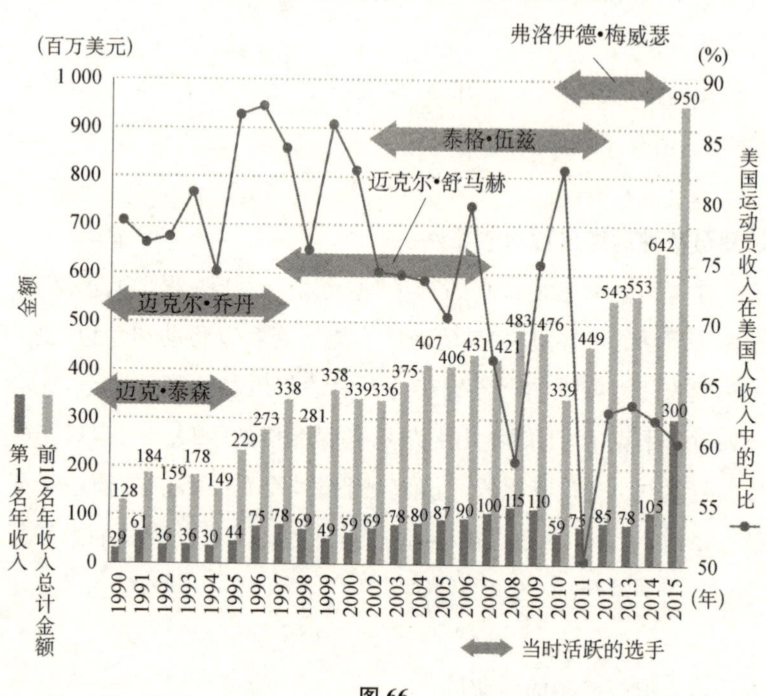

图 66

有舒马赫是德国人,其他都是美国人。但实际上,美国运动员在排名前 10 位运动员中所占的比例,如今正呈现下降趋势。

接下来,我们来看一下运动项目的流行趋势吧(见图 67)。拳击比赛和 F1 赛车的热度相对来说正在减弱,而足球和网球的人气却在不断飙升。也就是说,最具生命危险的两种运动的人气在不断下降,而网球、足球、高尔夫球等来自欧洲的球类运动的人气在不断提升。同样的,日本的“食草化”现象不断加重,海外也出现了“都市弱男化(娘娘腔)”的现象。由于和平的持续,人们对力量的

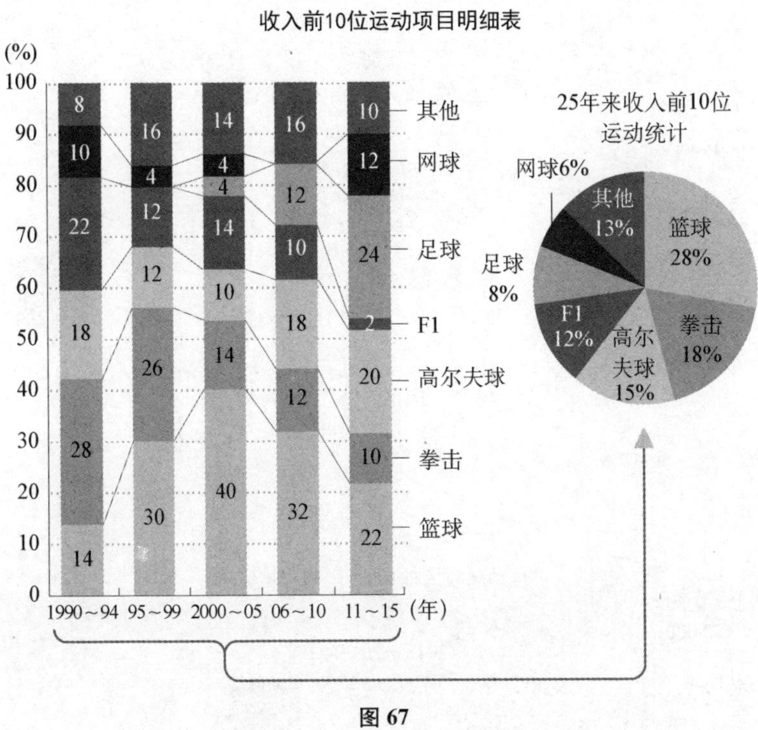

图 67

追求正在减弱，取而代之的是对优雅性的重视。

日本职业选手的运动精神

接下来要给大家揭晓全球选手所获奖金的排名。图 68 是 1990 年至 2015 年每年排名前 10 位(共 250 人)的收入数据和 2013 年至 2015 年每年排名前 100 位(共 300 人)的收入数据。例如，2015 年世界顶级运动员的收入是 3 亿美元，而排名第 10 位的运动员收入是 5 000 万美元，排名第 100 位的收入是 2 000 万美元。虽

运动高收入国家排名

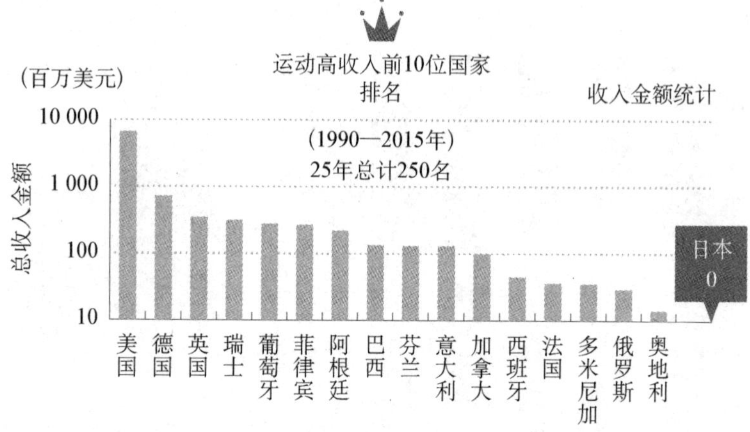

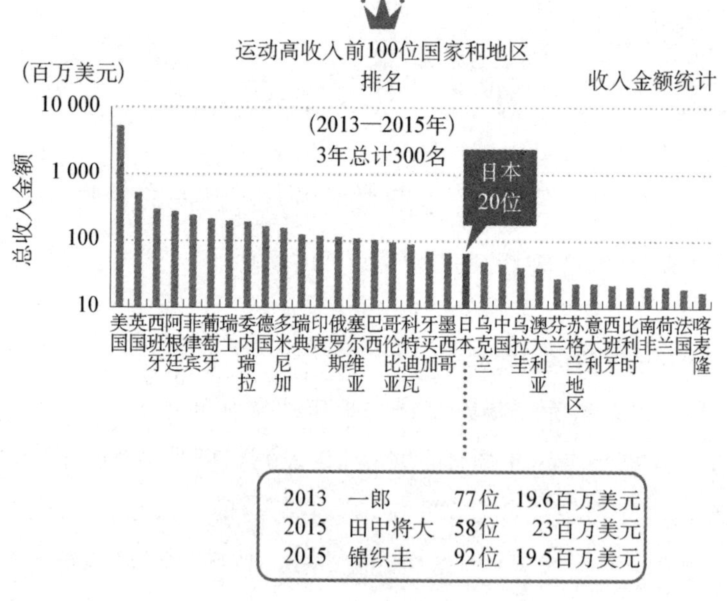

图 68

说排名第100位的运动员也有20亿日元的年收入，但跟排名第一位的差距之大，令人咋舌。迄今为止，日本选手还没有一人可以进入世界收入排名前10位。从2013年至2015年的数据来看，进入收入前100位的只有3个日本人，分别是2013年棒球选手一郎（排名第77位）、2015年棒球选手田中将大（排名第58位）及网球选手锦织圭（排名第92位）。这三位选手的总年收入是6 210万美元，在世界上排名第20位，所占世界总收入的比例只有0.72%，是非常微小的。

从排名来看，美国的优势是压倒性的：在排名前10位的运动员总收入中，美国人的总收入占七成左右；在排名前100位的运动员总收入中，美国人占了六成。美国拥有篮球联赛、美式足球联赛和棒球超级联赛，美国人非常擅长通过这些联赛来发展体育经济，使运动员的收入有了很大的提高。在运动项目的综合排名上，日本的成绩可以排到世界第二，非常有实力。但从体育经济的角度来看，日本人并不擅长把运动作为产业来运营。

8. 舞蹈世界

这节开始，我们聊一聊表演者的世界。虽然舞蹈是属于运动的一种，但这个领域并不是通过比赛时间或者到达终点的方式进行衡量，而是通过表演展现出的美感决定胜负。也就是说，这是一个竞争演技的世界。在体操竞技和花样滑冰项目中，决定胜负的标准不仅有类似转了多少圈之类的技术能力，还有“这些表演是否给予了我们心灵的震撼”之类的表现力。

迄今为止的很长一段时间里，奥运会的口号一直是“更快，更高，更强”。但最近几年，随着对艺术的重视日趋强烈，将“更美”或者“更人性化”等口号加入的意见变得愈发强烈。这种以技术性、艺术性和新旧交替的表现风格为中心的比赛，为舞蹈世界增加了多样性。从古典芭蕾到街舞，从花样滑冰到自由滑冰，即使是同一领域的演技，也会随着时代的变化而变化。本节将以这两种舞蹈类竞技为中心进行分类，一起来看一下图 69 的矩阵图吧。

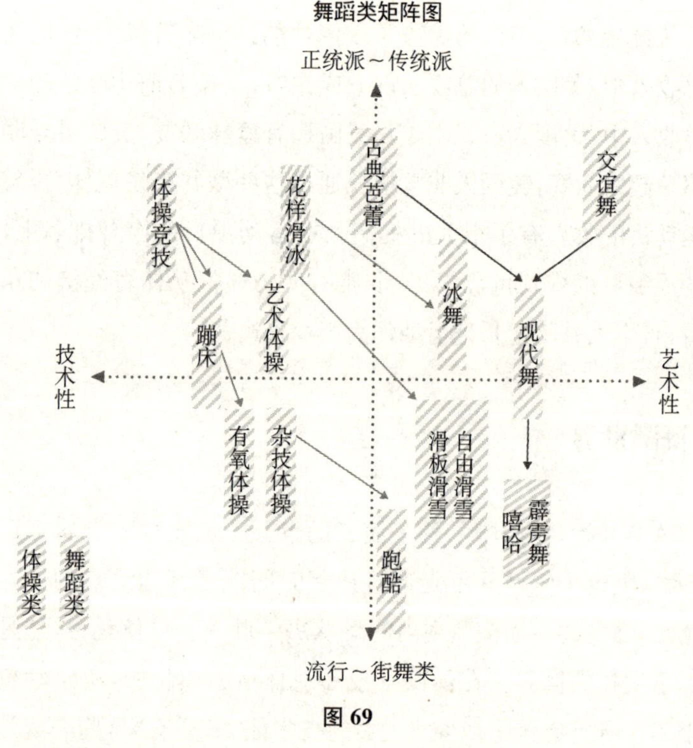

图 69

体操比赛

体操比赛刚好是处于田径比赛和艺术之间的运动。虽然同为自由体操,但在女子比赛中会播放音乐。虽说体操是奥运会项目,但同其他的奥运会项目不同,男女自由体操的比赛方式存在区别,这是极为罕见的。强调女性美的艺术体操,在奥运会中没有男子比赛,这也是艺术类竞技的一种现象吧。

体操运动同格斗技及球类运动不同,对于体型小的运动员来说反而比较有利,这一点也是比较罕见的。日本男子体操团体利用了这一优势,在 1964 年东京奥运会前后(20 世纪 60 年代至 70 年代)创造了日本体操的黄金时代(见图 70)。日本王牌选手加藤泽男保有 8 个项目的纪录,现在仍然作为日本纪录存在(世界排名第三)。在这之后的 20 世纪 90 年代,一直由中国保持领先。但是自 2000 年以后,日本体操开始再度展现辉煌。

虽说日本女子体操团体一直以来都很低迷,但在近两年的比赛中已经可以进入决赛了。我们看一下 1903 年开始举办的世界体操锦标赛中金、银、铜牌总数的话,就会发现即使日本只凭男子体操,综合排名也仅次于原苏联和中国,位居第三。1992 年以后,日本虽然被美国和罗马尼亚超越,但仍保有世界第五的好成绩。对于正在脚踏实地努力训练的日本女子体操队,笔者很期待她们今后能在世界舞台上获得奖牌。

艺术体操比赛

近代体操运动的历史很长,18 世纪末诞生于德国。1881 年,已经成立了国际体操联盟的前身。在奥运会中,1896 年雅典奥运

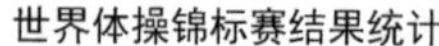
世界体操锦标赛结果统计

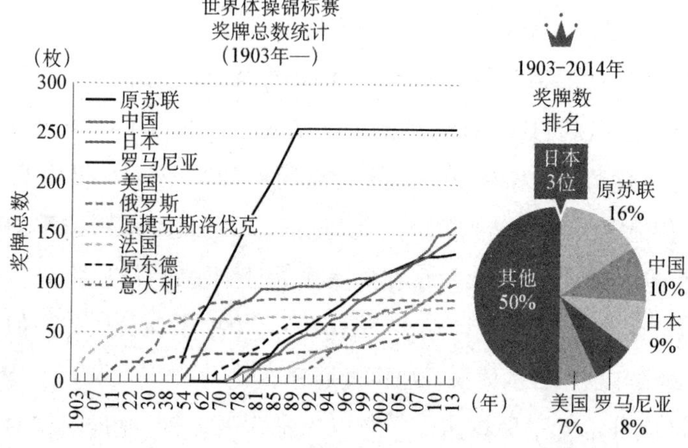
世界体操锦标赛
奖牌总数统计
（1903年—）
（枚）
奖牌总数
原苏联
中国
日本
罗马尼亚
美国
俄罗斯
原捷克斯洛伐克
法国
原东德
意大利
（年）
1903-2014年
奖牌数
排名
日本
3位
原苏联
16%
中国
10%
日本
9%
罗马尼亚
8%
美国
7%
其他
50%

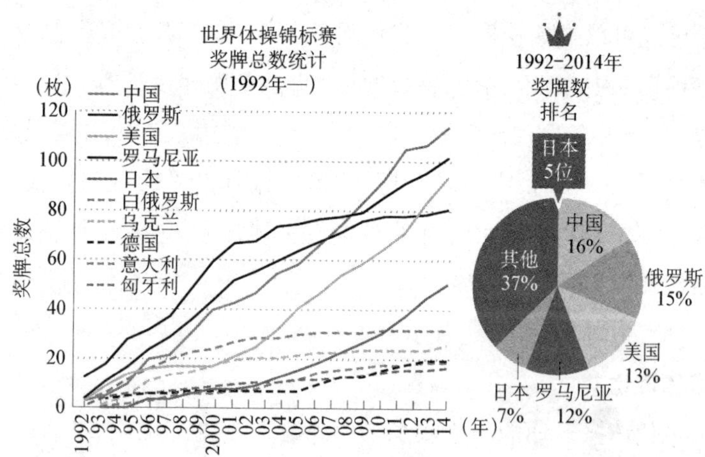
世界体操锦标赛
奖牌总数统计
（1992年—）
（枚）
奖牌总数
中国
俄罗斯
美国
罗马尼亚
日本
白俄罗斯
乌克兰
德国
意大利
匈牙利
（年）
1992-2014年
奖牌数
排名
日本
5位
中国
16%
俄罗斯
15%
美国
13%
罗马尼亚
12%
日本
7%
其他
37%

图 70

会就有了体操项目。

艺术体操和蹦床项目分别于1996年、2000年成为奥运会正式项目。这些项目比起对技术的注重,更加倾向于强调动作的美感及乐趣。除了这两种体育项目,笔者还将最新的两个项目(杂技体操和有氧运动)归为流行类。我们一起看一下世界锦标赛中按照国别统计的奖牌数量(见图71)。

从结果来看,日本的5个体操项目的总奖牌数量排名第九,主要原因是日本选手在艺术体操领域的成绩处于劣势。可以说,日本男子体操队在过去最传统的注重技术要素的体操竞技中已经确立了王者的地位,但是在注重艺术元素的艺术体操领域,日本体操队目前还没有取得新的突破。

总的来说,目前在体操领域,东欧国家处于强势,但几乎在所有领域都取得胜利的无疑是俄罗斯。俄罗斯至今仍然维持着运动精英教育体制,在相关领域保持着世界第一的水平。

冰上舞蹈家

我们一起来看一下冬季奥运会吧,其中相当于体操竞技的一个项目,是花样滑冰。正如大家所了解的,最近日本选手在相关领域一直很活跃。自20世纪80年代后期伊藤绿取得胜利以来,佐藤有香、荒川静香、安藤美姬、浅田真央等日本“冰上女王”的胜利,就一直在延续。

进入21世纪10年代,男子赛场上,日本花滑选手高桥大辅登场,又同现在的“羽生结弦时代”相连。目前,可以说日本男女选手

各项目的世界锦标赛奖牌数统计

传统类（日本3位） + 现代类（日本16位） + 流行类（日本19位） = 全体(5个项目)（日本9位）

体操竞技

排名	国名	奖牌数	占比(%)
1	俄罗斯(及原苏联)	357	22.2
2	中国	156	9.7
3	日本	148	9.2
4	罗马尼亚	133	8.3
5	美国	112	7.0

艺术体操&蹦床

排名	国名	奖牌数	占比(%)
1	俄罗斯(及原苏联)	445	27.1
2	保加利亚	170	10.3
3	美国	164	10.0
4	乌克兰	115	7.0
5	德国	100	6.1

杂技体操&有氧体操

排名	国名	奖牌数	占比(%)
1	俄罗斯(及原苏联)	399	28.4
2	中国	231	16.4
3	保加利亚	223	15.8
4	波兰	132	9.4
5	乌克兰	97	6.9

全体总计

排名	国名	奖牌数	占比(%)
1	俄罗斯(及原苏联)	1201	25.8
2	中国	448	9.6
3	保加利亚	417	9.0
4	美国	307	6.6
5	乌克兰	241	5.2

图 71

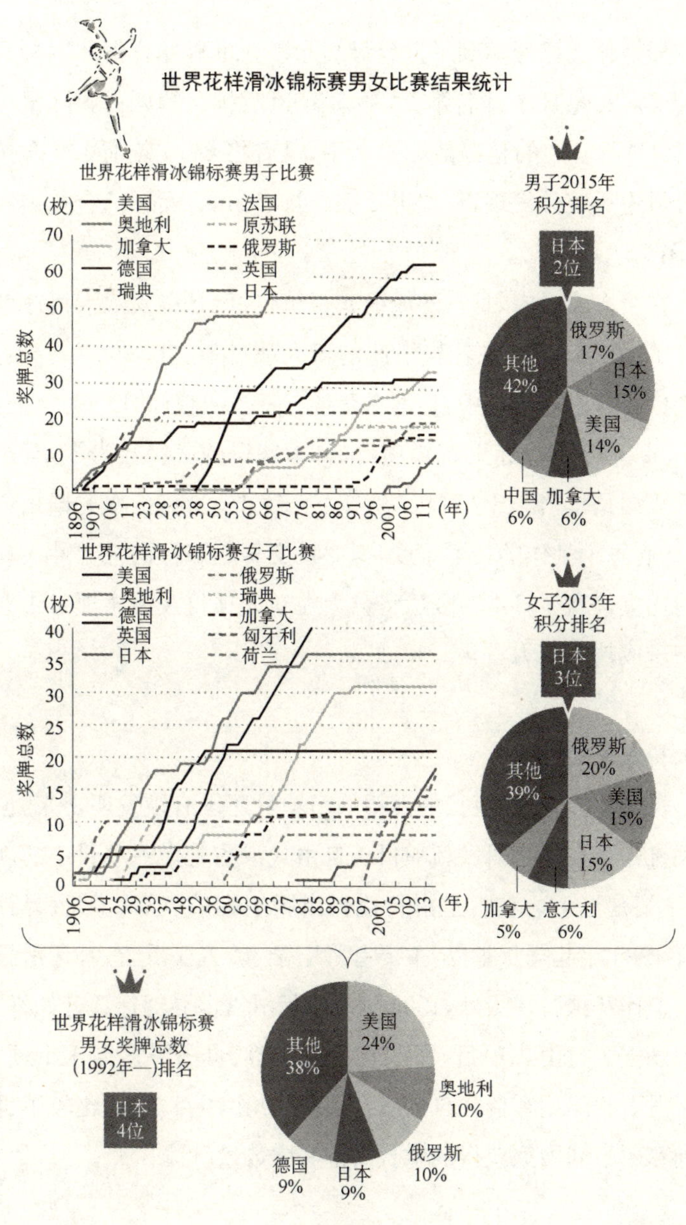
世界花样滑冰锦标赛男女比赛结果统计
世界花样滑冰锦标赛男子比赛
(枚)
美国
法国
奥地利
原苏联
加拿大
俄罗斯
德国
英国
瑞典
日本
奖牌总数
(年)
男子2015年
积分排名
日本
2位
俄罗斯
17%
日本
15%
美国
14%
其他
42%
中国
6%
加拿大
6%
世界花样滑冰锦标赛女子比赛
美国
俄罗斯
奥地利
瑞典
德国
加拿大
英国
匈牙利
日本
荷兰
女子2015年
积分排名
日本
3位
俄罗斯
20%
美国
15%
日本
15%
其他
39%
加拿大
5%
意大利
6%
世界花样滑冰锦标赛
男女奖牌总数
(1992年—)排名
日本
4位
美国
24%
奥地利
10%
俄罗斯
10%
日本
9%
德国
9%
其他
38%

图 72

在花样滑冰界已经达到了世界最高水平。世界花样滑冰锦标赛的累计奖牌数量日本排名第九，1992 年以后排名第四。国际滑冰联盟（ISU）所发表的花样滑冰排名中，笔者将 2015 年前 100 名选手的分数进行统计发现，日本男子综合排名第二，女子综合排名第三（见图 72）。

在个人项目中，日本的成绩非常出色，但是男女双人滑冰就不一样了（见图 73）。在花样滑冰的双人项目中，自 1908 年开始，世界锦标赛所有的奖牌中，日本只获得了一枚铜牌（2012 年）。而且，自 1952 年开始的冰上舞蹈项目，日本获得的奖牌数为零，至今最好的成绩是排名第十三位。在双人比赛中，尤其是冰上舞蹈项目中，比起每个动作的技术难度，类似社交舞蹈那样的艺术性表现所占的比重较高。日本在今后将会为在双人项目及冰舞项目中取得进一步成功而努力奋斗。

雪上舞蹈家

在滑冰界，类似流行的街舞的新项目还没有被发明出来，但是相关机构正在努力研发新项目。自由式滑雪是滑雪项目中的新项目，主要是选手边在雪上滑行边做出腾空翻的表演。其世界锦标赛自 1986 年起隔年举办，主要有腾空翻、硬雪丘滑雪、月牙滑雪道等 6 个比赛项目。另外，1996 年滑雪板滑雪世界锦标赛开始举办，其中设立了自由式项目，目前有大腾空翻、自由滑雪等 4 个项目。对于滑雪和船型雪橇的自由滑行类的 10 个项目，我们比较了世界锦标赛中不同国家获得的金、银、铜奖牌数量（见图 74）。

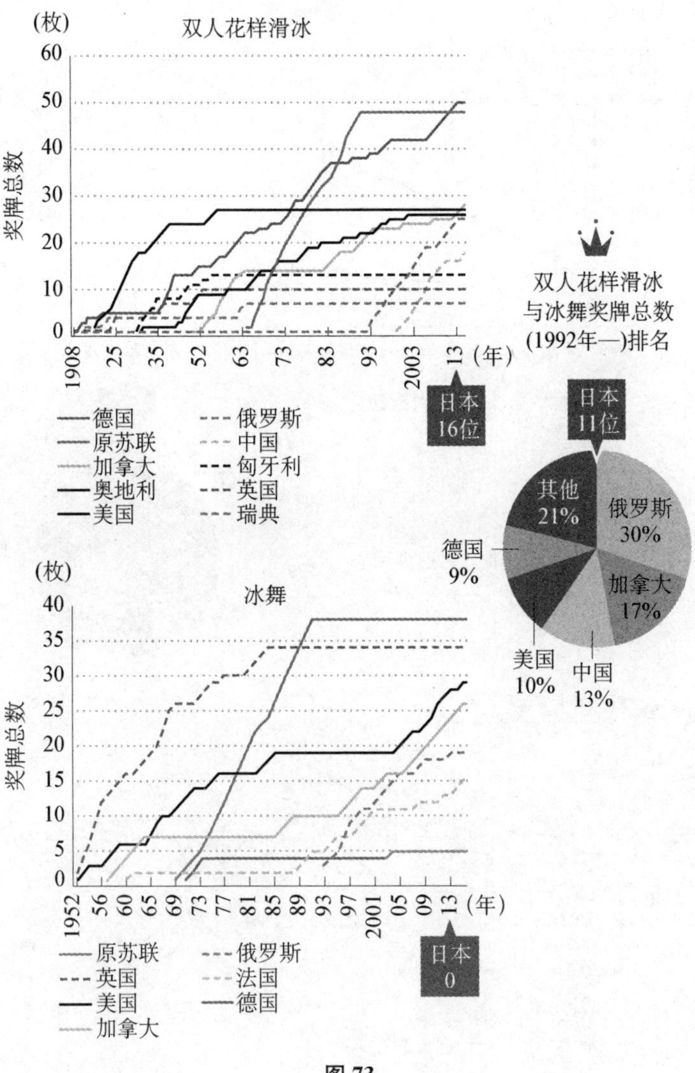
世界花样滑冰锦标赛
双人滑比赛结果统计
(枚)
双人花样滑冰
60
50
40
30
20
10
0
奖牌总数
1908
25
35
52
63
73
83
93
2003
13
(年)
日本
16位
德国
原苏联
加拿大
奥地利
美国
俄罗斯
中国
匈牙利
英国
瑞典
双人花样滑冰
与冰舞奖牌总数
(1992年—)排名
日本
11位
其他
21%
俄罗斯
30%
加拿大
17%
中国
13%
美国
10%
德国
9%
(枚)
冰舞
40
35
30
25
20
15
10
5
0
奖牌总数
1952
56
60
65
69
73
77
81
85
89
93
97
2001
05
09
13
(年)
日本
0
原苏联
英国
美国
加拿大
俄罗斯
法国
德国

图 73

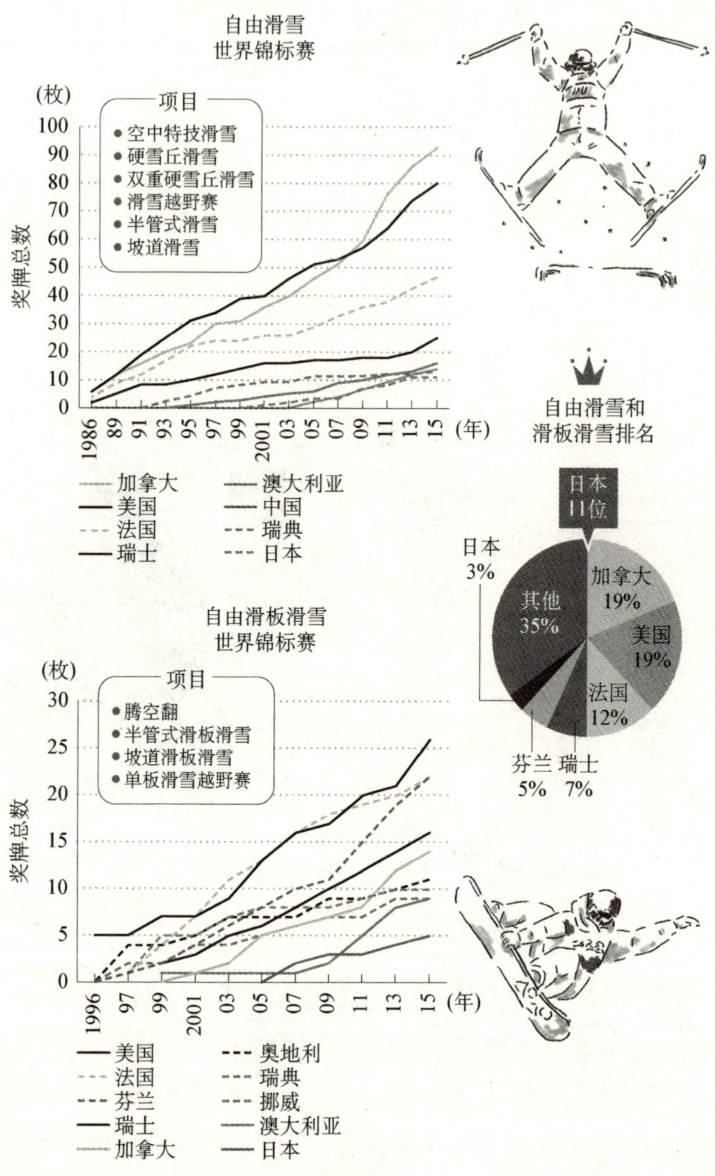
自由滑雪的10个项目结果统计
自由滑雪
世界锦标赛
(枚)
项目
空中特技滑雪
硬雪丘滑雪
双重硬雪丘滑雪
滑雪越野赛
半管式滑雪
坡道滑雪
奖牌总数
100
90
80
70
60
50
40
30
20
10
0
1986
89
91
93
95
97
99
2001
03
05
07
09
11
13
15
(年)
加拿大
美国
法国
瑞士
澳大利亚
中国
瑞典
日本
自由滑雪和
滑板滑雪排名
日本
11位
日本
3%
其他
35%
加拿大
19%
美国
19%
法国
12%
芬兰
5%
瑞士
7%
自由滑板滑雪
世界锦标赛
(枚)
项目
腾空翻
半管式滑板滑雪
坡道滑板滑雪
单板滑雪越野赛
奖牌总数
30
25
20
15
10
5
0
1996
97
99
2001
03
05
07
09
11
13
15
(年)
美国
法国
芬兰
瑞士
加拿大
奥地利
瑞典
挪威
澳大利亚
日本

图 74

日本选手自 2005 年左右开始致力于自由式滑雪以及雪橇练习，不仅在世界锦标赛上成绩斐然，而且在世界杯上也获取了大量奖牌。女子硬雪丘滑雪选手上村爱子作为这个领域的开辟者，为日本作出了很大贡献。近年来，日本男子单板滑雪开始走强，平冈卓、角野友基、片山来梦等作为前几名的组合活跃在赛场上。日本目前在滑雪和滑雪板运动领域综合排名第 11 位，今后笔者很期待日本选手在这个领域取得更好的成绩。

舞蹈的最高峰——芭蕾

接下来，我们的话题将转入舞蹈家的世界。说到舞蹈界最具权威的舞种，古典芭蕾肯定当之无愧。

国际上数量有限的芭蕾舞团中，有 4 个广受好评，分别是英国皇家芭蕾舞团、法国巴黎歌剧院芭蕾舞团、俄罗斯国立莫斯科大剧院芭蕾舞团及美国芭蕾舞剧院。只要是立志学习芭蕾的舞者，都会对这 4 个芭蕾舞团充满憧憬。这些舞团通常会列出 70—90 名舞团成员的名字，顺序明确，在以年轻的新人为中心的艺术者中选取首席舞者，然后其可能晋升为最高级的舞者。在此，我们将各个芭蕾舞团团员的出身按照国家进行分类整理(见图 75)。

根据芭蕾舞团的不同，外国舞者的采用率也有很大的不同。巴黎歌剧院芭蕾舞团及莫斯科大剧院芭蕾舞团将自己国家的舞者比例定为八九成，在数量很少的外国舞者中，不见日本人的踪影。而在最开放的英国皇家芭蕾舞团，有超过一半的舞者是外国人。在外国舞者中，日本舞者的数量仅次于美国，排名第二。同样的，美国芭蕾舞剧院有 3 名日本舞者，在外国芭蕾舞者中，日本舞者的

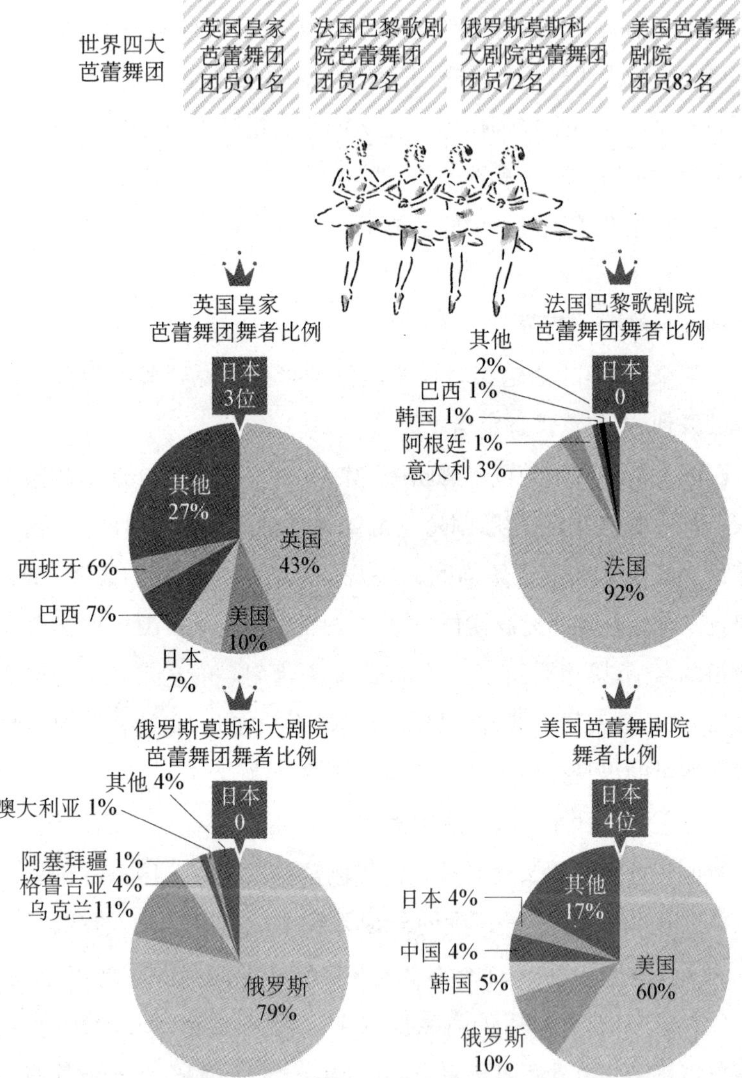
世界四大芭蕾舞团团员国籍统计
世界四大芭蕾舞团
英国皇家芭蕾舞团 团员91名
法国巴黎歌剧院芭蕾舞团 团员72名
俄罗斯莫斯科大剧院芭蕾舞团 团员72名
美国芭蕾舞剧院 团员83名
英国皇家芭蕾舞团舞者比例
日本3位
其他 27%
英国 43%
西班牙 6%
巴西 7%
美国 10%
日本 7%
法国巴黎歌剧院芭蕾舞团舞者比例
日本 0
其他 2%
巴西 1%
韩国 1%
阿根廷 1%
意大利 3%
法国 92%
俄罗斯莫斯科大剧院芭蕾舞团舞者比例
日本 0
其他 4%
澳大利亚 1%
阿塞拜疆 1%
格鲁吉亚 4%
乌克兰11%
俄罗斯 79%
美国芭蕾舞剧院舞者比例
日本 4位
其他 17%
日本 4%
中国 4%
韩国 5%
俄罗斯 10%
美国 60%

图 75

数量仅次于俄罗斯、韩国，排名第三。将这些结果按照国别全部统计，笔者计算出了优秀舞者国家的占比（见图 76）。

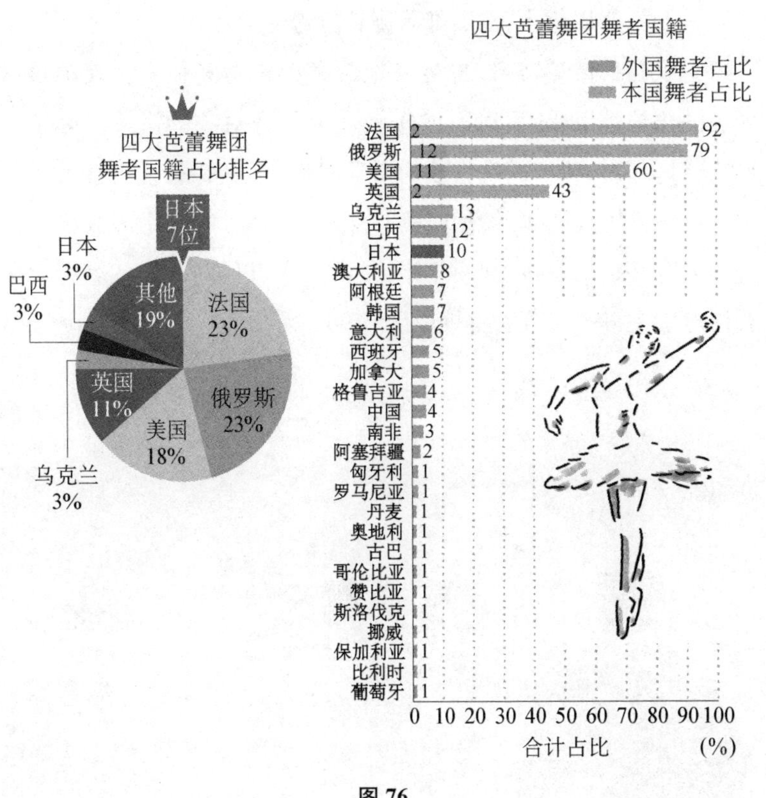

图 76

当然，这 4 个舞团所属的国家占了前 4 名。其中，自 17 世纪以来，引领芭蕾文化的法国和俄罗斯位于前列。除了这 4 个国家，日本位于乌克兰、巴西之后，是排名第三的舞蹈家输出国。说到乌克兰和巴西，我们自然会想起这些国家是盛产美女美男的舞蹈国，但是来自日本的芭蕾舞者在这个世界的大舞台上丝毫不逊于来自这些国家的舞者，表现很优秀。从 2015 年到现在，日本舞者的最高排名是英国皇家芭蕾舞团的佐佐木阳平（仅次于首席舞者，排名第二）。过去，熊川哲也、吉田都等舞者也曾在此活跃。

为了寻找精英舞者，世界各地都举办芭蕾舞比赛。其中最为著名的比赛是以 18 岁以下的年轻人为参赛对象的洛桑国际芭蕾舞比赛，多数得奖人通常将成为专业舞者，活跃在行业第一线。对于来自东方以及南美等地区的年轻舞者来说，在该比赛成名的话有很大意义。笔者将 1986 年第 14 届大赛以后的所有 8 名得奖舞者按照国家进行了分类整理（见图 77）。

洛桑国际芭蕾舞比赛获奖数统计

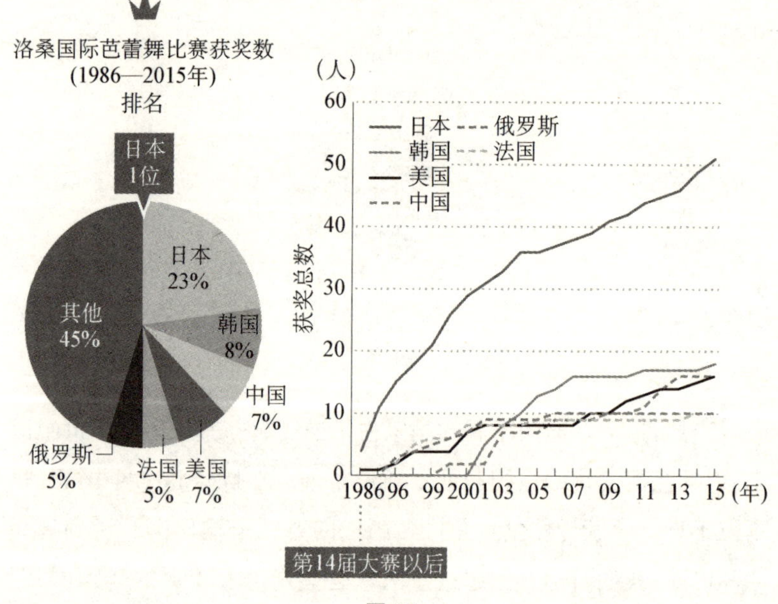

图 77

结果如图所示，日本的得奖人数占到总数的四分之一——这是一个压倒性的好成绩。1986 年刚好处于日本泡沫经济时期，日本人为了进入“主流社会”，着迷一样地对芭蕾投入了很大的热情。这个影响甚至波及了邻国中国和韩国。

优雅的社交舞

在舞蹈领域，社交舞与芭蕾舞齐名，被誉为“舞蹈双璧”。18 世纪的宫廷舞会发明了华尔兹，之后在日本推广。社交舞比赛在英语中有“dance sport”之称，相关人士甚至希望该舞蹈项目能成为奥运会项目。

社交舞比赛包括华尔兹、探戈等 5 种标准现代舞项目，以及桑巴、恰恰等 5 种拉丁舞项目。欧美国家的大多数专业舞者为了得到更多的奖金，在各项比赛中竞争激烈。国际性舞蹈团体有两个系统，分别是世界舞蹈协会（WDC）和世界舞蹈运动联盟（WDSF），且公开各自的舞者排名。我们将在这两个团体中排名前 100 位的舞者的分数按照国家进行了分类整理（见图 78）。

社交舞蹈的统计结果让人吃惊：日本舞者表现出色，日本的总积分占比为 2.4%，排名第九。这个数字同之前提到的四大芭蕾舞团团员的占比几乎处于同一水平。实际上，在日本国内已经开始播撒业余社交舞教室文化，涉及 200 万人的比赛人数。可以说，日本是世界上少有的社交舞普及国。在专业排名中，以本次调查的时间点（2015 年 10 月）为基准，日本选手的最高排名是 WDC 舞厅舞蹈组排名第 33 位的桥本刚・恩田惠子组合，以及 WDC 拉丁组排名第 33 位的金光进陪・吉田奈津子组合。在日本锦标赛中取

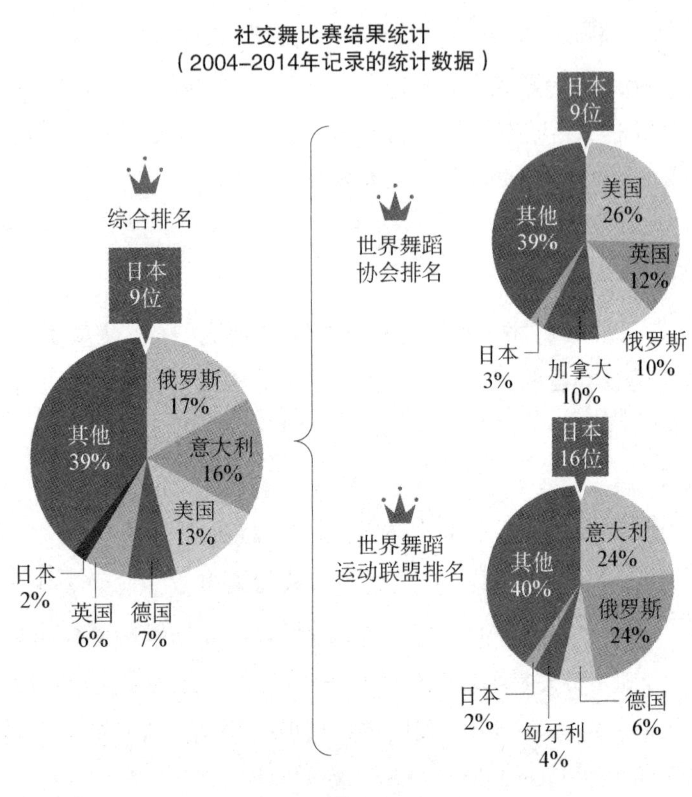

图 78

得六连霸且在日本国内为人熟知的组合是织田庆治・渡边理子，他们在 WDC 拉丁组排名第 60 位。在此，我们还可以看到俄罗斯的强大实力。总的来说，俄罗斯人活跃在整个舞蹈领域，包括体操类、舞蹈类和古典类。

最酷炫的街舞

在多样的舞蹈世界中，现今最流行的是街舞。嘻哈文化自 20

世纪 90 年代以来,存在感急速增加。这是一个包含时尚天才以及 DJ、MC、RAP 等音乐文化的世界性浪潮。

如今,世界街舞界最具权威的五大比赛按照设立的时间先后排序,分别是 Battle of the Year(不伦瑞克)、UK B-Boy Championships(伦敦)、Juste Debout(巴黎)、World Hip Hop Dance Championship(拉斯维加斯)和 Red Bull BC One(世界各地)。街舞的形式有 Hip—Hop、Rocking、Break、Popping、House 等,按照不同项目进行比赛,决定优胜者。笔者将这 5 种比赛中的得奖人数按照国家进行了分类整理(见图 79)。

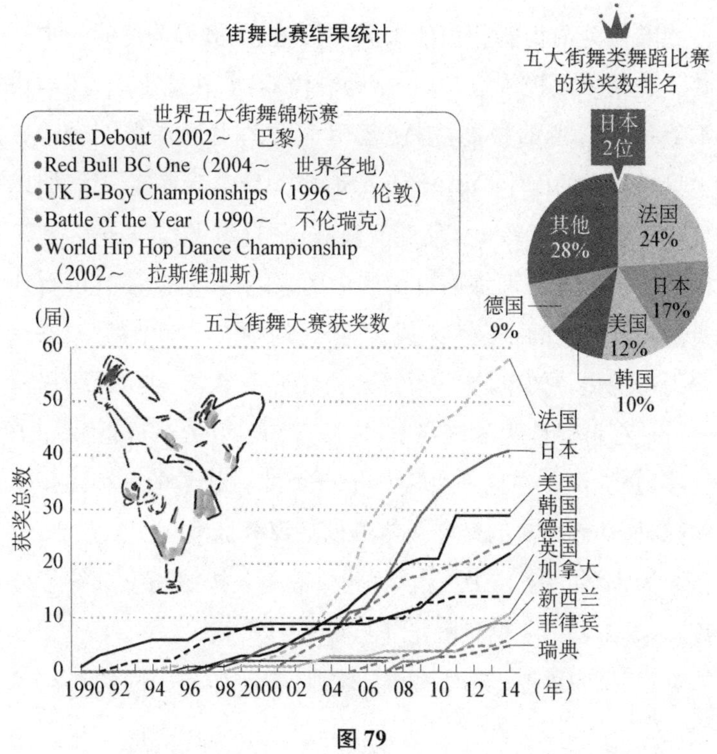

图 79

日本的成绩好得惊人，排名世界第二。街舞是诞生于美国的舞蹈项目，在法国、英国等欧洲国家也有很高的人气，比赛频繁举办。日本及韩国在2005年左右开始致力于对街舞的投入，加入了街舞主要成员国的团体。根据日本文部科学省发表的学习指导要领，小学自2011年起、高中自2013年起将舞蹈设定为必修科目。虽说舞蹈项目可以自由选择，但实际上大部分学校采用了Hip—Hop科目。目前，日本的舞蹈已经取得了文部科学省的认可，今后将会在周边领域进一步发展。

值得关注的街舞和跑酷

跑酷作为与街舞相似的表演项目，也是值得关注的一项新兴比赛。这是一项极限运动，包括跨越障碍物、快速上墙、屋顶快跑等类似日本忍者的技能，需要运用全身的力量在街上奔走。吕克·贝松制作的电影《YAMAKASI》(2001)中就有这一运动，以后这项运动被大众所熟知。跑酷又被称作“自由飞跃”，其实，它最初是作为法国士兵的训练项目而产生的。之后，对于那些没有钱去健身房的贫民区的年轻人来说，这项运动的人气渐渐高涨，并且开始变得系统化。如今，这一项目已经像徒手攀岩一样，成为极限运动之一。在世界性跑酷比赛中，最具有知名度的项目是“Red Bull Art of Motion”。在这一比赛中，选手将室内设置的各种障碍物清除的同时，动作本身的速度和美感也是评分标准之一。在此，笔者将至今为止举办的16次跑酷大赛的得奖人按照国家进行了分类整理，一起来看一下结果吧(见图80)。

英国、拉脱维亚、美国、德国、瑞典、俄罗斯等国的选手比较活

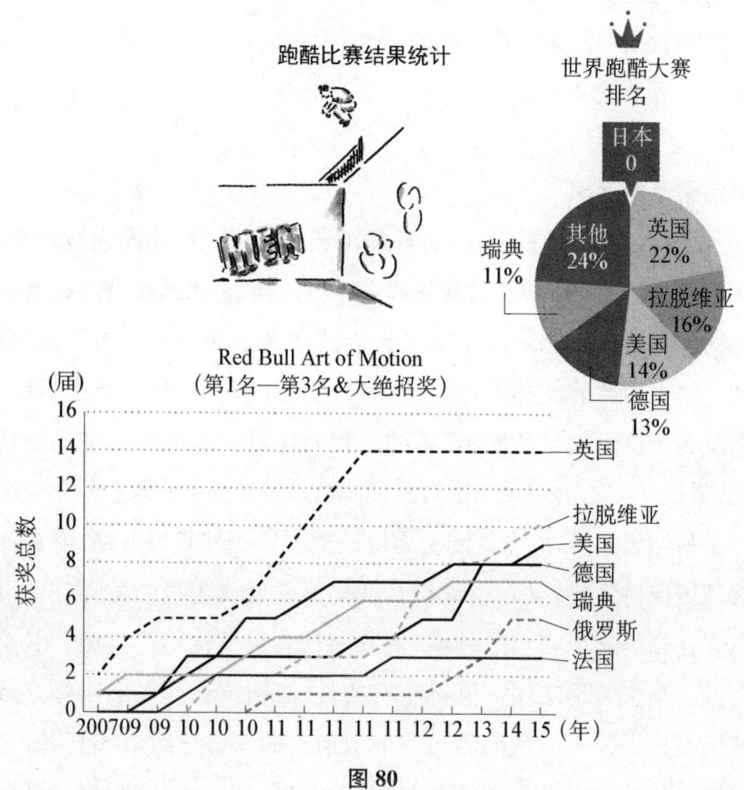

图 80

跃，名列前茅。虽说日本还没有出现位居前几名的选手，但日本首名专业选手岛田善于 2011 年取得了大赛第 5 名的好成绩。而且，如今日本国内的跑酷参赛人数也在持续增加。

TBS 于 1997 年开始制作的节目《SASUKE》现已在 165 个国家播放，这确实是个令人开心的结果，而且该节目同跑酷运动的趣旨相关。《SASUKE》的吸引人之处在于消防战士、渔民选手也能同精英体操选手在同一个舞台上较量。能够引起我们兴趣的，应该是这些业余人士是否蕴藏着真正的街舞潜能。跑酷运动比赛也要经过大量的摸索试验，才能在今后为广大民众所接受，作为一项流行的运动发展下去。

舞蹈家辈出之国

至此，我们进行了9项对舞蹈领域的分析。从体操领域来看，大致可分为两类：传统体操比赛和新型体操（艺术体操、蹦床、有氧运动、杂技体操）比赛。冬季奥运会的体操运动大致分为3类，分别是单人项目的花样滑冰，双人组合项目的花样滑冰、冰上舞蹈，以及雪上自由项目的滑冰、雪橇。我们还调查了街舞和跑酷的情况，将这9类运动按照国家对总奖牌数进行了分类整理（见图81）。

从结果来看，综合舞蹈实力最强的国家仍然是俄罗斯，既在体操领域保持强势，又在芭蕾舞及社交舞领域成为最强的存在。可以说在舞蹈这个高雅的领域，俄罗斯舞者可谓优等生。第二名是美国。第三名是法国。值得注意的是，法国擅长的领域刚好是俄罗斯发挥得并不出色的领域。俄罗斯人的弱势项目有街舞等，而法国人却非常擅长。接下来是德国、英国、加拿大，之后就是排名第七的日本。日本人怀着对舞蹈的满腔热情，孜孜不倦，刻苦努力。

最后，笔者将通过舞蹈比赛矩阵图，让读者了解一下各国舞蹈的分布现状。从图中可以看到日本在各个舞蹈领域的排名，以及排名前三的国家（见图82）。

舞蹈领域综合成绩表

综合成绩		体操类		冬季运动类			传统舞蹈类		流行类		9个舞蹈领域综合成绩
	比赛	体操比赛	艺术体操、蹦床、有氧体操、杂技体操	单人花样滑冰	双人花样滑冰、冰舞	自由滑雪、滑板滑雪	古典芭蕾	竞技类社交舞	街舞	跑酷	
排名	评价内容 国名	世界锦标赛	世界锦标赛	(1992—)世界锦标赛	(1992—)世界锦标赛	世界锦标赛	四大舞团团员	WDC和WDSF积分排名	五大街舞大赛	Red Bull Art of Motion	
1	俄罗斯(含原苏联)	22.2	27.7	10.5	29.9	2.4	22.6	16.8	2.4	7.8	15.8
2	美国	7.0	6.4	24.1	9.7	19.2	17.8	13.0	11.8	14.1	13.7
3	法国	4.8	3.4	3.1	7.6	12.5	23.4	1.7	23.7	4.7	9.4
4	德国	5.8	4.2	9.1	9.0	2.5		6.7	9.0	12.5	6.5
5	英国	0.9	3.9	6.0	0.0	0.5	11.2	6.2	5.7	21.9	6.3
6	加拿大	0.5	2.2	4.0	16.7	19.3	1.1	4.8	4.5	1.6	6.1
7	日本	9.2	0.7	9.4	0.7	2.9	2.5	2.4	16.7		5.0
8	中国	9.7	9.6	2.3	12.5	3.3	0.9	3.4	0.8		4.7
9	意大利	3.2	0.9	3.7	2.8	1.3	1.5	15.8	0.4		3.3
10	保加利亚	1.5	12.9		2.8		0.3	0.4		4.7	2.5
11	瑞典	0.4	0.1	2.0		4.2		0.4	2.0	10.9	2.2
12	韩国	0.6	0.5	3.4			1.8	1.5	9.8		2.0
13	拉脱维亚	0.2	0.0					0.7		15.6	1.8
14	乌克兰	1.8	7.0	0.6	0.7	0.2	3.3	2.2			1.7
14	奥地利	0.2	0.1	10.2		4.0	0.3	0.4			1.7
16	瑞士	3.0	0.4	0.3		7.4		0.3	0.8	1.6	1.5
16	捷克	6.7	0.6	1.7	1.4	1.4	0.0	1.4	0.0		1.5
18	罗马尼亚	8.3	1.5				0.3	0.1			1.1
18	匈牙利	2.1	0.3	3.1			0.3	2.2	2.0		1.1
18	芬兰	0.5	0.0	0.6	1.4	5.8		1.3			1.1

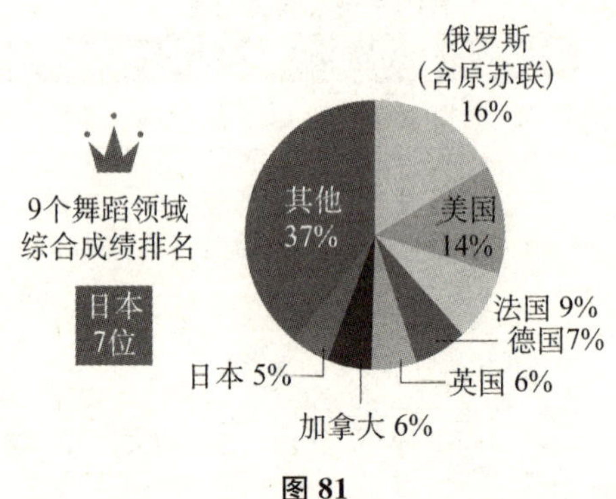

图 81

综合排名第一的俄罗斯是实力派的代表。相反,法国人擅长的街舞领域,俄罗斯相对不擅长。通过嘻哈文化,法国诞生了跑酷项目。可以看出日本的强项领域分布在图的左上和右下。为了能在体操、芭蕾和滑雪等领域确立地位,日本人倾注了艰辛的努力。由于日本先于世界各国注重目前最流行的街舞,因此其街舞水平在全球保持优势。

芭蕾以及社交舞是贵族阶层创造的,而 20 世纪 90 年代以后出现的街舞却是从普通民众之间产生。日本文部科学省可能会把街舞推广到小学,让更多的小孩学习街舞。

9. 歌唱演奏的世界

在本书开头的图 1 中,我们可以看到舞蹈领域的旁边就是音乐家的世界。对于那些立志在舞台上展开职业生涯的人,首先

舞蹈比赛矩阵图
排名靠前的国家与日本的成绩统计

技术体操类 ←……→ 艺术舞蹈类

		体育馆类	滑雪滑冰类	艺术舞蹈类
正统派	古典	竞技体操 日本 5位 3 美国 2 俄罗斯 1 中国	单人花样滑冰 日本 4位 3 俄罗斯 2 奥地利 1 美国	古典芭蕾 日本 7位 3 美国 2 俄罗斯 1 法国
现代派	当代	艺术体操、蹦床 日本 16位 3 美国 2 保加利亚 1 俄罗斯	双人花样滑冰 冰舞 日本 11位 3 中国 2 加拿大 1 俄罗斯	社交舞 日本 9位 3 美国 2 意大利 1 俄罗斯
		杂技体操 有氧体操 日本 19位 3 保加利亚 2 中国 1 俄罗斯		现代舞
流行派	街舞	跑酷 日本 0 3 美国 2 拉脱维亚 1 英国	自由滑雪 滑板滑雪 日本 12位 3 法国 2 美国 1 加拿大	街舞 日本 2位 3 美国 2 日本 1 法国

图 82

就需要具备歌唱、舞蹈等才艺。本节笔者想同大家一起探索音乐的世界。关于音乐才能的整体现状，我们将通过矩阵图来向大家介绍。首先，大致上将乐器演奏以及发声歌唱等对象列为横轴；然后，纵轴主要将古典音乐、现代新音乐等新旧项目进行分类罗列（见图 83）。

音乐界矩阵图

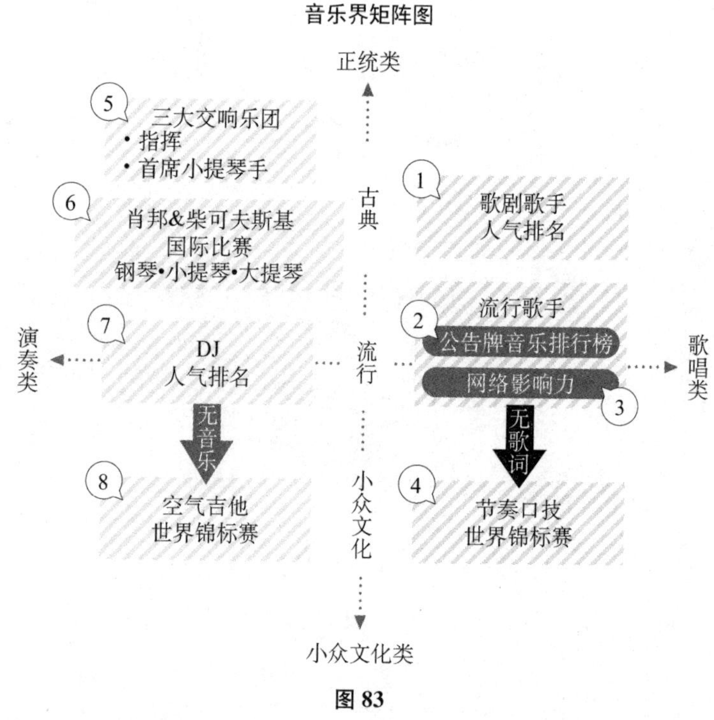

图 83

从图中可以看到，以古典音乐为对象的交响乐和歌剧歌手等处于图中最高的位置，位于中间位置的主要是流行歌曲以及 DJ 等大众音乐，之后的领域是节奏口技的演奏以及只演奏不发声的空气吉他等小众音乐文化。音乐同文化和语言有着密切的联系，是比舞蹈更具多样性的领域。鉴于本书的宗旨，我们将表中1—8的8个内容作为对象，从歌手开始按顺序进行整体分析。

歌剧歌手

目前，国际舞台上活跃着各个领域的歌手，但是说到其中格调最高的领域，恐怕要数歌剧了。

在歌剧中，国际性的比赛虽说有很多，却没有可称为“世界第一”的官方比赛。因此，我们将利用知名度评价排名服务来进行研究。我们记录了自第1名的帕瓦罗蒂到第660名的歌剧歌手清单，并以此为基准将歌手按国家分类整理（见图84）。

横轴表示各国歌手占前500名的人数，纵轴表示各国的第1名在全世界的排名。也就是说，横轴表示量，纵轴表示质。横轴、纵轴的表现都比较出众的是意大利和美国，随后是英国、德国、加拿大、捷克等12个国家。可以说，这些都是歌剧一流的国家。在日本，目前中丸三千绘（女高音）排名第一，国际排名第458位，也就是说日本只有一人进入前500名。中丸三千绘曾在鲁契亚诺·帕瓦罗蒂大赛和玛丽亚·卡拉斯国际声乐比赛中取得优胜，对于日本人来说，这是很大的成功。但是即便如此，日本的排名还是很靠后。虽说2015年日本的女高音们开始在世界上崭露头角，但在这个传统的世界里，日本作为新兴国家，排名仅居第48位，占比仅为0.2%。

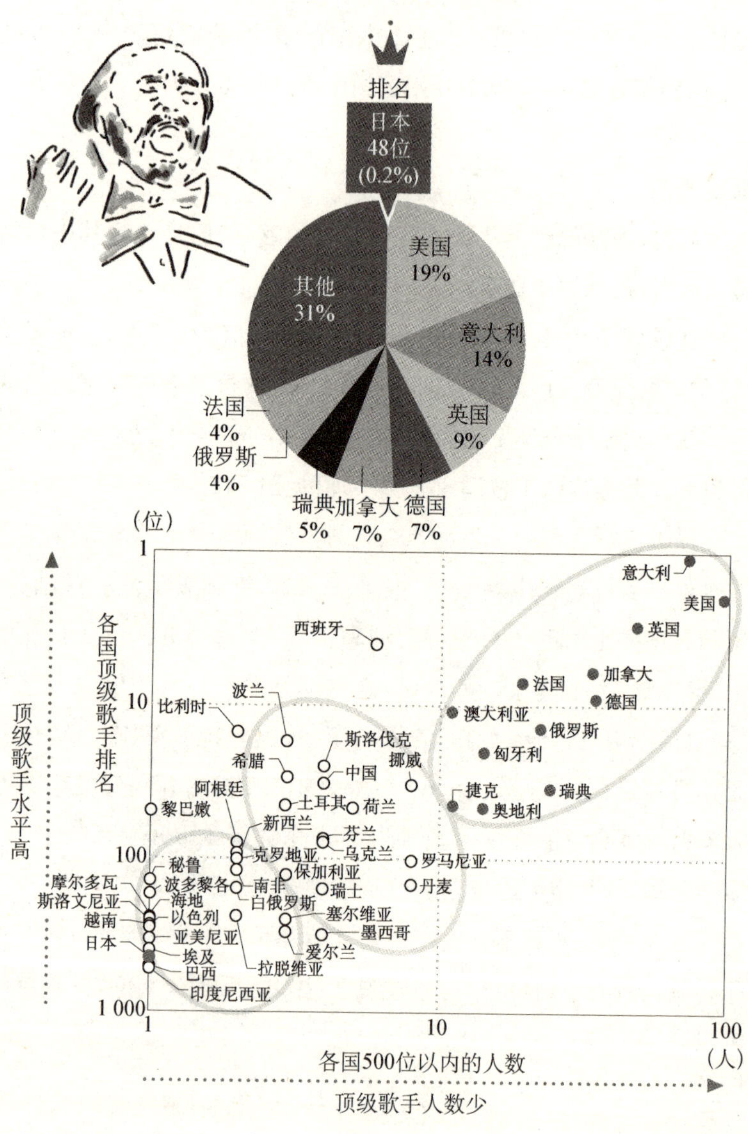

著名歌剧歌手前500位排名明细
排名
日本
48位
(0.2%)
美国
19%
意大利
14%
英国
9%
德国
7%
加拿大
7%
瑞典
5%
俄罗斯
4%
法国
4%
其他
31%
(位)
各国顶级歌手排名
顶级歌手水平高
意大利
美国
英国
加拿大
法国
德国
澳大利亚
俄罗斯
匈牙利
捷克
瑞典
奥地利
西班牙
波兰
比利时
斯洛伐克
希腊
中国
挪威
阿根廷
土耳其
荷兰
黎巴嫩
新西兰
芬兰
乌克兰
克罗地亚
罗马尼亚
秘鲁
保加利亚
摩尔多瓦
波多黎各
南非
瑞士
丹麦
斯洛文尼亚
海地
白俄罗斯
越南
以色列
塞尔维亚
亚美尼亚
墨西哥
日本
埃及
爱尔兰
巴西
拉脱维亚
印度尼西亚
1
10
100
1 000
各国500位以内的人数
(人)
顶级歌手人数少

图 84

流行歌曲

日本歌手在门槛颇高的歌剧领域艰苦作战，而在大众音乐领域，日本的表现又如何呢？说到评定流行歌手的机构，“Billboard Chart”（“公告牌”）应该是目前最权威的平台。“Billboard Chart”是美国音乐杂志《Billboard》每周发表的乐曲及艺术家排名，排名靠前的基本上是以来自英美等国为主的英语圈歌手及歌曲。但是由于世界流行音乐中心本身就在美国，所以也可以说“Billboard”登载的排名在某种意义上很具说服力。

因为“Billboard”的排名有很多种类，笔者在其中调查了最大众化的前200名唱片（2015年期间汇总版），而且也调查了前200名历代伟大艺术家的排名清单（见图85），全都是根据歌手所在的国家进行汇总的。要说历代伟大艺术家的排名，第一名是甲壳虫乐队（英国），第二名是滚石乐队（英国）。2015年版排名的前两位分别是泰勒·斯威夫特（美国）和爱德华·克里斯托弗·希兰（英国）。

2015年排名和历代排名中的歌手虽说不同，但国家所占比例却惊人地相似。两项排名中，美国歌手绝对领先，整体占比77%；第2名是英国，第3名是加拿大，第4名是澳大利亚，这3个国家的整体占比为20%。由此看来，英美圈4个国家的歌手占比达97%，其寡头垄断地位看起来尤为明显，但这直截了当地表现了当今音乐领域排名的实际情况。目前，非英语圈中排名最高的国家是德国，占比0.8%。

包括日本在内的亚洲文化圈国家，没有一个被列入名单。正如开头所述，仅从粉丝数量来看，印度和中国的歌手位于前几名

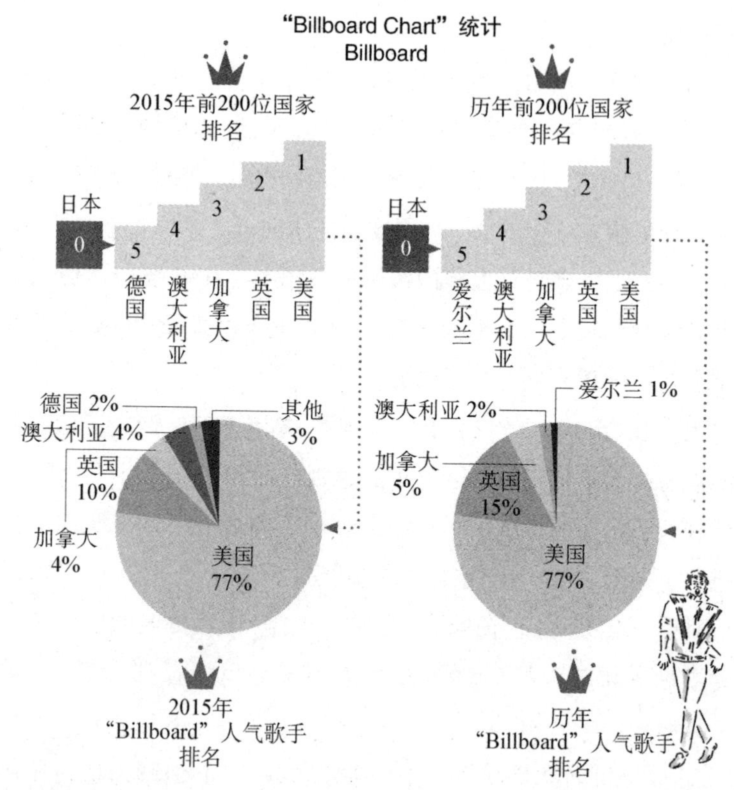

排名		
1	泰勒・斯威夫特	美国
2	爱德华・希兰	英国
3	萨姆・史密斯	英国
4	德雷克(Rap系)	加拿大
5	梅根・特瑞娜	美国
6	魔力红乐队	美国
7	妮琪・米娜(Rap系)	特立尼达和多巴哥
8	J・科尔(Rap系)	德国
9	电影原声带	英国
10	单向乐队	美国

1	甲壳虫乐队	英国
2	滚石乐队	英国
3	芭芭拉・史翠珊	美国
4	加斯・布鲁克斯(乡村歌手)	美国
5	艾尔顿・约翰	英国
6	玛丽亚・凯莉	美国
7	赫伯・阿尔伯特	美国
8	泰勒・斯威夫特	美国
9	芝加哥乐队	美国
10	迈克尔・杰克逊	美国

图 85

的话也不足为奇;但是从国际性的演出来看排名的话,前列完全被英美圈独占。另外,2001 年后到 2015 年期间,日本歌手曾 6 次进入"Billboard"的前 200 位(宇多田光 2009 年第 69 名及 2004 年第 160 名,DIR EN GREY2008 年第 114 名及 2011 年第 135 名,Gatto Matto2014 年第 168 名,BABY METAL2014 年第 187 名)。平均来看,日本歌手每过两年能出现在"Billboard"的前 150 名一次(2016 年 4 月,BABY METAL 在"Billboard"的排名为第 39 名,成为一个热议的话题)。

网络上的存在感

由于"Billboard Chart"过于偏重商业,因此我们转换一下视角。想必大家应该知道网上为我们提供排名的"The Wiplist"服务。这项服务主要根据歌手、设计师、艺术家等各种领域的名人在网络中被议论的程度来进行自动检索,并得出排名。

笔者检索了"The Wiplist"中歌唱领域排名前 1 000 名歌手的名单,并进行了分类(见图 86)。根据调查当日(2015 年 9 月)的综合排名,第 1 名雪儿·克罗(美国)在网络上的被搜索次数为 3.25 亿次,第 2 名阿黛尔(英国)在网络上的被搜索次数为 2 亿次。

从结果来看,因为本次一共调查了排名前 1 000 位的歌手,所以歌手所在的国家和地区的数量也增至 52 个("Billboard"前 200 名歌手涉及的国家和地区为 11 个),但整体排名同"Billboard"基本一致,美国歌手占其中的六成,第 2 名是英国,第 3 名是占比两成以上的加拿大。非英语圈的第 1 名是排名第四的西班牙,占比 3.1%。非欧美国家的第 1 名是哥伦比亚,排名第五,占比 2.7%。

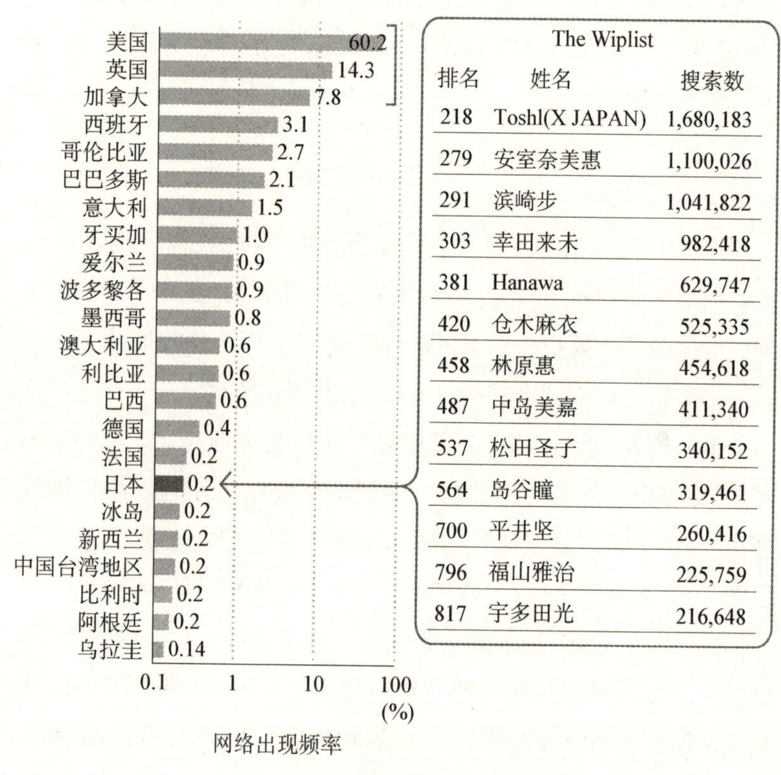

The Wiplist

排名	姓名	搜索数
218	Toshl(X JAPAN)	1,680,183
279	安室奈美惠	1,100,026
291	滨崎步	1,041,822
303	幸田来未	982,418
381	Hanawa	629,747
420	仓木麻衣	525,335
458	林原惠	454,618
487	中岛美嘉	411,340
537	松田圣子	340,152
564	岛谷瞳	319,461
700	平井坚	260,416
796	福山雅治	225,759
817	宇多田光	216,648

图 86

亚洲圈的第1名是日本,整体排名第十七,占比只有0.23%。虽说日本在亚洲圈中排名第一,但是亚洲音乐在全球音乐领域的存在感非常弱。排名前1 000位的歌手中,日本歌手共有13名,排名前列的是安室奈美惠和滨崎步,动漫歌曲歌手林原惠以及中岛美嘉也入围了,这是预料之中的结果吧。不论在古典领域还是流行领域,都可以看到苦苦战斗的日本人的身影。但在歌唱领域,语言仍是一个很大的障碍。

"拟音"歌手

目前诞生了一个叫做"HUMAN BEATBOX"的新兴领域,这一领域打破了传统的语言障碍,是对着话筒模仿类似"Zukuzuku Syakasyaka"等和乐器非常相似的声音,是一种人声表演。"Voice Percussion"同"HUMAN BEATBOX"相比,存在细微的差别。"Voice Percussion"只是表现一些打击乐器的人声表演,而"BEATBOX"还要模仿电子音、DJ摩擦音以及桑巴的哨子音等。关于这个新兴领域的由来,还要追溯到20世纪80年代。那些没钱买乐器的贫困者通过人声模仿,渐渐发展了美国的街道文化。2000年后,该活动开始在欧洲人气大增,并出现了组织。目前,最有权威的国际性比赛是自2009年开始举办的Beatbox Battle World Championship。这项比赛涉及60多个国家,2015年在柏林举办。日本曾在2010年举办了国内的首次比赛——Japan Beatbox Championship,比赛优胜者可以入选世界锦标赛。我们看一下至今举办过4次的世界锦标赛(每3年举办1次)中各国选手的活跃程度(见图87)。

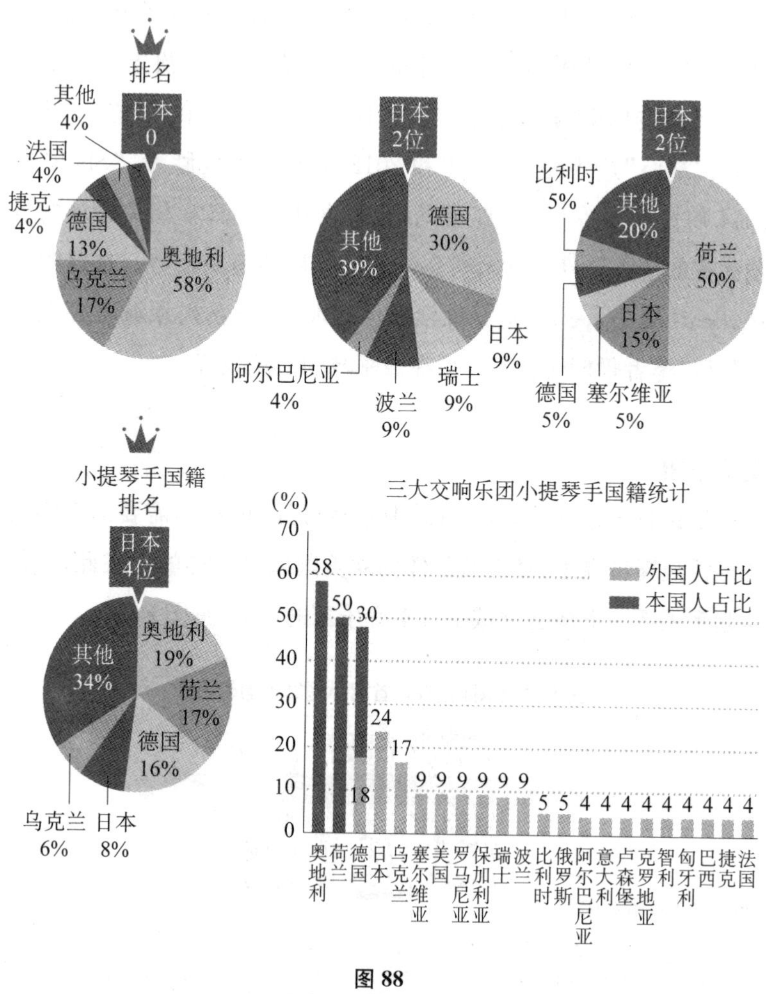

图 88

这一领域最具权威的就是演奏贝多芬及莫扎特作品的交响乐团。只要有过在世界三大交响乐团演奏的经历，就拥有全世界普遍通用的最高级演奏经验。交响乐团的主要乐器是小提琴，演奏主旋律的最重要的小提琴的演奏者称作“首席小提琴手”。乐团中最重要的角色是独奏部分。在乐团中，指挥者就如同导演一样，首席小提琴手的角色也就相当于整个乐团的主将。笔者试着调查了三大交响乐团中首席小提琴手的国籍，并进行了分类整理。

比起芭蕾舞团的状况，三大交响乐团聘用外国乐手的比例明显增加。从整体结果来看，除了作为东道主的三国之外，人数最多的首席小提琴手来自日本。换句话说，日本是世界上最大的首席小提琴手输出国。目前，在日本小提琴手中，水平最高的是柏林爱乐乐团的樫本大进，自 2010 年开始就担任首席小提琴手。

钢琴和小提琴竞赛

同芭蕾几乎一样，笔者调查了针对年轻人的钢琴和小提琴比赛。目前国际上最有权威的比赛，是肖邦国际钢琴比赛(1927 年开设)和柴可夫斯基国际音乐比赛(1958 年开设)。笔者将这两项比赛自开设以来的得奖人数(前六名)按照国家进行了分类(见图 89)。

从结果来看，虽说东道主国家俄罗斯和波兰的比例很高，但日本的成绩紧随其后，位居第三。我们可以看到，日本在芭蕾、钢琴、小提琴等艺术领域注入了很大的热情。不过同芭蕾一样，日本在 2005 年前后对以上比赛的热情开始减退。相反，目前钢琴、小提琴等乐器在韩国尤为盛行。自 20 世纪 90 年代开始，韩国设立了增加获奖人数的体制。韩国追随着过去日本的发展足迹，这一点很有意思。

DJ

随着当今社会的信息越来越丰富多样化，现在爵士乐音乐厅

肖邦国际钢琴比赛·
柴可夫斯基国际音乐比赛结果统计

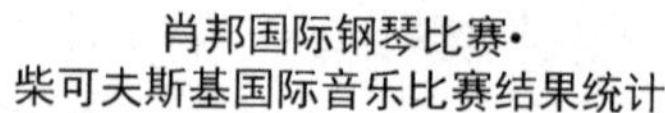

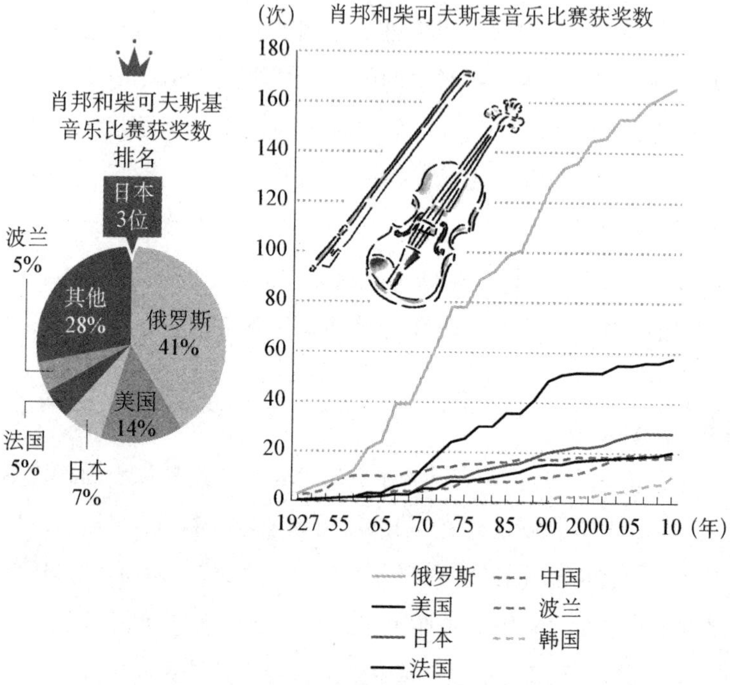

图 89

DJ 已经演化为将原有的乐谱及旋律的音源分解，进行重新编辑或电子加工等的 EDM(Electronic Dance Music)艺术。为了迎合音乐厅的氛围，提供绝妙的音乐，要求 DJ 必须具备作曲、指挥、演奏等多种才艺要素。如果水平达到最顶级，相应的收入也会增加。据美国《福布斯》杂志的调查，2014 年 DJ 奖金王 Calvin Harris(英国)的年收入达 6 600 万美元，第 2 名 David Guetta(法国)的年收入达 3 000 万美元。

“The Official Global DJ Rankings”是一项评估 DJ 排名的服务，根据收入额、在社交网络中的人气度、播放数以及多重指数的趋势等进行综合评价，目前有两万多人正在使用。我们根据这一数据，调查了 DJ 所在的国家和地区（见图 90）。

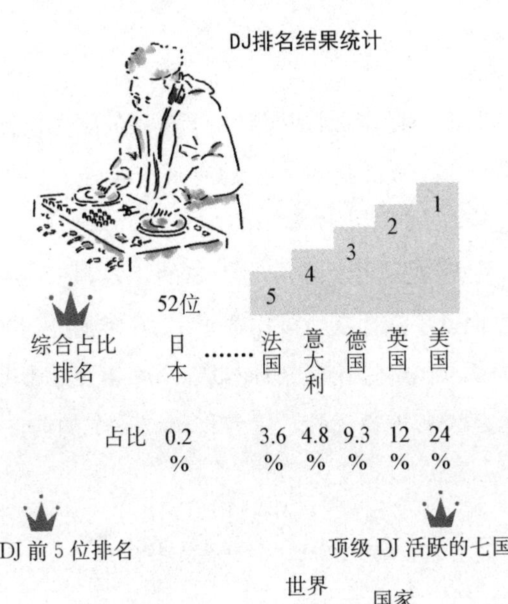

日本 DJ 前 5 位排名

日本国内排名	世界排名	
1	467	Satoshi Tomiie
2	900	ajapai
3	1960	DJ KENTARO
4	1971	Osawa Shinichi
5	2062	Naeleck

顶级 DJ 活跃的七国

世界排名	国家	
1	法国	David Guetta
2	荷兰	Armin van Buuren
3	美国	Skrillex
6	瑞典	Avicii
8	加拿大	deadmau5
12	德国	Paul van Dyk
14	英国	Gareth Emery

图 90

从结果来看,位于第一的美国尤为出众,占比 24%。美国同排名第二的英国的总成绩占全体的三分之一。日本占比只有 0.22%,排名第 52 位。DJ 的现状同流行乐一样,在亚洲圈保持低迷状态。日本目前最高水平的 DJ 是富家哲,目前排名第 467 位。

“无声”演奏家

同 Beatbox 一样,我们来探讨一下音乐的副文化领域。在如今宏大的音乐领域,值得我们关注的有现今最流行的“空气吉他”。虽说目前也存在“空气小提琴”和“空气尺八”,但电吉他仍然是最适合“空气表演”的乐器。最广为人知的比赛,是在芬兰奥卢市举办的空气吉他世界锦标赛。该比赛于 1996 年创办,2000 年以后才逐渐发展为一项国际性比赛。日本从 2004 年开始参赛,Dainoji 组合中的大地洋辅曾取得优胜。笔者将历届比赛的前 3 名获奖者进行了分类(见图 91)。

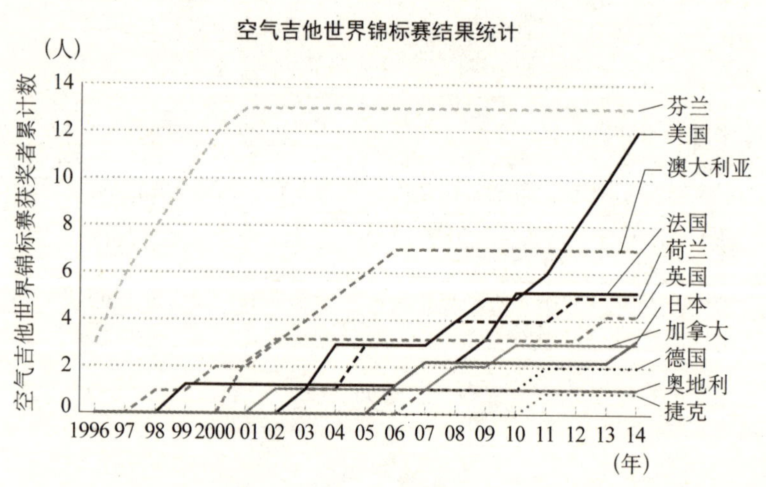

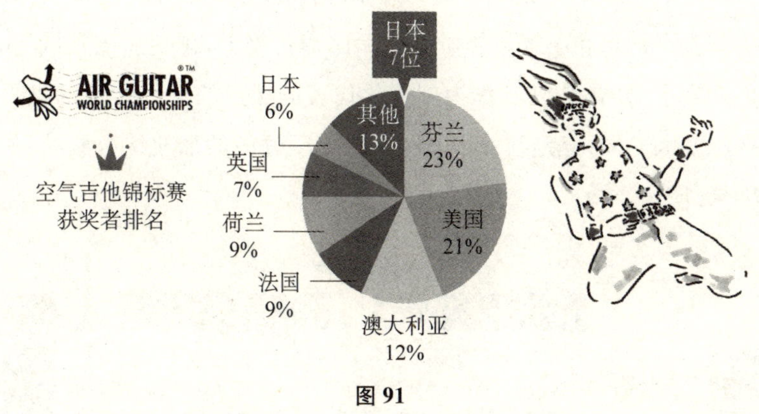

图 91

按照累计奖牌数进行计算的话，日本现在综合排名第七。如果将比赛前 6 名的成绩进行分类整理，那么日本几乎每年都会有获奖者出现。但是，2010 年之后，美国开始活跃起来。英美进军这个新生领域较晚，芬兰将这一领域发扬光大，这一做法可能是个非常巧妙的策划。自从 2000 年该比赛步入国际化之后，作为东道主的芬兰的得奖人数几乎没有了。但也正因为如此，可能更贴合该国所创造的冷酷形象的品牌战略。这里有很多值得日本学习的东西。

音乐综合成绩

我们来总结一下以上论述。对以上介绍过的歌唱和演奏，以及从古典领域到当今的很多副文化领域的 8 个领域进行了整体评价。在歌唱领域，我们主要从古典歌剧歌手着手，经过了流行乐（“Billboard”和网络视频），最后分析了以人声来模仿乐器的

Beatbox 的成绩；在演奏领域，我们最初调查了交响乐团的团员，之后调查了钢琴和小提琴领域的国际比赛获奖者；在副文化领域，我们调查了 DJ 排名以及作为副文化代表的无声的空气吉他的世界锦标赛的动向。最后，算出了这 8 个音乐领域的加权综合成绩，如图 92 所示。

音乐综合成绩

综合成绩		歌唱类占比				演奏类占比				
排名	国名	歌剧歌手	Pop歌手	“公告牌”	Beatbox	交响乐团	肖邦&柴可夫斯基国际比赛	DJ排名	空气吉他	音乐综合实力占比(%)
1	美国	19.0	60.2	77.0	7.1	3.1	14.4	24.4	21.4	28.3
2	英国	9.4	14.3	15.0	14.3		2.2	11.6	7.1	9.3
3	俄罗斯	4.4	0.05		3.6	1.7	41.2	0.9		6.5
4	德国	6.8	0.4		5.4	16.0	3.0	9.3	3.6	5.5
5	法国	3.8	0.2		19.6	1.4	5.0	3.6	8.9	5.3
6	加拿大	6.6	7.8	5.0	7.1		0.5	3.2	5.4	4.4
7	荷兰	1.0			3.6	16.7	0.2	3.5	8.9	4.2
8	奥地利	2.8				19.4	0.5	0.9	1.8	3.2
8	芬兰	0.8	0.04				0.7	0.4	23.2	3.2
10	日本	0.2	0.2		3.6	7.9	6.9	0.22	5.4	3.1
11	意大利	14.2	1.5			1.4	1.5	4.8		2.9
11	澳大利亚	2.2	0.6	2.0	3.6		0.5	2.0	12.5	2.9
13	西班牙	1.2	3.1		5.4			3.5		1.7
14	波兰	0.6	0.01		1.8	2.9	4.7	0.6		1.3
15	匈牙利	2.8			3.6	1.4	1.0	0.8		1.2
16	保加利亚	0.6	0.01		3.6	3.1	1.5	0.5		1.1
16	瑞典	4.8	0.01			2.9		1.4		1.1
16	捷克	2.2			1.8	1.4	0.7	0.6	1.8	1.1
19	乌克兰	0.8				5.6	0.7	0.4		0.9
20	罗马尼亚	1.6				3.1	1.0	0.9		0.8

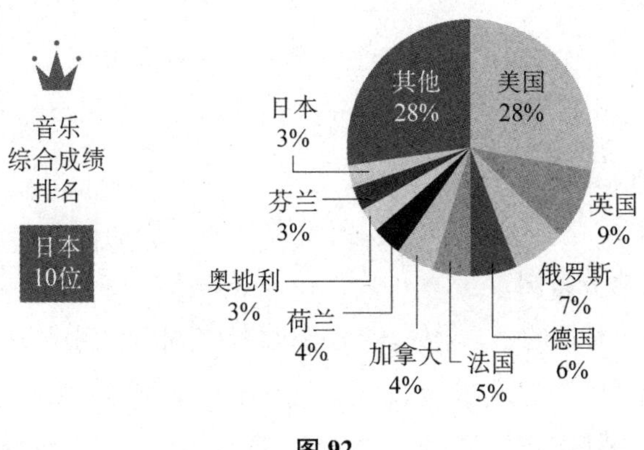

图 92

如果将所有成绩综合起来算平均值的话，日本的成绩占比3.1％，在全球排名第十。如果仅限于乐器演奏领域的话，占比8.1％，排名第八。然而无奈日本在歌唱领域仅有1.0％的占比，排名第15位，从而拉低了整体排名。在歌唱领域，日本仍然不能突破英语这一语言障碍。

美国的实力毋庸置疑，整体排名第一。尤其是单看歌唱领域的话，美国占比41％。第2名是英国。英美联合占到全球比例的一大半。美国不论在哪个领域都毫无疑问地保持强势，尤其是在流行音乐和DJ两个领域，更是显示出其令人惊讶的强大实力。然而日本却在这一领域很弱。即便如此，日本整体排名第十，而且在副文化领域发挥了很大的影响力。虽说是原声，但并不是人声，只是拟声；虽说是演奏，但只是通过肢体表演，并不发声。从常规来看，日本在这个远远得不到广泛普及的领域却尤为活跃。作为将来主流流行乐的原型，这颗种子一直潜藏于副文化领域，一旦开始爆发，日本就会成为这些文化的圣地。从日本现今动漫音乐的良好基础来看，笔者很期待日本能取得进一步的成绩。

10. 说话艺术的世界

演说家才能分布图

同歌手相近的一个领域，就是通过说话艺术来吸引眼球的“表演达人”的世界。在这个世界里，说话方需要具备语言说服的技巧和能力。比如，如果你是一个商人，需要具备语言技巧，吸引对方的注意，并进一步得到对方的理解和共鸣。在市场营销领域，有“AIDMA 模式”及“AISAS 法则”等名词，包含消费者在决定购买某件商品时的相关心理历程。当然，说话艺术并不仅仅对商人有用，对于政治家、教育者以及演员等来说，说话都是工作中不可缺少的重要因素。根据说话内容及目的的不同，演说、广告、说教、讲课等都有不同。如图 93 所示，图中为我们展示了广告界艺人的分布状况。从图中可以看到这些领域虽然有一定的相关性，但还是有各自的专属领域。笔者将根据这张图，来分析各领域演说家的活跃程度。

历史性的著名演说

提到历史上的著名演说，大家会想到什么？

“民有，民治，民享”（林肯，1863 年，葛底斯堡演说）、“不要想着国家为你们做些什么，而要想着你为国家做了什么……”（肯尼迪，1961 年，总统就职演说）、“我有一个梦想”（马丁·路德·金牧师，1963 年）……虽说这些伟大的外国演说家离我们很遥远，但为什么

演说才能一览图

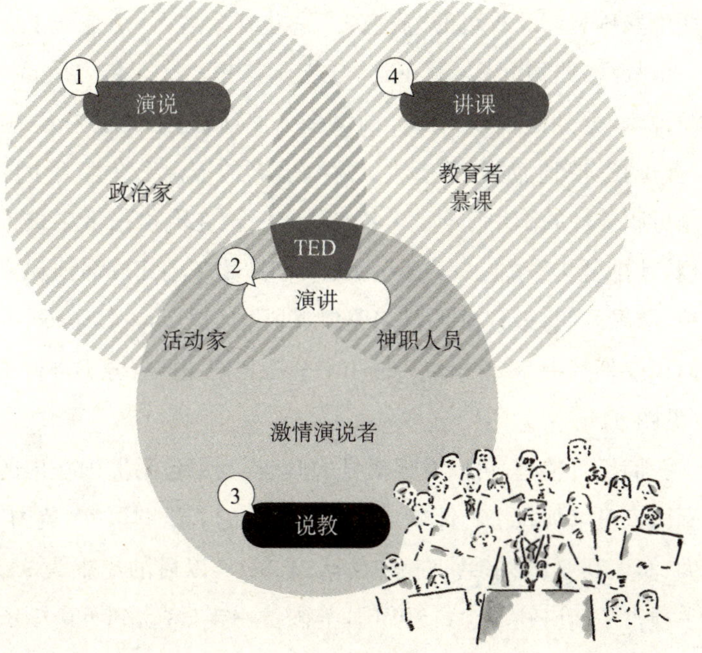

图 93

我们仍然知道这些演讲？提到日本的著名演说，我们又会想到什么呢？想必日本人一时间也可能难以回答吧。日本民族的传统文化将含蓄视为美德，因此对于日本人来说，太过张扬的演讲可能会让人觉得假惺惺。但因为这是很重要的表演部分，所以需要我们进行公正的评判。首先，著名的大众报纸搜集了过去同著名演说相关的特集文章，如美国《时代周刊》有最伟大的演讲 TOP10，英国《卫报》有 20 世纪 14 个伟大的演说，英国《每日电讯报》有历代 25 名政治家的著名演说，《The Art of Manliness》有改变历史的 35 个演讲,《List 25》有改变世界的25个演讲。笔者综合了这5家报社的演说家排名,AAA级的"演说王"一共有3名,分别是马丁·路德·金牧师、约翰·F·肯尼迪、丘吉尔首相。这3名之后是AA级演说家,分别是里根、林肯、西奥多·罗斯福、撒切尔夫人、戴高乐、曼德拉、莫迪、尼赫鲁等人。这些著名的演说家在世界上的地位是毋庸置疑的。由于前20名演说家无论在哪份报纸中被搜集整理,其排名几乎都是一致的,因此我们搜集了前100名演说家的名单,结果表明,最权威的排名是维基百科的"List of Speeches"。我们仅仅将其中20世纪以后的107个排名按照国家分类进行了整理(见图94)。

我们经过整理,可以发现明显的倾向,其中包括美国在内的英语圈国家呈增加状态。计算包含美国在内的英语圈国家(英国、加拿大、澳大利亚、爱尔兰、南非)的话,1991年以后的比重为94%,几乎独占了演讲领域。115年间,美国占一半,并占到英语圈国家的70%。

演讲达人——TED演说家

如果将演说视为古典行为,那么表演就应该被视为现代行为了。一直以来,善于雄辩的人都会穿着简单的服装,头戴麦克风,通过轻巧的演说手法来吸引观众的眼球。目前,将这些帅气演讲活动广泛传播的项目,是1984年设立的TED会议。TED是"Technology Entertainment Design"的缩写,该项目邀请各个领域的专家将最尖端的知识以一种容易理解的形式同大家共享,是一个开放平台。这些专家包括已过世的史蒂夫·乔布斯及霍金博

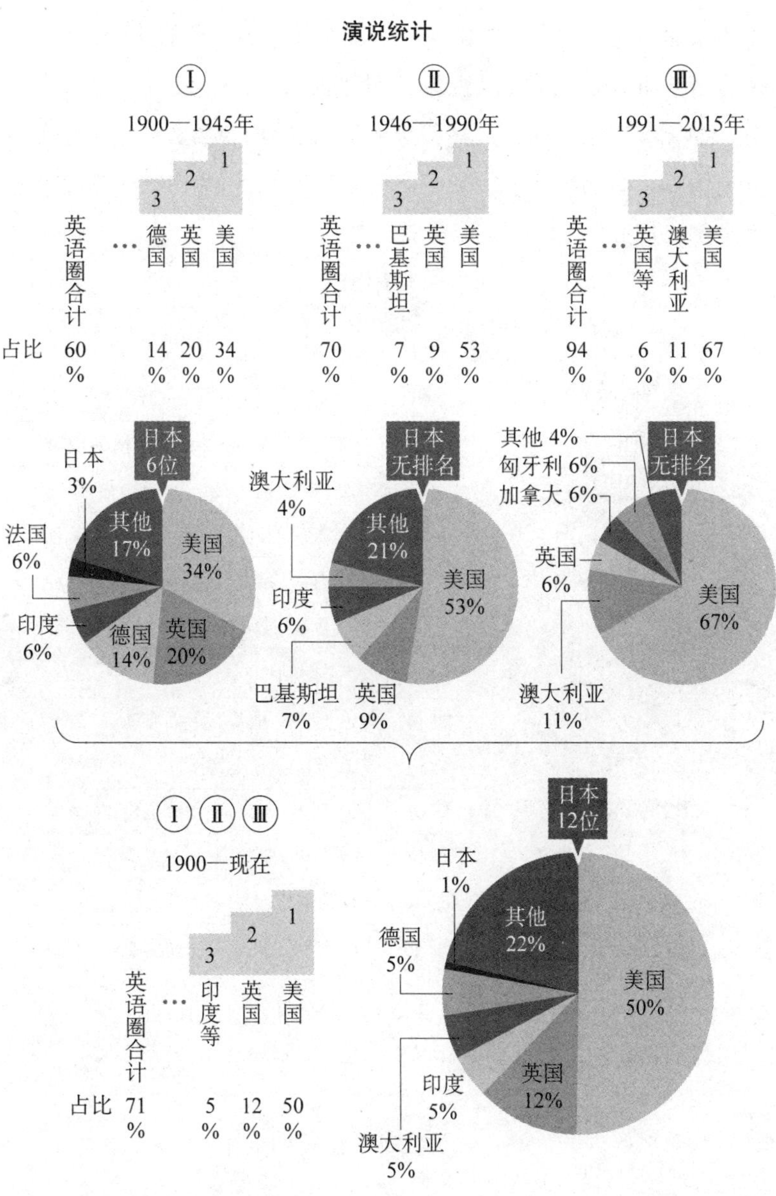
演说统计
Ⅰ
1900—1945年
1 2 3
英语圈合计 … 德国 英国 美国
占比 60% 14% 20% 34%
Ⅱ
1946—1990年
1 2 3
英语圈合计 … 巴基斯坦 英国 美国
70% 7% 9% 53%
Ⅲ
1991—2015年
1 2 3
英语圈合计 … 英国等 澳大利亚 美国
94% 6% 11% 67%
日本 6位
日本 3%
其他 17%
法国 6%
美国 34%
印度 6%
德国 14%
英国 20%
日本 无排名
澳大利亚 4%
其他 21%
印度 6%
美国 53%
巴基斯坦 7%
英国 9%
其他 4%
匈牙利 6%
加拿大 6%
日本 无排名
英国 6%
美国 67%
澳大利亚 11%
Ⅰ Ⅱ Ⅲ
1900—现在
1 2 3
英语圈合计 … 印度等 英国 美国
占比 71% 5% 12% 50%
日本 12位
日本 1%
其他 22%
德国 5%
美国 50%
印度 5%
英国 12%
澳大利亚 5%

图 94

士等著名人士，他们都曾参加一个名为“Pro bono”的慈善活动，无偿进行演讲，演讲内容以视频文件的形式在 YouTube 等平台扩散。如果演讲水平达到最高等级的话，能够拥有播放 3 000 万次的巨大影响。我们按照国家将 TED 播放次数的前 150 名进行了分类整理，见图 95。

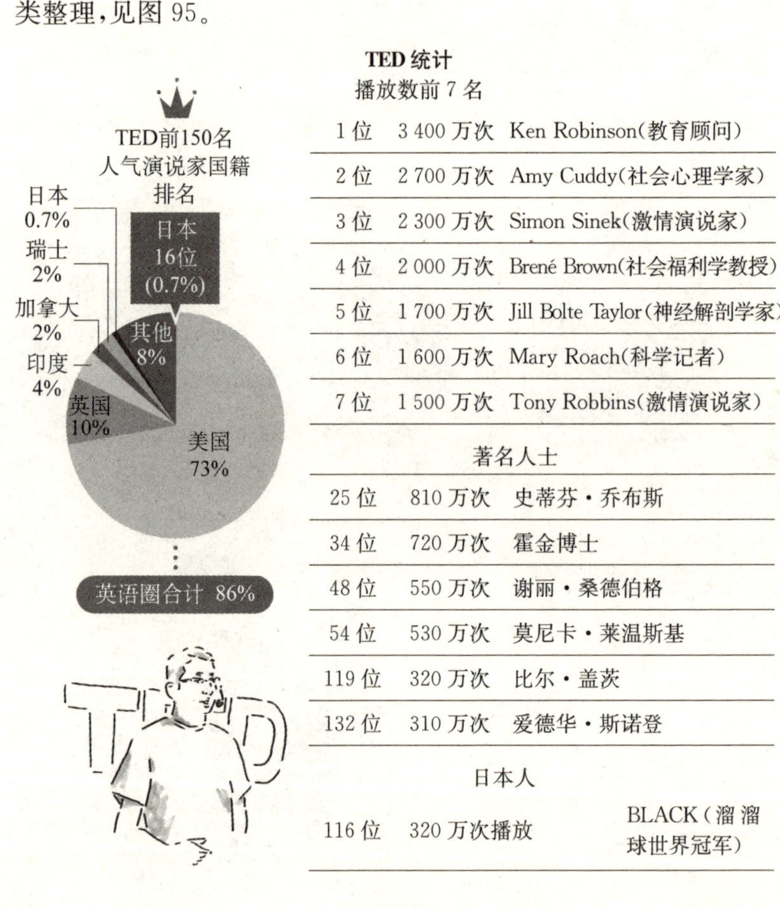

TED 统计

播放数前 7 名

1 位	3 400 万次	Ken Robinson(教育顾问)
2 位	2 700 万次	Amy Cuddy(社会心理学家)
3 位	2 300 万次	Simon Sinek(激情演说家)
4 位	2 000 万次	Brené Brown(社会福利学教授)
5 位	1 700 万次	Jill Bolte Taylor(神经解剖学家)
6 位	1 600 万次	Mary Roach(科学记者)
7 位	1 500 万次	Tony Robbins(激情演说家)

著名人士

25 位	810 万次	史蒂芬·乔布斯
34 位	720 万次	霍金博士
48 位	550 万次	谢丽·桑德伯格
54 位	530 万次	莫尼卡·莱温斯基
119 位	320 万次	比尔·盖茨
132 位	310 万次	爱德华·斯诺登

日本人

116 位	320 万次播放	BLACK(溜溜球世界冠军)

图 95

同演说领域的结果几乎一致。诞生于美国西海岸的这个项目,毫无悬念地体现了美国的强大实力。英语圈的占比达到了86%,自第6名之后都是每个国家只有一名演说家的状态,而日本人的演讲只有一件。以"BLACK"为艺名的日本人在太阳马戏团中非常活跃,也是世界溜溜球锦标赛冠军,其在舞台上的表演堪称绝技。多亏了BLACK,日本避免了在这方面成绩为零的现实。但是日本的成绩也占了0.7%的份额,在全球的排名是孤零零的第116位。

说教的进化版——激情演说家

TED人气演讲的前3名和前7名中,有一个以激情演说家为职业的人群。他们以这个职业为生,在演说特别活跃的美国,是很受关注的新型说教演说家。

为了在充满竞争的美国社会中生活,指导训练、心理疗法及自我救助等和心理健康相关的指导是不可或缺的,这就是现代美国。电视演说家及其指导训练手法同现今的演讲样式混合,就是我们所说的"激情演说"。这些演说并不是那些成功人士、宗教人士等将自身的经历自上而下地对人进行说教,而是人生失败者通过叙述自身失败、痛苦的人生经验,让听众从中明白一些什么、获得一些什么,这样的形式能够引起广大听众的共鸣和重视。作为一个演说家,一次演说如果得到了大家的关注,不仅能得到可观的收入,还能成为超级明星。

据"millionaireat24"的消息,现在最具影响力的激情演说家托尼·罗宾斯的年收入有900万美元。在此,笔者将维基百科中收录的355名演说家按照国家进行了分类整理(见图96)。

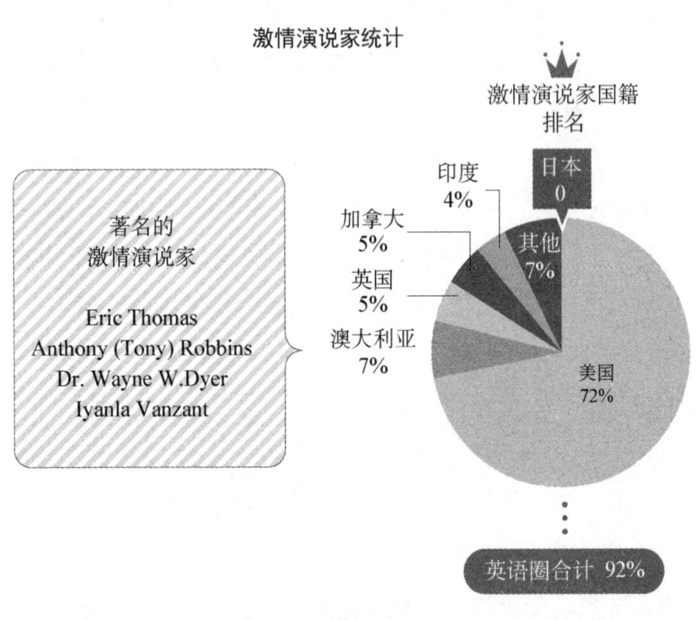

图 96

结果可想而知，美国取得了压倒性的胜利，占了七成；再加上澳大利亚、英国以及加拿大，英语圈国家一共占比九成。这里是那些能力远远高于普通演说家的精英演说家的聚集地，这里是竞争最激烈的舞台。这里的氛围高涨，犹如摇滚乐表演现场。只能说，美国人的发言能力及自我宣传能力让人惊叹不已。

讲义达人的"慕课"讲课

随着商业环境中网络以及公开软件源代码的发展，大学教授上课的讲义也发生了很大的变化。网络上出现的新讲课形式，就是"MOOCs（"慕课"，大规模网络大学讲座）"。在"慕课"中，可以在网络上免费观看国际名牌大学教授的精彩演讲视频。现在，一些学校也开始让学生通过这样一种形式修得学分。

“慕课”以美国斯坦福大学为中心开始展开，自 2010 年起不断有大学加盟。目前被广泛使用的平台，有斯坦福大学的“Corsera”以及哈佛大学的“edX”等。东京大学自 2013 年起也加入了这个项目，目前不只是单单通过网络学习，还开始通过学生的评价来对教授进行人气排名。这是 Online Course Report 根据听讲学生的登录数量发表的人气教授排名，我们将排名前 50 位的教授按照国家进行了分类(见图 97)。

慕课讲座统计

慕课人气讲座前 10 位排名

排名	登录者数	所属机构	国家	内容	讲师
1	1,192,697	加州大学圣地亚哥分校	美国	学习方法	Terrence Sejnowski, Barbara Oakley
2	1,122,031	斯坦福大学	美国	人工智能	Andrew Ng
3	952,414	约翰·霍普金斯大学	美国	编程	Roger D. Peng, Jeff Leek, Brian Caffo
4	846,654	密歇根大学	美国	金融	Gautam Kaul, Qin Lei
5	828,837	约翰·霍普金斯大学	美国	统计学	Roger D. Peng, Jeff Leek, Brian Caffo
6	775,717	杜克大学	美国	分析方法	Walter Sinnott-Armstrong, Ram Neta
7	751,089	普林斯顿大学	美国	计算机程序算法	Kevin Wayne, Robert Sedgewick
8	736,347	马里兰大学	美国	创业方法	James V. Green
9	690,567	英国文化振兴会	英国	英语学习	Chris Cavey
10	678,451	马里兰大学	美国	编程	Adam Porter

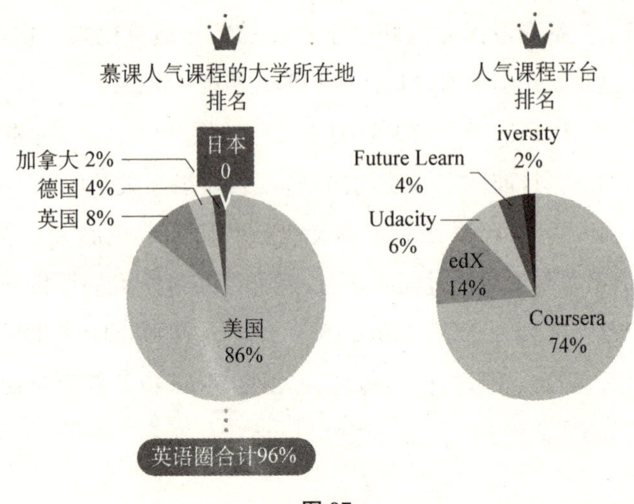

图 97

结果正如我们所想象的，能言擅辩的美国取得了压倒性的胜利。由于英语圈国家占比 96%，所以英语对于其他国家来说可能是一个关卡。但是，事实也不一定如此。例如，最受欢迎的由加州大学圣地亚哥分校提供的人气课程，也包括汉语、阿拉伯语等 10 种语言。为了集中全世界优秀的学生，他们还会宣传课程。在基础知识方面，大学排名第一的自然是美国，其他国家难以攻破这一城堡。但在更加开放的环境里，可以感受到日本人奋力拼搏的姿态。

说话艺术综合成绩

一起来总结一下吧。本节首先从历史上的著名演说着手，调查了 TED 中的著名演讲。在被誉为“讲课 2.0”的网络课程中，我们可以看到日本人勇争第一的姿态。我们将这 4 种说话艺术范畴内的成绩进行排列，综合计算了一下(见图 98)。

演说综合成绩

综合成绩排名	国名	20世纪以后历史上的著名演讲	TED人气演讲	激情演说家讲话	“慕课”免费在线人气讲座	平均占比（%）
	开始年度	1900年—	1984年—	—	2012年—	
	对象人数	107人	150人	355人	50人	
1	美国	49.5	72.8	72.4	86.0	70.2
2	英国	12.1	9.9	5.4	8.0	8.9
3	印度	4.7	4.0	3.9		3.1
4	澳大利亚	4.7	0.7	6.8		3.0
5	加拿大	1.9	2.0	5.4	2.0	2.8
6	德国	4.7	0.7		4.0	2.3
7	巴基斯坦	4.7		0.8		1.4
8	法国	2.8	0.7			0.9
9	南非	1.9		0.8		0.7
10	瑞士		2.0	0.6		0.6
10	爱尔兰	0.9	0.7	0.8		0.6
12	尼日利亚		0.7	1.4		0.5
12	古巴	1.9				0.5
12	原苏联	1.9				0.5
15	日本	0.9	0.7			0.4
16	瑞典		1.3			0.3

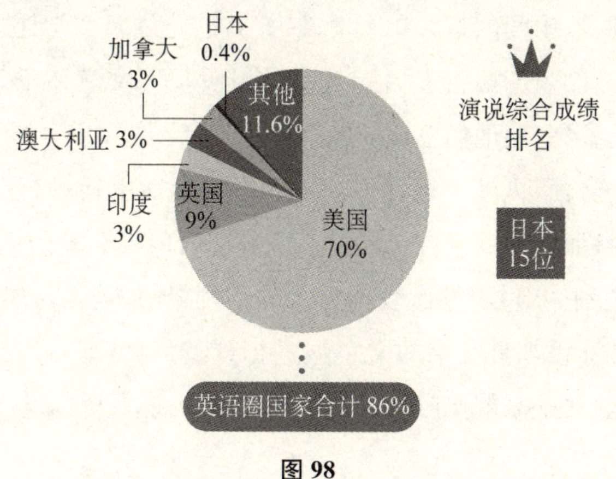

图 98

通过计算所有数据的平均值，日本的成绩在全世界排名第 15 位。这个成绩听起来还不错，但是说到占比，小得几乎看不到，仅有 0.4%。虽说现实很令人悲哀，但实力不足的国家不只是日本，德国、法国也是同日本相似的水平，只有美国和英联邦国家异常出众。统计结果告诉我们，日本目前面对的不仅仅是语言障碍，自身的推动力及号召力等也是必须克服的一大因素。

11. 读物的世界

文学创作领域的明星地图

上一章中分析了演说家们的世界。本章将要对执笔写作的作家们构成的文学世界进行考察。从本章开始，我们暂时离开表演者的领域，开始进入创造者的世界。

文学界也分成各种不同的流派，图 99 中一共分成 5 个领域，对各国文人的写作能力进行了比较。该图的横轴表示内容的新旧程度，最靠左的是较为正统的纯文学，通过获得国际性文学大奖的数量进行评价；中间的是大众文学；最靠右的是最新文学评论中的人气排名。在“生产消费者”抬头的社会环境下，文学评论家们虽然有评论的资格，但他们也被一般读者所评价。

另一方面，纵轴是表达方式的不同。在对书籍进行分类的时候，如果按照悬疑或者古代题材小说等进行内容分类的话，就会有无数种类别。但是，按照表达方式的不同，比如说以漫画、绘本等插画型和通篇都是文字的文字型进行分类的话，就可以只分为两类。那么，接下来就按照从 1 到 5 的顺序来逐一进行分析。

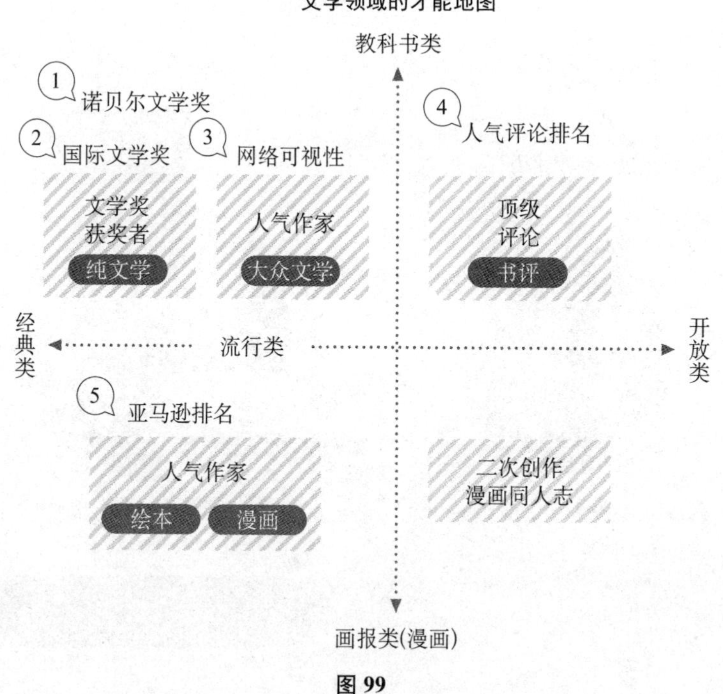

图 99

最权威的诺贝尔文学奖

文学界的最高荣誉就是诺贝尔文学奖了。关于代表各个国家的纯文学作家们的成绩，在基础知识能力部分已经进行了介绍。迄今为止，在 112 名获奖者中有 2 名是日本人（1968 年的川端康成和 1994 年的大江健三郎），占获奖总数的 1.8%，排名世界第 13 位（见图 100）。从获奖作品的写作语言来看，欧洲语言占了大多数，有 92%之多，其中获奖者基本上是欧洲人。

诺贝尔文学奖统计

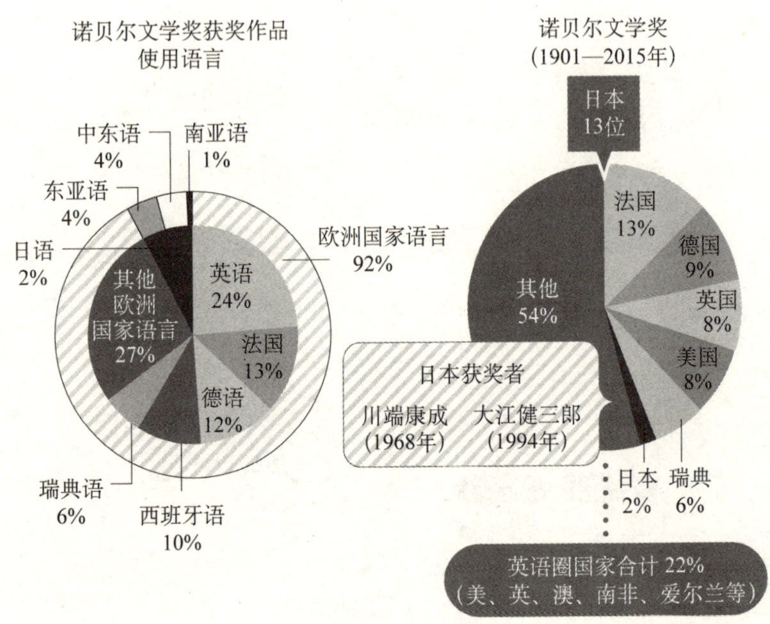

图 100

6 个国际性文学奖

为了减少政治性因素产生的影响，笔者也验证了跟诺贝尔文学奖几乎齐名的其他国际性文学大奖的结果。在世界各地有许多历史悠久的权威文学奖项，其中有很多受到语言和类别的局限。例如，在日本有芥川奖和直木奖等顶级文学大奖，另有数百种其他文学奖项存在。在这里，笔者选取了在国际上具有权威的 6 个文学大奖作为讨论对象（见图 101）。按照创立时间的先后，它们分别是德国的比希纳文学奖、以色列的耶路撒冷文学奖、马其顿的斯特

国际文学奖统计

国际文学奖	比希纳文学奖	耶路撒冷文学奖	斯特鲁加诗歌节金冠奖	诺伊施塔特国际文学奖	美国文学奖	法兰兹·卡夫卡奖
主办国	德国	以色列	马其顿	美国	美国	捷克
创立年份	1950	1963	1966	1969	1994	2001
日本人获奖者	无	村上春树	大冈信	无	村上春树	村上春树
1位	德国	英国	俄罗斯·美国	哥伦比亚	法国·美国	捷克
2位	美国	美国·法国		波兰		奥地利

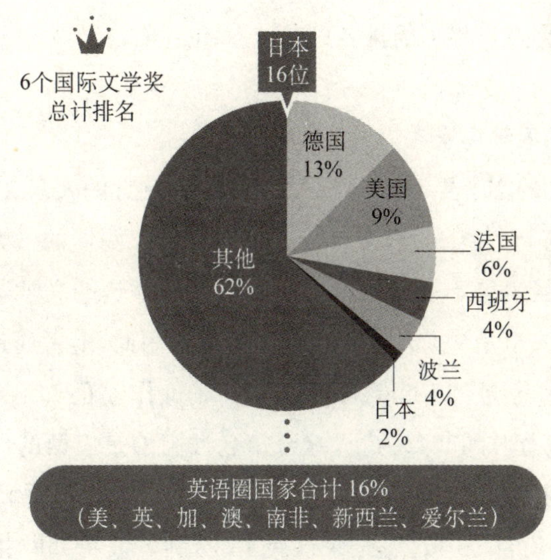

图 101

鲁加国际诗歌节最高荣誉“金冠奖”、诺伊施塔特国际文学奖、美国文学奖、法兰兹·卡夫卡奖。

从对比的结果来看，这些奖项呈现和诺贝尔文学奖相似的趋势。主办国在奖项的评选中都略占优势，排名靠前的国家也基本相似，德国、法国、美国、英国、西班牙、意大利、波兰等都是得奖较多的国家。日本人一共获奖 4 次（村上春树 3 次，大冈信 1 次），占总体比例的 2%，排名第 16 位。这个比例和日本人在诺贝尔文学奖的表现（1.8%）基本相同。较为有名的日本现代诗人有鲇川信夫、田村隆一、谷川俊太郎、吉冈实等，在海外评价较高的是大冈信，他获得了法国艺术文化勋章等荣誉。

从整体上看，包括诺贝尔文学奖在内，国际上比较权威的文学大奖的得主大多来自西方发达国家。日本文学虽然在亚洲文学界表现优秀，但在世界上的排名只有第 15 位左右。

大众文学的人气作家

在广义的文学界，纯文学界之下存在着广大的大众文学世界。在商业市场上，大众文学领域所占的比例是压倒性的。大众文学的世界中，畅销是不变的原则。所以与权威评价的文学奖的世界不同，大众文学是从大众视角进行评价的。因此，笔者通过调查以网络热度来排名的"The Wiplist"，来评价作家的知名度（见图 102）。到调查时间节点为止，综合排名最高的是巴西的保罗·科埃略所写的《牧羊少年奇幻之旅》（1988 年），在全世界范围内共售出 6 500 万部——这一纪录仅次于《哈利·波特》和《指环王》，在全球排名第三。排名第二的是 1982 年获得诺贝尔文学奖的加夫列尔·加西亚·马尔克斯（哥伦比亚），他是卖出 3 600 万部的《百年孤独》的作者。这些南美作家都非常擅长超现实主义的文学写作手法。日本村上春树的《海边的卡夫卡》《1Q84》等作品，也属于这种写法。

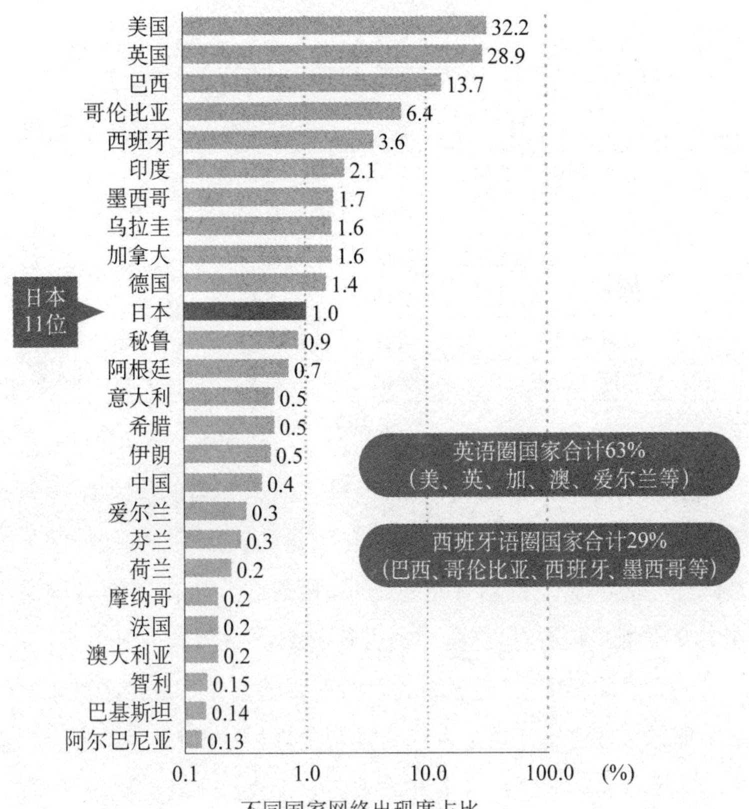

排名前100位以内的日本作家

排名	名字	国籍	代表作
21	村上春树	日本	《挪威的森林》《寻羊冒险记》《海边的卡夫卡》
68	吉本芭娜娜	日本	《厨房》《TUGUMI》《Amrita》《不伦与南美》

世界排名前10位的作家

排名	名字	国籍	代表作
1	保罗·科埃略	巴西	《牧羊少年奇幻之旅》《维罗妮卡决定去死》
2	马尔克斯	哥伦比亚	《百年孤独》《霍乱时期的爱情》
3	保罗.索鲁	美国	《蚊子海岸》《中国箱子》
4	玛雅·安吉罗	美国	《即使星星也会寂寞》《我是女巫》
5	詹姆斯·L·怀特	美国	《灵魂歌王》
6	斯蒂芬·金	美国	《肖申克的救赎》《伴我同行》
7	狄巴克·乔布拉	印度	《某电影导演之谜》
8	迈克尔·刘易斯	美国	《大空头》《弱点》
9	迈克·哈卡比	美国	《上帝、枪、勇气和意外之财》
10	约翰·格雷	美国	《男人来自火星,女人来自金星》

图102

虽然前两名都是南美作家,但进入前100名的作家有60%是美国人和英国人。在强调娱乐性和销量的大众文学领域,国与国之间的差距明显。特别有意思的是,西班牙和中南美洲各国文学在大众文学中很有存在感,一共占到了29%之多。

在大众文学中,非英语圈的欧洲主要国家并不像在诺贝尔文学奖中那样表现突出。在个人综合排名中,村上春树排名第21位,吉本芭娜娜排名第68位,日本整体排名第11位,还算是比较活跃的。但从比例上来讲,日本只占1%,不论是国际性文学大奖还是作家的排名和人气,日本比较突出的作家只有村上春树一人。

网络2.0时代的人气评论家

在网络的影响下,世界正在经历扁平化的浪潮,这也给文学界带来了很大的变化。原本就存在同人志或二次创作等由读者进行的创作，近年来由于网络的开放性，许多书评家的影响力一下子变得很强。即使在亚马逊等网站上，也出现了“前100名书评家”这样的推荐项目，书评家排名正在成为影响读者选择书籍的重要因素，顶级书评家的评价逐渐能够左右书的销量。这里，我们将以提供最大规模评价书评家服务著称的“goodreads”所进行的统计为基础，来比较一下各个国家的情况（见图103）。图中展示的是针对书评家进行的读者人气投票的结果。为了能让大家有比较直观的印象，我们来介绍一下世界级别的超级书评家。排名第一位的是一位住在纽约、名叫Karen的女性，她拥有6 975册藏书，自身已经阅读了3 935册，并对其中的2 162册撰写了书评。她拥有4 999位书评家伙伴，从一般读者那里得到了大约15万张投票，所以被评为第一。

图中统计了对全球排名前100位的书评家进行投票的结果。从该图可以看出，英语国家的书评家们所占的比例远远超过其他国家，仅英国和美国就占总数的58%，再加上加拿大和澳大利亚，能够达到总数的七成左右。而其他国家从得票数上来看就显得很少，但埃及、印度、希腊等国排名较高。可以说，那些历史比较悠久、批评家精神较为旺盛的国家，容易出现有独到见解的评论家，或者说这些评论家比较难以应付。笔者认为，日本国民不善于直接批评他人，表达总是比较委婉，所以日本的得票数仅占总数的0.2%，排在第44位。英语的障碍以及不提倡批评家精神的文化特性，造成了日本在该项排名上较为落后的局面。

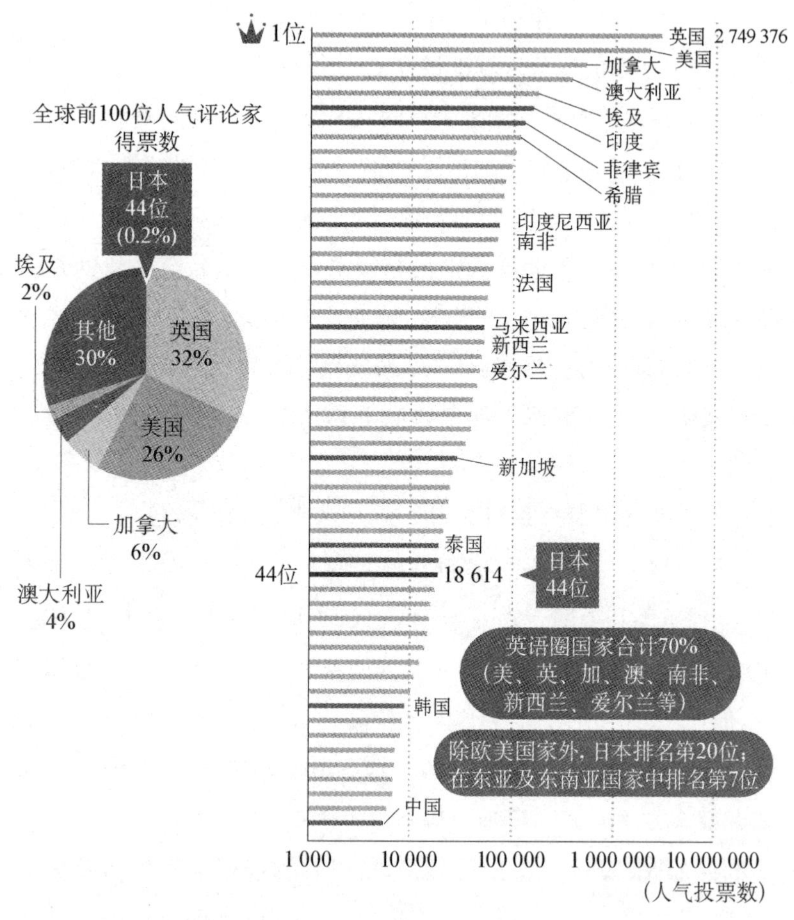
人气评论家统计
全球前100位人气书籍评论家得票数统计
1位
英国 2 749 376
美国
加拿大
澳大利亚
埃及
印度
菲律宾
希腊
印度尼西亚
南非
法国
马来西亚
新西兰
爱尔兰
新加坡
泰国
44位
18 614
日本
44位
韩国
中国
英语圈国家合计70%
(美、英、加、澳、南非、新西兰、爱尔兰等)
除欧美国家外，日本排名第20位；
在东亚及东南亚国家中排名第7位
1 000
10 000
100 000
1 000 000
10 000 000
(人气投票数)
全球前100位人气评论家得票数
日本
44位
(0.2%)
埃及
2%
其他
30%
英国
32%
美国
26%
加拿大
6%
澳大利亚
4%

图 103

从漫画中寻找获胜的机会

与其他领域相同，我们也来看一下在文学领域属于副文化的漫画吧。从全球范围来看，日本的文学地位并不是很高，但从出版书籍的册数来考虑的话，就绝不能忽视日本的存在。到目前为止，在世界上能够销售一亿册的超级热卖的普通书籍屈指可数，几乎不超过10本。但如果是漫画的话，其销量几乎是一般书籍的两倍。日本的《龙珠》在全球的累计销量超过2亿册，《海贼王》的销量则突破了3亿册。

在调查中，笔者使用了国际亚马逊网站上销量前100位的漫画，图104就展示了该调查的统计结果。

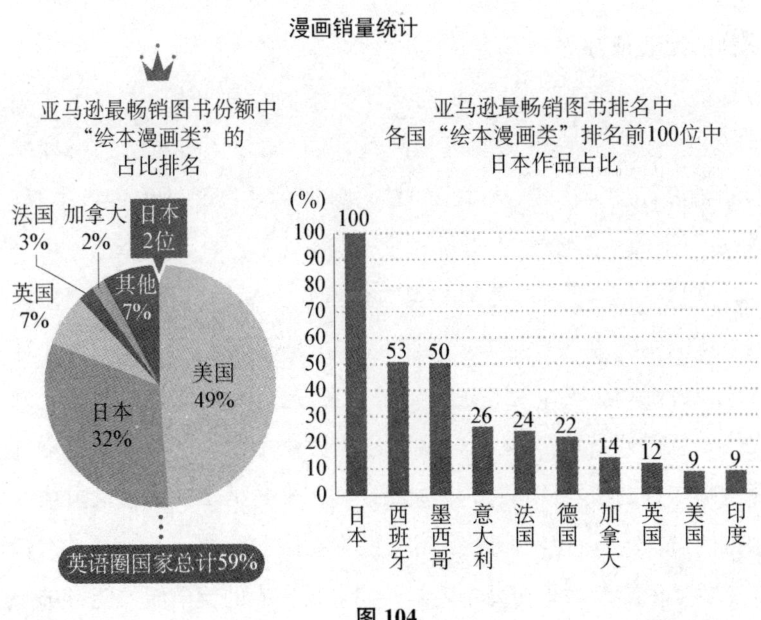

图104

柱状图所展示的结果，是日本人承担绘画工作的漫画的比例。在日本，所有漫画都是完全由日本人自己完成的，没有外国漫画家的余地。以下是外国的情况：在西班牙和墨西哥的受欢迎漫画中，有大约一半是“日本制造”；在意大利、法国等拉丁语系国家，日本漫画也有很高的人气。从世界平均水平来看，以奇幻著称的美国漫画仍居首位，但日本漫画占总体的32%，仅次于美国，排名世界第二。在漫画的世界，美国和日本两个国家的漫画占全世界的80%，是漫画领域的两个超级大国。在文学界虽然存在语言的障碍，但是如果把绘画能力一并考虑的话，日本的实力也是有目共睹的。日本人本身就具备创作故事的能力，这一点上日本人应该很有自信。

读物的综合成绩

最后进行一下总结。我们从纯文学的世界开始，探究了与纯文学完全不同的娱乐文学以及漫画，还有如今比较流行的书评家们的微博等文学形式，从5个领域对各国的成绩平均值进行估算，得出了图105的结果。

从这个结果来看，英国和美国仍然是文学的超级大国，两国占到总体的40%。紧接着排名靠前的国家，是德国、法国、巴西、西班牙等国。德国和法国作为正统文学的代表，通过在该领域的出色表现提高了总得分，而新兴的巴西主要通过大众小说得了分。如果不计算漫画得分的话，日本只占总体的1.1%，排名第19位；如果包括漫画在内，日本所占比例上升为7.3%，排名上升到第3位。所以说，日本主要是依靠漫画来提高排名的。如果日本人的英语能力能有进一步提高，达到世界平均水平的话，日本在文学上的表现应该会更好。

读物综合成绩

综合成绩排名	国名	诺贝尔文学奖获奖人数占比	六大国际文学奖获奖数占比	知名作家网络引用占比	知名评论家投票数占比	绘本、漫画的人气主题占比	平均占比(%)
1	美国	8.0	8.7	32.2	25.8	48.7	24.7
2	英国	8.0	4.0	28.9	32.5	7.2	16.1
3	日本	1.8	1.5	1.0	0.2	32.1	7.3
4	德国	8.9	12.6	1.4	1.2		4.8
5	法国	12.5	5.9	0.2	0.7	2.5	4.4
6	巴西		0.5	13.7	0.5	0.7	3.1
7	西班牙	4.5	4.2	3.6	1.0	0.3	2.7
8	加拿大	0.9	0.5	1.6	5.9	1.9	2.2
9	意大利	5.4	3.0	0.5	1.0	0.1	2.0
10	瑞典	6.3	2.5		0.9	0.3	2.0
11	波兰	3.6	4.0		0.6	0.4	1.7
12	哥伦比亚	0.9	1.0	6.4	0.2		1.7
13	澳大利亚	0.9	1.2	0.2	4.3	1.2	1.5
14	俄罗斯(及原苏联)	4.5	2.7			0.2	1.5
15	印度	0.9	1.5	2.1	2.0		1.3
16	爱尔兰	3.6	1.0	0.3	0.6	0.1	1.1
17	墨西哥	0.9	2.0	1.7	0.7	0.1	1.1
18	瑞士	0.9	3.0		1.4	0.1	0.1
19	中国	1.8	2.5	0.4	0.1	0.9	
20	以色列	0.9	3.5		0.1		0.9

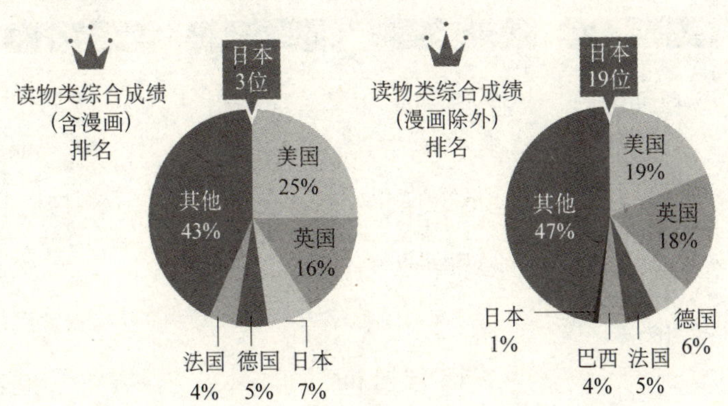

图 105

12. 综合艺术：视频制作领域

视频制作领域归类图

之前我们讨论的艺术家都是舞台上的歌手或舞蹈演员、讲台上的演说家以及小说作家等。将这些不同领域的才能进行归类整理，再经过导演的梳理，就产生了电影这一综合艺术。从花费巨大人力物力创作出来的长电影，到数秒就可以完工的自制视频文件，影像作品的样式开始变得多种多样。本节将以图像制作为对象，调查全球的综合艺术制作能力。我们将按照视频制作领域归类图中的 4 个视角，进行分类讨论（见图 106）。

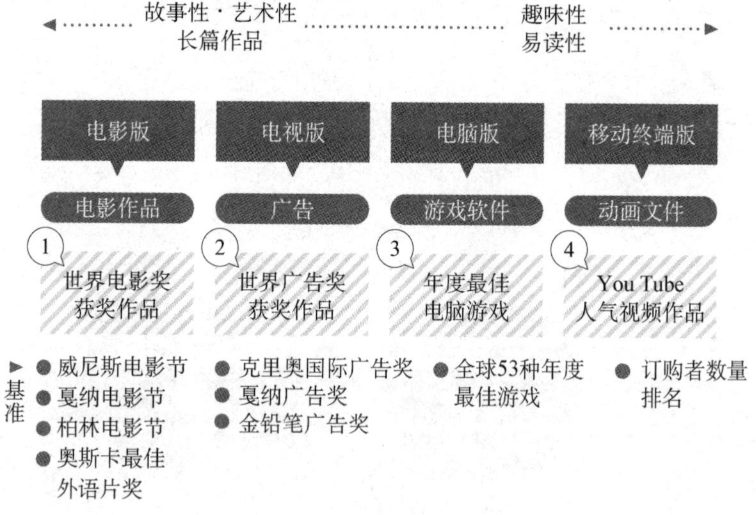

图 106

左侧是伟大导演及著名演员曾经活跃的传统电影领域，其旁边是处理电视广告相关的广告领域。广告领域主要通过投入巨额资金，创造高浓度的短视频。进入 20 世纪 80 年代以后，电脑游戏这一新兴的综合艺术开始出现。另外，右边就是如今的视频，用户自行创作的作品可以上传到网站，因此越来越多有才能的人开始被发掘出来。接下来，笔者将按照图中的归类顺序进行调查。

电影制作

提起历史悠久的电影领域的最高荣誉，应该就是获得世界三大电影节的奖项，它们分别是威尼斯国际电影节的金狮奖、柏林国际电影节的金熊奖以及戛纳国际电影节的金棕榈奖。虽说这些奖项应该是为那些艺术性比较高的电影作品设立的，但这其中还有一个难题——世界电影商业的主导权，在以好莱坞为主线的美国。美国的奥斯卡金像奖通常会举行华丽的授奖仪式，并进行大肆报道。虽然美国的这个奖项只针对美国的本土电影，不过自 1947 年以来，奥斯卡金像奖针对外语电影另外设立了最佳外语片奖。但与此同时，欧洲的 3 个奖项正在渐渐增加对自己国家电影的提名数量。因此，我们将除去所有主办国家的本土电影，只针对外国电影进行统计(见图 107)。也就是说，我们仅以这些电影节中的外国电影作为对象，进行分类整理。

从结果来看，虽说美国片在奥斯卡最佳外语片奖中被排除，但美国的综合成绩仍然排名第一。之后是法国、意大利、英国，日本是第 5 位。多次获奖的日本导演是黑泽明和今村昌平两位。可以看出，近年来日本电影的活跃度开始降低，但从长远来看，日本电

电影制作统计

综合成绩	电影奖	柏林国际电影节	威尼斯国际电影节	戛纳国际电影节	奥斯卡最佳外语片奖	国际电影节平均占比(%)
	统计对象	金熊奖	金狮奖	金棕榈奖	得奖作品 提名作品 特别奖等	
	创立年份 主办国	1952年 德国	1949年 意大利	1946年 法国	1947年 美国	
排名	国名					
1	美国	18.7	14.3	24.7	统计对象除外	14.4
2	法国	6.6	24.5	统计对象除外	12.9	11.0
3	意大利	9.3	统计对象除外	14.4	9.9	8.4
4	英国	11.3	6.9	11.3	0.7	7.5
5	日本	3.1	5.9	5.3	5.0	4.8
6	俄罗斯	3.1	6.9	2.7	5.0	4.4
7	德国	统计对象除外	6.9	3.6	5.9	4.1
8	西班牙	9.7			5.9	3.9
9	瑞典	4.7	2.0	4.0	4.6	3.8
10	中国	6.2	5.9	0.7	0.7	3.4

年份	电影节	片名	电影导演
1951	威尼斯	罗生门	黑泽明
1954	戛纳	地狱门	衣笠贞之助
1958	威尼斯	无法松的一生	稻垣浩
1963	柏林	武士道残酷物语	今井正
1980	戛纳	影武者	黑泽明
1983	戛纳	桧山节考	今村昌平
1997	戛纳	兔子	今村昌平
1997	威尼斯	HANA-BI	北野武
2002	柏林	千与千寻	宫崎骏
2008	奥斯卡最佳外语片奖	入殓师	泷田洋二郎

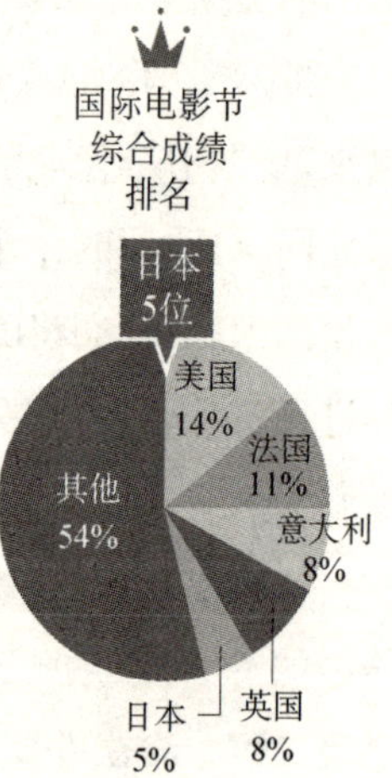

图 107

影有望以5年一个提名奖项的步调，在世界上继续展现风采。现今，宫崎骏以及泷田洋二郎曾得到获奖提名。在欧美主导的优秀电影阵营中，日本电影虽然很明显是不同性质的文化，但作为艺术作品来说，其制作及完成质量均得到了较高的评价。

广告制作

刚刚谈了电影，接下来我们聊一聊电视领域。如果以电视剧领域最权威的艾美奖以及新闻领域最权威的普利策奖来整体评价视频制作能力，可能会有些许偏颇和不完善。因此，我们将着眼于对电视广告视频的研究。从赞助商的眼光来看，电视信号中配发信息的主要项目就是广告。电视画面中，每一秒钟的广告电视图像所包含的预算远超电视剧的预算成本。为了对这些极尽奢侈的广告素材的品质进行比较，已设立了专门的评价项目。目前，戛纳广告奖、金铅笔广告奖、克里奥国际广告奖被称作世界三大广告奖，对于相关广告从业者来说，这3个奖项是广告界的最高荣誉。除了视频以外，制作海报、网络广告等的媒体也会被授予以上奖项。由于每年的参赛作品多达数万件，获奖作品也多达数千件。我们以2015年的评选结果为中心，把所有入围作品的制作者按照国家进行了整理(见图108)。

说到具体有哪些作品获奖，比如2015年戛纳广告节中的日本入围作品是博报堂制作、QUIKSILVER公司创作的“可以用于冲浪的商务西装”的广告视频，在PR类别获得了金奖。另外，电通株式会社制作、神似日本艺人Matsuko Derakkusu的机器人“Matsuko Roido”，在Promotion&Activation类别中获得了铜奖。

广告制作统计

排名	国名	克里奥奖 CLIO AWARDS	戛纳广告奖 CANNES LIONS	The One Show THE ONE SHOW	平均占比	2014年广告市场规模占比
1	美国	30.6	19.2	29.5	26.4	33.3
2	英国	10.4	11.1	7.9	9.8	4.3
3	德国	8.5	6.3	6.4	7.1	4.6
4	法国	7.3	8.1	4.0	6.5	2.7
5	巴西	5.2	9.2	4.9	6.4	3.3
6	澳大利亚	3.6	3.6	7.1	4.8	2.1
7	日本	2.3	2.1	9.5	4.7	7.2
8	加拿大	4.7	2.5	5.6	4.2	2.0
9	西班牙	2.4	3.7	1.7	2.6	1.1
10	印度	1.1	2.1	2.7	2.0	1.2

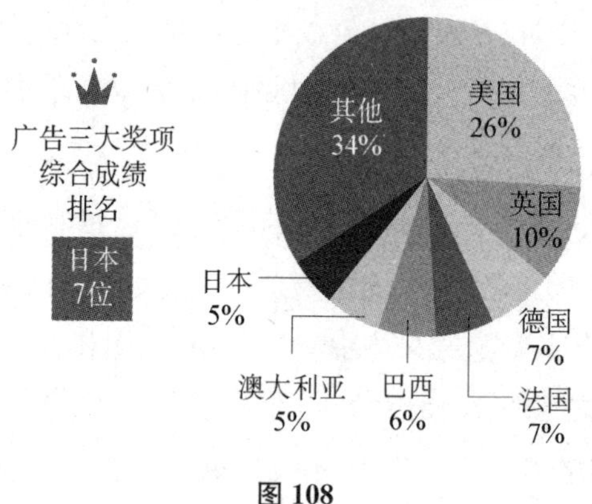

图 108

接下来，我们来看一看各国的成绩。日本在克里奥国际广告奖中排名第 10 位，在戛纳广告奖中排名第 11 位，在金铅笔广告奖中排名第 2 位。在这 3 项奖项中，日本的综合成绩占比4.7%，排名第七。我们可以看出，前几名的国家在戛纳、克里奥、金铅笔的各个奖项的排名几乎没有太大差别。美国的成绩不论在哪个广告奖项中，都明显高于其他国家。排名前10位的国家基本上是固定的，除了欧美发达国家，还包括巴西和日本。在图表的右半部分，根据Strategy Analytics公司的调查，我们登载了按照各国广告市场规模来换算的国际占比数值。日本广告市场的规模仅次于美国和中国，排名世界第三；但从广告预算的获奖数量来看，可能并不能说日本的成绩一定是较好的。

电脑游戏制作

日本在电脑游戏方面也开始步入较高水平，日趋成熟。1972年推出的乒乓球游戏"PONG"，最初只是一个简单的电子游戏。其经历了1976年的"Burokku Kuzushi"，之后发展为1980年的"帕克曼"。从20世纪80年代中期至今，持续发展了"Super Mario Bros""DRAGON QUEST""FINAL FANTASY"等累计销售数亿的大型游戏。在此，我们想讨论一下一度经历销售低迷、但游戏完成度堪称业界翘楚的"Game of the Year(GOTY)"。根据各种游戏杂志以及网站的记载，GOTY是近年来最优秀的电脑游戏的集结。全世界有很多GOTY游戏，我们选择了其中最主要的53种(图109中列有名单)。对于各个奖项创设以来的所有优胜标题，我们将开发企业按总公司所在地进行了分类整理(见图109)。

从结果来看，随着时代的变化，游戏界发生了很大的转变。日本游戏界最辉煌的时代是20世纪90年代。在第3—5代的大多数

电脑游戏制作统计

全球年度游戏

排序	活动名称	创立年份	主办国
1	Moby Games	1980	美国
2	Omni	1982	美国
3	Golden Joystick Awards	1983	英国
4	VSDA Awards	1983	美国
5	Video game specific publications	1984	英国
6	Gamest Awards	1986	日本
7	Oh！ X	1986	日本
8	Electronic Gaming Monthly	1988	美国
9	Game Rankings	1988	美国
10	Game Informer	1992	美国
11	Games	1994	美国
12	Japan Game Awards/CESA Awards	1996	日本
13	Readers choice	1996	美国
14	GamePro	1996	美国
15	GameSpot	1996	美国
16	Metacritic	1996	美国
17	Academy of Interactive Arts&Sciences	1997	美国
18	Eurogamer(UK)	1999	英国
19	GameFAQs	1999	美国
20	GameSpy	1999	美国
21	GDC Game Developers Choice Awards	2000	美国
22	IGN	2001	美国
23	Readers choice	2001	美国
24	BAFTA Interactive Entertainment Awards	2003	英国
25	NAVGTR Awards	2003	美国
26	Spike Video Game Awards	2003	美国
27	Edge	2003	英国
28	GamesTM	2003	英国
29	Readers choice	2003	美国
30	X-Play	2003	美国
31	Famitsu Awards	2004	日本
32	Readers choice	2004	美国
33	Game Trailers	2005	美国
34	Crispy Gamer	2006	美国
35	Gamasutra	2006	英国
36	Games Radar	2006	英国
37	Joystiq	2006	美国
38	New York Times	2006	美国
39	Time(magazine)	2006	美国
40	Kotaku	2007	美国
41	MMGN	2007	澳大利亚
42	Yahoo！ Games	2007	美国
43	G4	2007	美国
44	Good Game	2007	澳大利亚
45	Giant Bomb	2008	美国
46	Inside Gaming Awards	2009	美国
47	Video game specific websites	2009	美国
48	ScrewAttack	2009	美国
49	Game Revolution	2011	美国
50	Slant Magazine	2011	美国
51	Polygon	2012	美国
52	SXSW Gaming Awards	2013	美国
53	The Game Awards	2014	美国

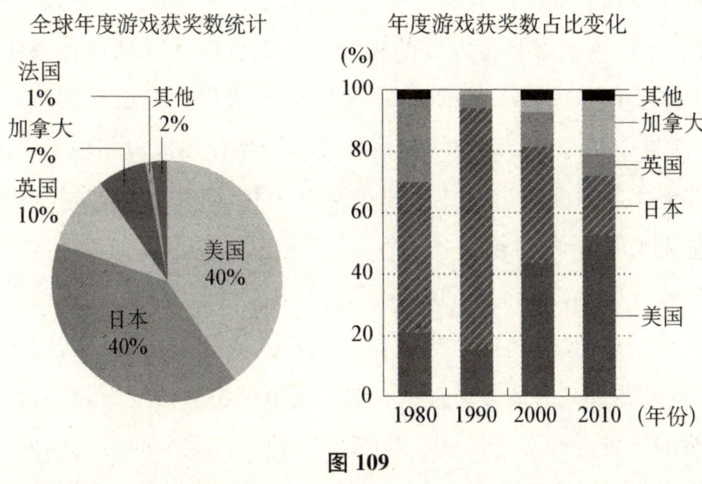

图 109

著名游戏机中，SUPER Famicom（任天堂）、PlayStation（索尼）、MEGA DRIVE（SEGA）几乎席卷了全世界的游戏领域。这些游戏公司拥有高超的游戏画面制作能力，不断开发大规模的新型游戏主题。但是，自 20 世纪 90 年代之后，随着电脑的普及以及电脑性能的提升，专用游戏机急速衰退，日本开发的游戏主题也失去了原有的优势。现在的游戏领域，美国开发的游戏拥有压倒性的人气。我们总结了 GOTY 的整体结果，日本的成绩自 20 世纪 80 年代开始至今的累计占比为 40%，排名世界第二，但基本上是靠过去的分数来赢得排名的。

视频文件制作

前面几个小节，我们调查了投入大规模预算资金而完成的大作的制作过程。不论是电影、广告还是电脑游戏，它们的共同点是游戏制作过程如同完成航空母舰一般，是个大工程。但是，随着时代的开放，这个需要花大钱的视频制作综合艺术领域也在发生变化。廉价图像编辑工具的出现，开始让人可以在自己家里编辑图像，能将作品传送给观众的通信环境也开始使用波段传输。因此，很多艺术家每天可以制作大量视频并上传，其中一些艺术家的作品能拥有数千万的频道登录者，甚至总点击数超过 100 亿次。他们被称作“YouTube Celebrities”。

接下来，我们具体介绍一位最成功的人士。他是一名网名叫做“PewDiePie”的瑞典男青年。他在玩电脑游戏的同时，将自己打游戏的场景进行实况转播。我们可以看到视频中的游戏画面、玩家本人实时操作的画面以及游戏的攻略，其创意就如 NHK 的将棋节目一般。他的观众数量达到 4 000 万人。据《福布斯》杂志的调查，该瑞典青年的年收入是 1 200 万美元，而其投资成本几乎为零。这同电影以及 CM 的制作相比，是极具效率的商业典型。我们将包括该瑞典男子在内的各个领域中的“YouTuber”的活跃程度总结在 SOCIAL BLADE 网站中，并以这些数据为基础进行了整理(见图 110)。

在所有的领域中，刚刚我们谈到的“PewDiePie”(该纪录是在英国登记的)是两项比赛的冠军(节目观看人数和播放次数)。我们仔细看一下具体的内容，还可以看到“Disney”(娱乐)、“National Geographic”(动物・宠物)、“贾斯汀・比伯”(音乐)、“TED”(NPO 活动)等网名。在节目观众人数方面，日本的综合成绩为 6 440 万人，在全世界的占比是 1.6%，排名第 14 位。不知道是不是偶然，这一结果同日本人口占世界总人口的比例(1.9%)相近。全球第 1

视频文件制作统计

全球网上频道登录者人数、播放次数

	登录人数最多频道		播放次数最多频道	
类别	频道名	登录人数	频道名	播放次数
游戏	pewdiepie	41,607,235	pewdiepie	10,953,021,605
娱乐	holasoygerman	25,971,959	disneycollectorbr	9,473,021,605
喜剧	smosh	21,748,175	smosh	5,165,040,837
音乐	justinbiehervevo	17,474,389	emimusic	9,691,150,700
生存智慧	lady16makeup	12,938,472	Howcast	2,125,992,530
科学技术	vsauce	9,805,032	expertvillage	3,207,230,749
运动	wwefannation	9,133,011	wwefannation	6,779,341,332
人与博客	buzzfeedvideo	8,772,912	buzzfeedvideo	5,598,912,155
电影	movieclipstrailers	8,440,005	mashamedvedtv	6,104,311,271
现场表演	ThislsHorosho	5,253,624	luntik	3,752,107,115
教育	littlebabybum	4,788,578	littlebabybum	5,897,009,753
汽车	topgear	4,678,325	topgear	1,142,663,216
动物・宠物	NationalGeographic	4,399,012	NationalGeographic	1,544,087,738
NPO 活动	TEDxTalks	3,405,021	supersharij	738,654,172
时事・政治	theyoungturks	2,508,967	theyoungturks	2,358,279,611
旅行	yuyacst	2,353,207	fliptopbattles	567,164,789

日本网上频道登录人数前10位排名

排名	频道名	类别	登录者数
1	HikakinTV	喜剧	2,713,689
2	avex	音乐	2,643,542
3	hajime	娱乐	2,573,480
4	Nameless	生存智慧	2,155,329
5	HIKAKIN	娱乐	1,761,441
6	HikakinGames	游戏	1,733,819
7	Goosehouse	音乐	1,593,166
8	AKB48	娱乐	1,566,725
9	TheMaxMurai	游戏	1,474,538
10	SeikinTV	娱乐	1,431,969

各国前100位网上频道登录人数排名

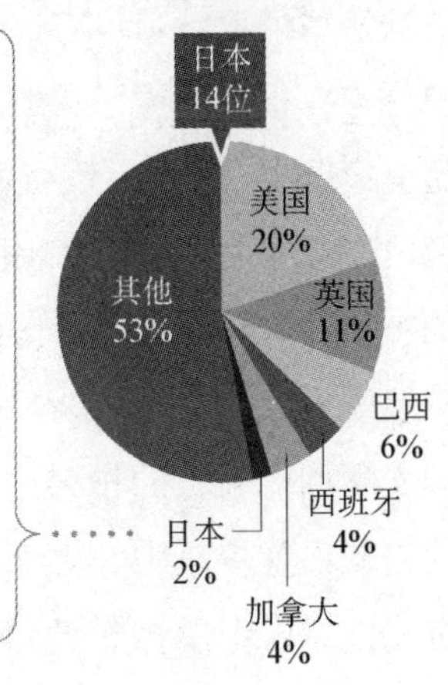

图 110

名是美国，占比20%，远远高于其他国家。美国之后是英国、巴西、西班牙、加拿大等国。日本网络明星的第一名是Hikakin TV，发布的内容涉及音乐、媒体、游戏等诸多领域，而且在日本国内也成为了最成功的“YouTuber”。在歌手领域，他作为一个Beatboxer极具实力，超越avex以及AKB48，收获了270万观众，堪称奇迹。

视频制作综合成绩

一起来总结一下。在电影界，我们调查了四大国际电影节的成绩。接着，我们谈到了需要巨额投资的广告制作领域，并总结了世界三大广告奖的获奖结果。游戏视频的制作也是一个成绩斐然的领域，我们调查了全球53种GOTY的获评名单。最后一小节，我们通过对比YouTube中上传视频的观众数量来进行统计。同其他小节相同，不论是哪一个领域，日本的成绩都不是很出色。我们统计了各领域的占比数值(见图111)。

从结果来看，再加上游戏领域的成绩，日本排名世界第二；除去游戏领域的成绩，日本排名世界第六。由于游戏开发国家有限，虽说日本在很大程度上要凭借过去的辉煌，但现在游戏市场已经远超电影业界，因此应该将游戏成绩包含在综合成绩之内。也就是说，日本的综合成绩其实排名第2位。根据漫画领域的成绩，日本的排名可以从第3名滑落到第19名。同文学创作领域一样，电视游戏的存在与否，意味着日本排在第2名与第6名的差距。之所以较文学创作领域的排名差距较小，可能主要是因为视频对于语言的依赖程度较小吧。电影通过字幕能让观众充分享受，广告以及游戏也是借由图像等的可视化优势被重视。反过来说，如果没

视频制作综合成绩

综合成绩 排名	国名	国际电影节 威尼斯、柏林、戛纳、奥斯卡奖	广告奖 克里奥、戛纳、The One Show	年度游戏 53种游戏	YouTube SOCIAL BLADE登录人数	平均占比（%）
1	美国	14.4	26.4	40.3	20.3	25.4
2	日本	4.8	4.7	39.7	1.6	12.7
3	英国	7.5	9.8	10.2	11.4	9.7
4	法国	11.0	6.5	0.7	3.5	5.4
5	加拿大	1.2	4.2	7.4	4.1	4.2
6	德国	4.1	7.1		3.0	3.5
7	巴西	1.6	6.4		5.4	3.4
8	西班牙	3.9	2.6		4.1	2.7
9	意大利	8.4	0.7		1.5	2.6
10	俄罗斯	4.4	0.3		3.2	2.0
11	澳大利亚		4.8	0.4	2.2	1.9
12	瑞典	3.8	1.9	0.5	1.1	1.8
13	墨西哥	1.3	1.0		3.6	1.5
14	印度	1.6	2.0		2.2	1.4
15	中国	3.4	1.8		0.2	1.3
16	韩国	0.5	0.6	0.3	2.5	1.0
17	阿根廷	0.6	1.9		1.1	0.9
17	波兰	2.0	0.2		1.4	0.9
19	泰国	0.3	1.1		1.9	0.8
19	荷兰	0.6	1.3		1.3	0.8

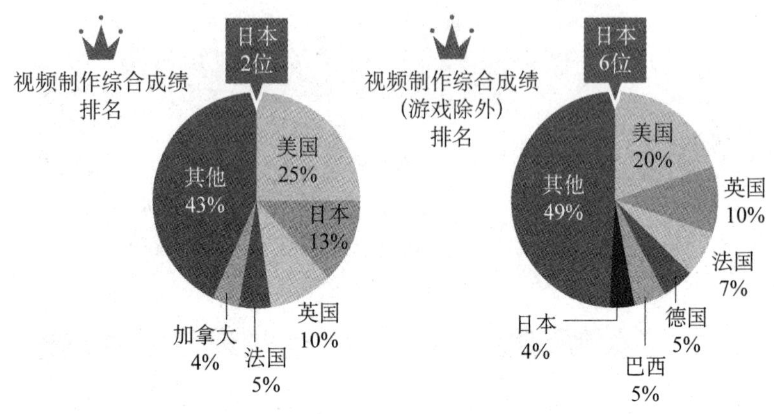

图 111

有语言的障碍,可能就更能体现制作高品质内容的能力。随着人工智能的开发,笔者特别期待在实现简单的语言翻译的同时,相应的活跃领域也能随之扩大。

13. 美术设计的世界

设计领域才能分布图

说到艺术家这个职业,似乎可以延伸到更广大的领域。最初,所谓的艺术家一般意味着绘画、造型等美术教材中罗列的艺术品的创作人群。但是,如今从事音乐、舞蹈、游戏开发和竞技等具有创造性的工作、进行炫酷表演的人群,基本上都被称为艺术家。在此,我们主要研究最初的艺术领域,如美术、工艺制品、道具服装等与设计相关的艺术家的世界。首先,我们调查的对象是以下面的设计领域才能分布图为基准,分为 7 个角度进行讨论(见图 112)。

设计界才能分布图

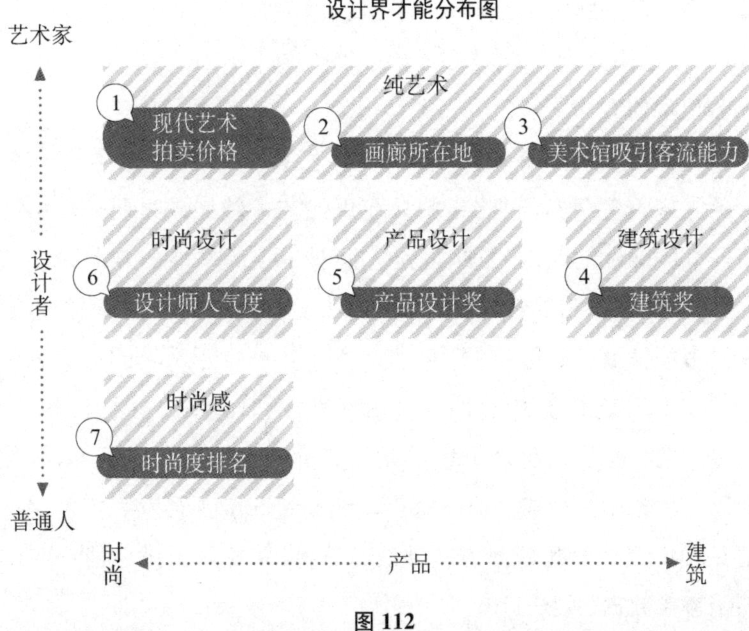

图 112

从图中可以看出，最上面一层的 3 个领域，就是所谓的艺术家所在的高雅艺术世界；而他们所设计的作品，是仅供观赏的艺术作品。仅凭创作这些绘画及雕塑，不仅能让自己丰衣足食，还能获得世人的敬仰，所以艺术家本人必须拥有很强大的实力。接着，我们谈一谈艺术家之后的一层——研究实用艺术品的设计师的世界。在设计领域，设计对象通常从与人类最为密切的服装和首饰到日常用品以及家用电器等消费领域，甚至可以延伸到城市规划相关的工程领域。图中的最后一层就是普通消费者的感知度，大众审美在一定程度上造就了设计师的创作能力。为了配合时尚而相应地搭配服装的感性素养，并不是一朝一夕就能练就的。正因为有鉴赏力较高的顾客，才造就了优秀的设计师。

高雅艺术的竞拍

我们首先谈一谈对最高端的高雅艺术的实力评价。由于历史上的画家数量众多，因此我们只在现代艺术领域进行研究。虽说目前有国际性的美术奖项，但是人们对于美的基准的判断却大相径庭。在此，我们试着以最简单的拍卖竞标价格为依据，评判艺术家的市场价值。截至 2014 年，世界美术作品竞标市场的成交总额已达 350 亿美元，其中有四成多由苏富比和佳士得这两大拍卖行占有。尤其是价格超过 1 亿日元的高价艺术品的九成以上，都是在以上两家拍卖行成交的。每年，artprice. com 都会发表年度交易情况。我们将以此数据为基础展开分析，并使用了排名前 500 位的销售额数据(见图 113)。

我们在现代领域的艺术家群体中，将 2014 年拍卖价值最高的艺术作品的前 10 名和日本艺术家的前 8 名进行了分类整理。全球第 1 名是美国的尚-米榭・巴斯奇亚，他是一名视觉艺术家，在竞拍中获得的总成交额达 1.258 亿美元。另外，作为知名度颇高的艺术家，杰夫・昆斯排名第三，基思・哈林排名第九，达米恩・赫斯特排名第十。从国籍来看，前 10 名中包括两名中国人。在世界拍卖市场上，中国(上海市场)的活跃度显著，而且成交额已远超美国，成为全球第一。日本排名前两名的艺术家是奈良美智和村上隆，他们分别排名世界第 16 名和第 45 名。按照国家将艺术家的艺术作品的成交额进行统计的话，世界第 1 名美国占比 38%，第 2 名中国占比 29%。日本人的艺术作品的总成交额约为 2 800 万美元，

拍卖统计

世界最高排名

世界排名	姓名	国家	拍卖收入（百万美元）	最高中标价（百万美元）
1	尚-米榭·巴斯奇亚	美国	26	33.0
2	克里斯托弗·沃尔	美国	113	26.5
3	杰夫·昆斯	美国	82	23.0
4	彼得·多依格	英国	66	23.0
5	马丁·基彭伯格	德国	65	20.0
6	曾梵志	中国	35	3.6
7	理查德·普林斯	美国	33	5.0
8	朱新建	中国	25	0.9
9	基思·哈林	美国	25	2.6
10	达米恩·赫斯特	英国	23	4.0

拍卖市场规模排名

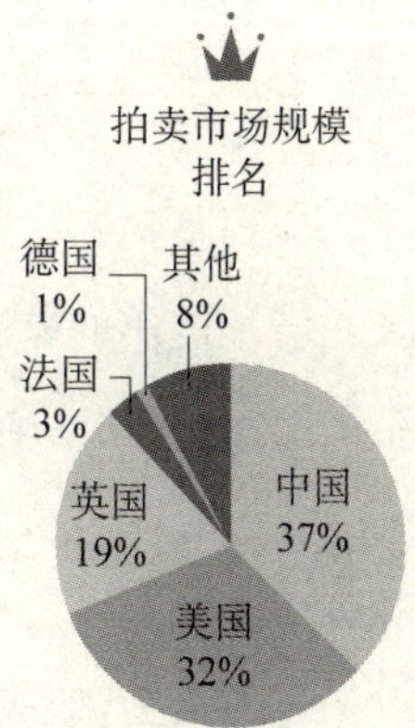

日本最高排名

世界排名	姓名	类别	拍卖收入(百万美元)	最高中标价(百万美元)
16	奈良美智	波普艺术	15.37	2.13
45	村上隆	波普艺术	6.19	1.10
95	杉本博司	摄影家	2.81	0.32
255	石田彻也	画家	0.76	0.44
296	冢本智也	设计师	0.63	0.02
298	千住博	画家	0.63	0.09
337	名和晃平	雕刻家	0.55	0.26
362	高野绫	插画师	0.48	0.11

现代艺术家拍卖收入前500位占比排名

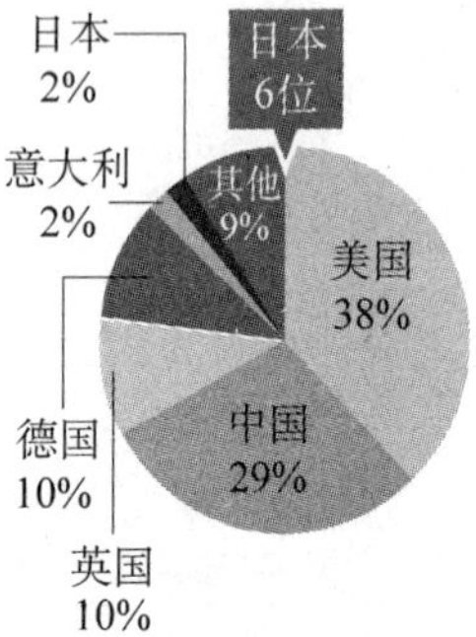

图 113

这一数字占比世界成交总额的1.8%,排名第六。艺术家形象根深蒂固的法国,却渐渐落后于世界潮流。

画廊所在地

在拍卖中,那些被赋予高额回报的艺术家,多数是在画廊的画展中被发掘的。所谓画廊,就是挖掘无名艺术家、支援活动经费、向有实力的顾客介绍艺术品、推动拍卖会举行的场所。对于艺术家来说,自己的作品能在著名画廊展出,就是迈向成功的第一步。对于培养艺术家的画廊来说,投资回报基本上为拍卖值的50%(雕塑作品则占比三成)。生活方式杂志《COMPLEX》编写了名为《世界画廊100选》的特集文章。在此,我们根据被该文选中的著名画廊的所在地,进行分类整理(见图114)。

画廊所在地一览表

排名	画廊名	所在地	具有代表性的艺术家
1	David Zwirner	纽约、伦敦	Marlene Dumas, Chris Ofilli, Karin Mamma Andersson
2	Gagosian Gallery	纽约、巴黎	Damien Hirst, Yayoi Kusama, John Currin
3	Galerie Perrotin	巴黎、纽约	Sophie Calle, MR. KARS
4	Hauser&Wirth	伦敦、纽约	Louise Bourgeois, Paul McCarthy, Rashid Johnson
5	White Cube	伦敦、香港	Tracey Emin, Gilbert & George, Marc Quinn

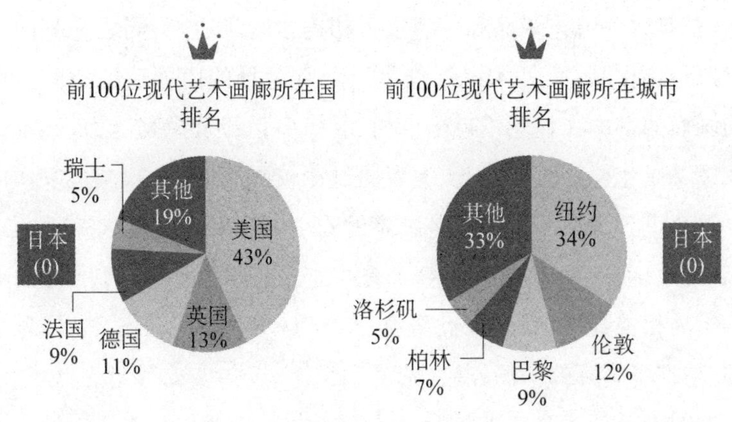

图 114

世界最强、最夺目的画廊之一,是该表中第二名的“Gagosian”。该画廊曾展出过尚-米榭·巴斯奇亚、杰夫·昆斯、达米恩·赫斯特以及日本的村上隆、草间弥生等著名艺术家的作品。卢浮宫以及艾尔米塔什美术馆等世界级画廊也有举办艺术家个展的能力。

始于1980年的“画商经济”至今在全世界拥有15家店铺，年营业额达10亿美元。

遗憾的是，在这样一个世界艺术商业的最前沿，日本并没有展现辉煌。排名靠前的半数画廊都在美国，而且其中的大半都在纽约的索霍及切尔西地区。以城市为单位的话，接下来的“艺术城市”就是伦敦、巴黎、柏林。除了欧美地区以外，著名画廊还在中国香港特区设有分部，但在东京并没有分部。

画廊的揽客能力

同画廊相似的场所应该是美术馆了。无论是画廊还是美术馆，都是将一流艺术品和普通市民相连接的场所，不同之处是画廊可以销售作品，而美术馆仅仅是以观赏为目的而创造的空间。作为画商的日本人显然没有出色的成绩，但是谈及揽客能力，日本的成绩又是怎样的呢？在此，笔者通过比较画廊的入场人数，来评价一下全世界为数不多的著名画廊的吸引力和魅力。英国美术杂志《THE ART NEWSPAPER》调查并公开了排名世界前106位的美术馆的相关数据，我们以此数据（VISITOR FIGURES 2013）为基础，整理了画廊的入场人数（见图115）。

图中登载了全球排名前15位的画廊以及其中日本入围的4个画廊。美术馆参观人数排名第一的是卢浮宫美术馆，揽客近1 000万人。按城市排名，主要是伦敦、巴黎、纽约这3个城市；按国家排名，英、美、法三国的参观人数占比过半。日本参观数量第1名的画廊是2007年在六本木建立的国立新美术馆，拥有200多万入场人数，全球排名第20位。按照城市排名，东京排名世界第7位；按照国家排名，日本排名世界第 9 位。随着访日外国游客数量的增加，笔者很期待和风艺术能受到全球更大的关注。

建筑家的实力

接下来，我们谈一谈设计师的世界。同艺术家不同，设计师发明创造的东西是能被人使用的。从时尚及家用电器的消费型设计师到设计巨大基础工程的建筑师，都可以被称为设计师。不过，西方的建筑设计师(建筑家)有着更高的地位。首先最应该考虑的是所生活城市的群体的整体设计，其次要决定房屋的样式以及房

美术馆统计

排名	美术馆名	城市	国家	年入馆人数
1	卢浮宫美术馆	巴黎	法国	9,260,000
2	大英博物馆	伦敦	英国	6,695,213
3	大都会美术馆	纽约	美国	6,226,727
4	伦敦国家美术馆	伦敦	英国	6,031,574
5	梵蒂冈美术馆	罗马	梵蒂冈	5,978,804
6	泰特现代艺术馆	伦敦	英国	4,884,939
7	台北故宫博物院	台北	中国	4,500,278
8	华盛顿国立现代艺术馆	华盛顿	美国	4,093,070
9	法国国立近代美术馆	巴黎	法国	3,745,000
10	奥尔塞美术馆	巴黎	法国	3,500,000
11	维多利亚和阿尔伯特博物馆	伦敦	英国	3,290,500
12	索菲亚王妃艺术中心	马德里	西班牙	3,185,413
13	纽约近代美术馆	纽约	美国	3,066,337
14	韩国国立中央博物馆	首尔	韩国	3,052,823
15	艾尔米塔什美术馆	圣彼得堡	俄罗斯	2,898,562

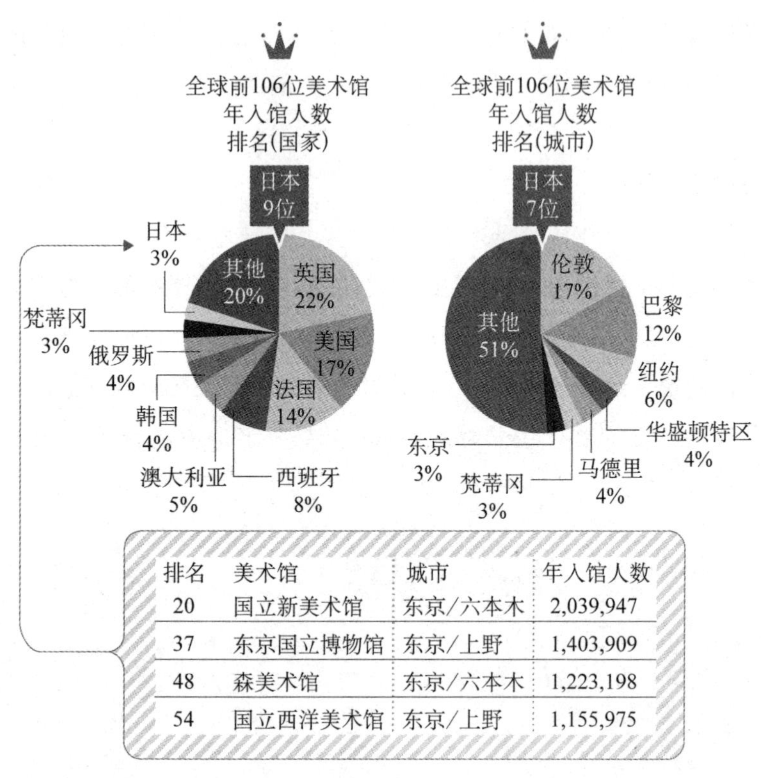

排名	美术馆	城市	年入馆人数
20	国立新美术馆	东京/六本木	2,039,947
37	东京国立博物馆	东京/上野	1,403,909
48	森美术馆	东京/六本木	1,223,198
54	国立西洋美术馆	东京/上野	1,155,975

图 115

间配置，最终还涉及到日用品的设计细节。这一自上而下的考虑方式，受到普遍的认同。在这样的一个意义层面上，建筑学并不仅仅包括强度设计等工学，还包括社会学、经济学、环境学等广泛领域，也因此受到尊重。在富有历史传统的西洋建筑设计领域，存在拥有 150 年历史的建筑奖，其中尤为著名的建筑家被称赞至今。在此，笔者选择了具有权威的 8 个奖项，整理了各个奖项创设以来的最优秀获奖者名单(见图 116)。

建筑家统计

世界建筑奖	丹下健三	安藤忠雄	矶崎新	槙文彦	妹岛和世	坂茂	谷口吉生	伊东丰雄	日本人合计
AIA金奖	1966	2002		2011					3名
托马斯·杰斐逊奖	1970			1990		2005			3名
阿尔瓦·阿尔托奖		1985							1名
RIBA金奖	1965	1997	1986					2006	4名
普利兹克建筑奖	1987	1995		1993		2014		2013	5名
UIA金奖		2005		1993					2名
高松宫殿下纪念世界文化奖	1993	1996		1999			2005	2010	5名
谢林建筑奖					2000				1名

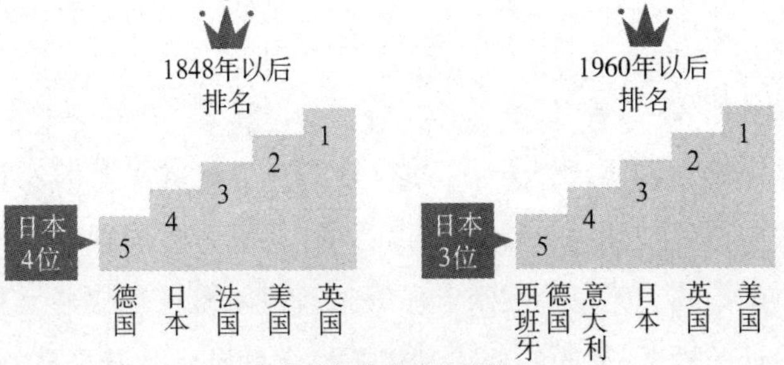

1848年以后排名

1960年以后排名

八大建筑大奖获奖数统计（1960年以后）

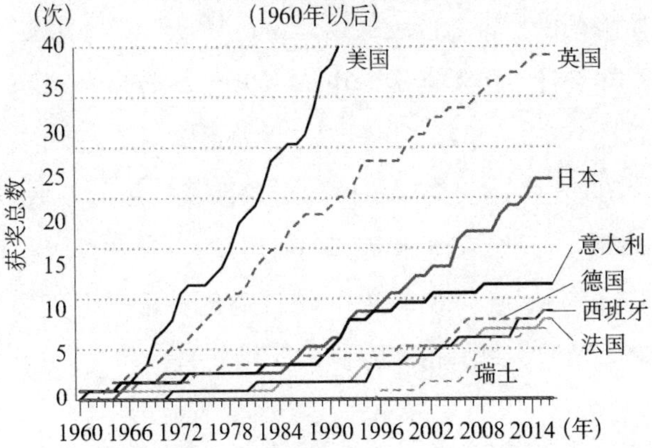

图 116

从 1848 年开始统计的话，日本排名世界第四；如果从 1960 年以后统计的话，日本占比 9.3%，排名第三。从时代的变迁来看，这半个世纪，日本近代建筑家的活跃程度尤为明显。日本建筑艺术的先锋、“世界的丹下”——丹下健三在我们选择的 8 个建筑奖中有 5 个奖项获奖。丹下在日本经济高速增长期着手设计了各种各样的建筑群，并在培养建筑领域的新人方面作出了很大的贡献。在丹下健三之后，又经历了安藤忠雄、坂茂和妹岛和世时代。这种代代传承的传统，似乎构筑起了日本建筑界坚若磐石的格局。

产品设计能力

接下来，我们讨论一下产品设计的世界。世界上的发达工业国家会举行各种独特的产品设计竞赛，其中值得信赖的应该是德国举行的比赛。鲍豪斯建筑学派等拥有可系统性地快速完成考察工业设计的设备，德国的相关竞赛在当今世界保持着最高的权威。其中，保留着德国最古老传统的设计竞赛奖，是“iF 设计奖”。这个奖项被称作“设计界的奥斯卡”，由 Industrie Forum Design GmbH (iF)主办，自 1953 年起每年以世界工业制品为对象，选择优秀的设计作品并予以表彰。该奖项的评价对象涉及广泛的领域，包括餐具、文具、家具、工具、家电制品、车辆、房屋、办公用品、医疗器具、精密仪器等多个领域。笔者以 iF 统计的创新排名得分评价指数(前 100 名公司)为基础，进行评价(见图 117)。

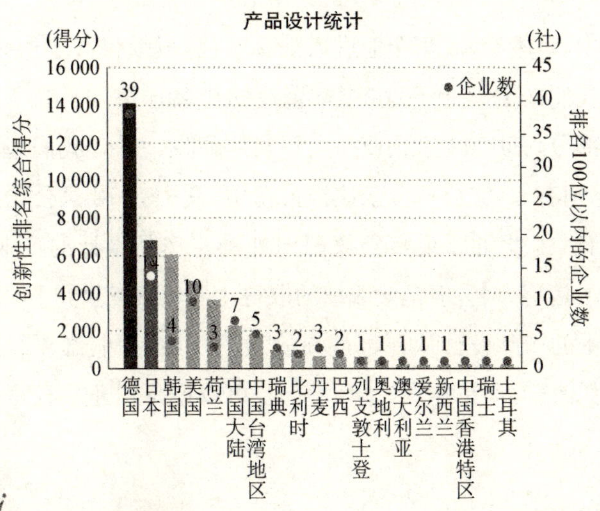

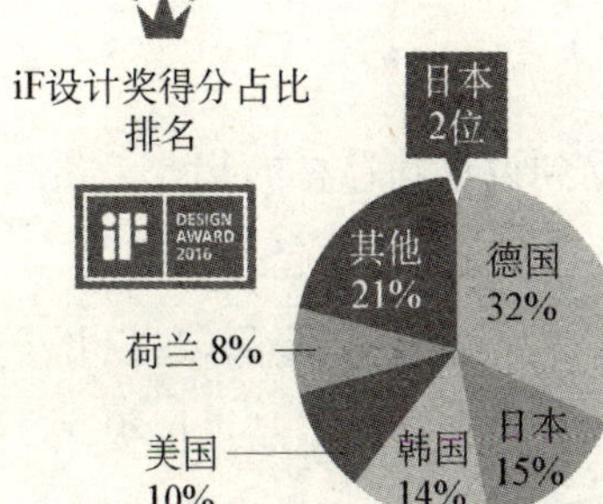

全球排名前列企业

排名	企业名	国家
1	三星	韩国
2	飞利浦	荷兰
3	LG	韩国
4	索尼	日本
5	松下	日本
6	Phoenix Design	德国
7	苹果	美国
8	博世	德国
9	BMW	德国
10	HP	美国

全球排名 100 位以内的日本企业

排名	企业名	
4	索尼	自主研发设计
5	松下	自主研发设计
13	brother 工业	自主研发设计
19	东芝	自主研发设计
24	佳能	自主研发设计
32	日立制作所	自主研发设计
41	三宅设计事务所	设计事务所
44	欧姆龙	自主研发设计
53	BALMUDA	自主研发设计
53	富士胶卷	自主研发设计
64	宝角设计有限公司	设计事务所
68	良品计画	设计事务所
87	奥林巴斯	自主研发设计
87	精工 Epson	自主研发设计

图 117

其中，日本有 14 家企业进入前 100 位，成绩仅次于德国，排名第二。我们来了解一下这 14 家企业的排名详情——电子工程类占到大部分，其中 11 家企业是公司自主研发设计。我们来看一下德国，德国有 39 家公司位于该排行榜中，其中有 12 家公司是自主研发设计，由此可以观察到德国向外购买产品设计的产业结构。虽说韩国是第 3 名，但是该成绩的取得主要依靠三星和 LG 两家企业。日本的产品设计从评价最高的索尼开始，在电器领域虽仍苦于业绩的改善，但是在设计能力方面，可以说日本还是有很强的实力的。

时尚设计的知名度

时尚界是一般消费者最能密切感受到设计师存在的行业。家电、化妆品以及医疗器具等工业特色较强的制品，比起外形设计，其在性能等方面的指标更加受到重视。对于上述消费品，我们几乎看不到设计师的名字。反过来说，服装、首饰等消费品虽说很注重保温及手感等，但该类消费品的价格更多倾向于产品设计，因此设计师的能力尤为重要。

有“时尚界的奥斯卡奖”美誉的国际性大奖，有科蒂奖和 CFDA 时尚奖等。它们同文学以及绘画一样，很难有统一的评判标准。因此，笔者使用之前用过的“The Wiplist”，根据在论坛中的知名度进行定量评价（见图 118）。另外，按照调查的时间（2015 年 10 月），该名单中出现的综合排名第 1 位的设计师为让-保罗·高提耶（法国），其查询次数约为 2 300 万次。詹尼·范思哲在该名单中位列第三，访问量约为 1 200 万次。

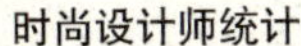

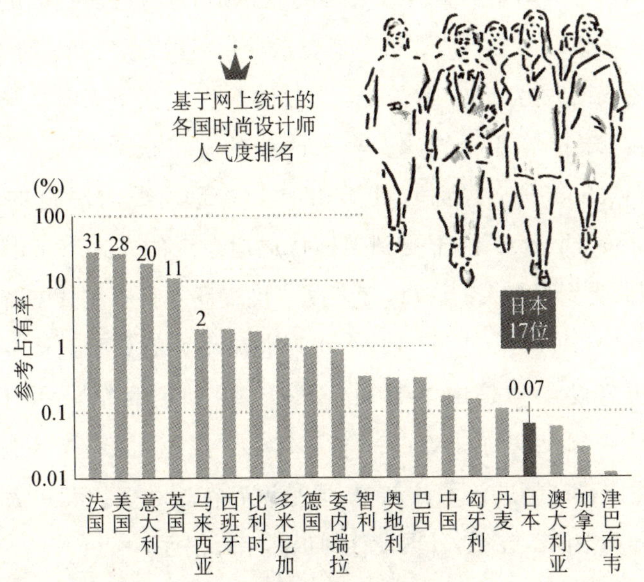

排名前5位国家的代表性设计师

1位	法国	1位 2位	让·保罗·高提耶 帕科·拉巴纳
2位	美国	4位 5位	迈克·科尔斯 汤姆·福特
3位	意大利	3位 7位	詹尼·范思哲 罗伯特·卡沃利
4位	英国	8位 11位	斯特拉·麦卡尼特 薇薇安·威斯特伍德
5位	马来西亚	14位	周仰杰
17位	日本	⋮ 91位 134位 253位	 山本耀司 川久保玲 森正洋

图 118

我们将前20个国家的统计结果绘制成了图表，并进一步列出了排名前5位国家的具有代表性的设计师，且将代表各国的设计师的名字整理出来。从数量上来看，法国、美国、意大利、英国4个国家的成绩尤为突出，几乎占总人数的90%。接下来就是马来西亚、委内瑞拉等6个国家。马来西亚的鞋子很受欢迎，尤其是“jimmy choo”这个品牌，其魅力有如神助。委内瑞拉的品牌“Carolina Herrera”由于受到美国肯尼迪总统的夫人杰奎琳的喜爱，因而受到很多人的注目，知名度一度提高。日本在其中排名第17位，占比0.07%，几乎是一个可以忽略不计的数字。日本国内的前两名设计师是山本耀司（第91名）和创立“COMME des GARCONS”品牌的川久保玲（第134名）。虽说代表日本高级成衣的重量级设计师进入了该名单，但是说到在这么多拥有强大实力的设计师中的存在感，日本设计师仍然差得很远。

国民时尚度

刚刚我们讨论了设计师，接下来讨论一下市场消费者的时尚水平。同工业制品不同，时尚界特别注重搭配着装的感觉。同授予设计师的奖项一样，针对消费者的着装天赋，国际上设立了最佳着装奖（Best Dresser Award）。经常听说海外游客对于日本街头时尚的高水平表示惊讶，但实际情况又是怎样的？在此，笔者调查了国际媒体报道的特别栏目“时尚城市TOP10”，但对这些平均值的结果稍感惭愧。一起来看一下结果吧（见图119）。

在“时尚之国”的排名中，日本仅次于意大利，排名第二。以城市为单位进行排名的话，东京排名世界第四。说到时尚，可能大众的印象更倾向于城市排名。例如，美国人的世界排名是第8位，这

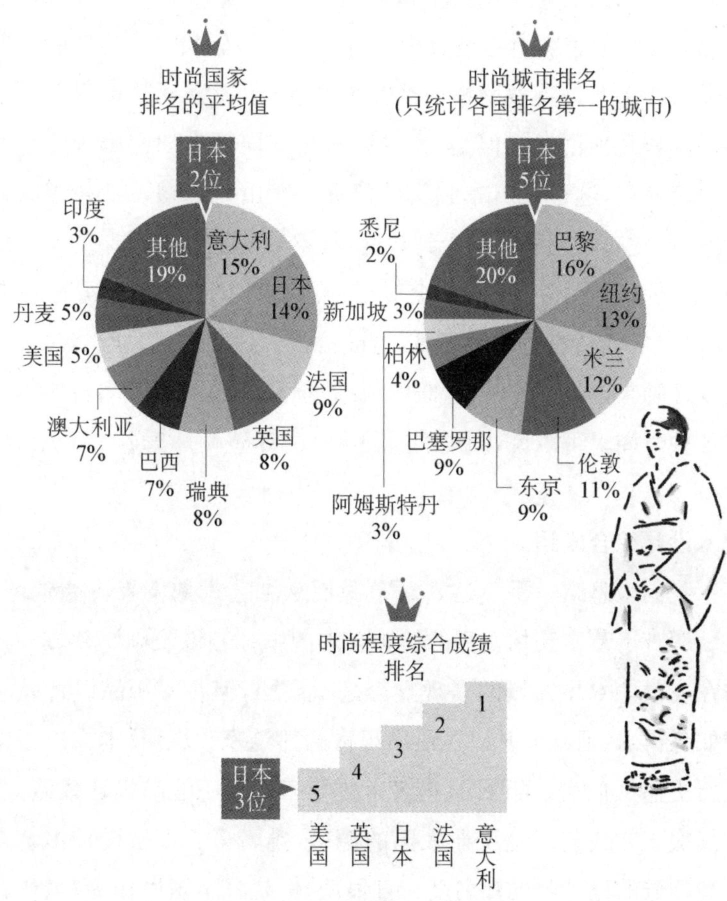

图 119

一成绩并不显著，但纽约的时尚度却仅次于巴黎，排名世界第二。

因此，我们统计出了城市印象同国家印象的平均综合排名结果。日本的街头时尚度仅次于意大利、法国，排名世界第三。国际上对于日本及东京的印象相对比较稳定,不论在哪一篇报道中,日本几乎都名列前茅。相关解说对这一状况的高度评价,表示东京乃至日本拥有世界其他地方所没有的独特性。我们在街头看到的可爱时尚系及哥特萝莉塔时尚系的装扮,足以证明日本以及东京时尚的非凡独创性。但是,这些亚文化却同日本的和服等传统民族服装共存,这也是日本独有的特征。在山本耀司设计高端时装的同时,优衣库的服装也受到欢迎,日本的这种相对极端的文化混合令人惊讶。另外,日本社会对于街头随处可见的奇装异服以及Cosplay等所持有的宽容态度,也被给予了高度评价。虽然对于高级设计师来说,这是并不起眼的成绩,但是普通消费者却自如地玩转各种时尚。可以说,国民的这种高度时尚感就是日本的强项。

美术设计综合成绩

我们来总结一下。这一章节我们从纯艺术的世界开始谈起,之后调查了苏富比拍卖行的拍卖会中的中标额以及画廊领域。日本在高额艺术品领域的表现显得毫不起眼,但在实用品设计领域却如鱼得水、活跃非凡。在最高规格的建筑家领域,日本仅次于建筑历史悠久的美、英两国,排名世界第三。在工业品设计领域,日本仅次于二战前就是工业大国的德国,排名第二。虽说日本魅力时尚领域的设计师的知名度一直很低,但是日本国民作为“最佳着装者”,有着很高的时尚穿衣品位,紧挨着时尚大国法国和意大利,排名世界第三。

虽说目前日本在高级艺术领域的实力微弱,但是在设计领域中存在感十足。这个情景同我们在本书最初分析的学科领域的情况类似。在诺贝尔科学奖中，日本已经赶超欧洲，保持仅次于美国的世界第二的实力；同时，日本国民在一个叫做“PIAAC”的检测普通民众教育水平的测试中，出色地获得了世界第一的成绩。在设计领域，针对那些叫不出名字的街头时尚，日本仅次于法国、意大利，排名世界第三。从物理学到艺术，不论是哪一个领域，在没有语言障碍的地方，整体来说，日本发挥了自己的实力(见图 120)。

14. 味觉世界

美食度评价分布

上一节中，我们主要讨论了设计师们的活跃领域。他们出色地设计并规划着生活基本三要素“衣”“食”“住”中的“衣”和“住”。本节，我们要谈一谈剩余的三要素之一——“食”，一起来讨论追寻味觉魅力的“钢铁侠”们的世界。目前，和食已经被列入世界非物质文化遗产，而且日本拉面、日式煎饼等已经作为日本的 B 级美食，进军世界。

要把 A 级、B 级或者和风、洋风等属于不同领域的料理进行排名，是件很困难的工作。因此，我们决定以餐厅等级和“国际料理竞赛中的成绩”这两项数据为基础，试着进行定量对比。前者主要针对世界公认的标准，诸如米其林餐厅的数量，并进一步进行整理。目前的主要问题是美食竞赛，如果不拘泥于料理领域的话，是难以进行比较的。全世界的料理有很多，硬是要将所有的料理归为一类进行比较的话，那么西洋料理的代表就是法国料理了。在

设计综合成绩

综合成绩 排名	国名	艺术家 前500位竞拍成交额	画廊 前100位画廊所在地	美术馆 前100位美术馆入场人数	建筑家 八大建筑奖获奖数	设计品 iF设计前100家公司	时尚设计师 网上投票前281位设计家	国民时尚度 22家杂志选出的国民时尚度排名	综合成绩(%)
1	美国	37.5	42.9	17.2	29.7	10.3	27.5	9.2	24.9
2	英国	9.9	12.5	21.5	15.9		11.0	9.3	11.4
3	法国	0.4	8.9	13.8	3.7		31.2	12.6	10.1
4	德国	9.8	10.7	1.3	4.1	31.9	1.0	2.3	8.7
5	意大利	2.2	3.6	3.0	5.3		19.8	13.8	6.8
6	日本	1.8		3.3	9.3	15.3	0.1	11.3	5.9
7	中国大陆	29.0	0.9	2.1	1.2	5.0	0.2	0.9	5.6
8	韩国	0.14		4.0		13.5		1.1	2.7
9	西班牙	0.5		7.8	4.1		1.9	4.4	2.7
10	荷兰	0.06		2.8	2.4	8.1	0.001	1.8	2.2
11	巴西	0.7	1.8	2.5	2.0	1.3	0.3	4.1	1.8
12	澳大利亚	0.2		5.4	2.0	0.5	0.1	4.4	1.8
13	瑞士	0.8	5.4		3.3	0.5	0.001		1.4
14	丹麦	0.12	0.9		2.0	1.4	0.1	3.3	1.1
15	墨西哥	0.11	4.5	0.6	2.0		0.001	0.2	1.1
16	中国台湾地区	0.5		2.6		4.1			1.0
17	瑞典					1.9	0.0	4.3	0.9
18	比利时	0.4	0.9	0.4		1.7	1.7	0.8	0.8
19	印度	1.4			1.2			2.3	0.7
20	俄罗斯	0.06		3.4				1.0	0.6

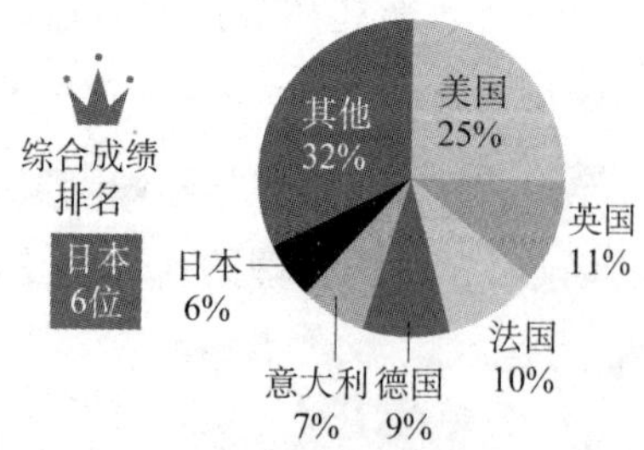

图 120

美食度评价分布图

法国料理厨师的技术		餐厅充实度	
世界性比赛中的成绩		世界性排名的评价	
Bocuse d'Or	A.S.I. Sommeliers World Competition	法式	英式

国际料理大赛	全球侍酒师大赛	米其林指南	DINERS CLUB 全球排名前50位的最佳餐厅
两年一度在法国里昂召开，是最高水平的料理大赛，被称为料理界的奥运会。	该比赛集结了全世界顶尖的侍酒师，是比拼味觉、嗅觉、红酒知识及服务的全球最大竞赛。	每年在全球发售超过100万本的旅行手册，世界各城市有90名左右的调查员进行覆盖式调查。	由Best Restaurant奖制作的排名，在餐饮业界具有巨大的影响力。评审员由来自各国的1 000名专业人士构成，调查区域分布在全球27个国家和地区。
评价：1987年开始的15次比赛的全部奖牌	评价：1969年开始的14次比赛的全部奖牌		
(Coupe du Monde de la Boulangerie)	(La Coupe du Monde de la Pâtisserie)	美式	法式
	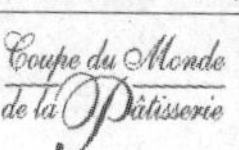		
烘焙师世界杯	糕点世界大赛	Elite Traveler	LA LISTE
以法国最优秀的烘焙师为对象，由手工面包振兴会主办的糕点世界杯。	在各种西式点心的国际比赛中，被称为技术最高、最华丽的大赛，在里昂召开。	面向富裕阶层的美国旅行指南、刊登了排名世界前100位的餐厅。	法国外交部发行的全球餐厅指南，以世界各国200家以上的饮食店的指南、评价网站的信息、餐厅等级评定书籍、指南类书籍的内容为基础，经过计算后进行评价。
评价：1992年开始的8次比赛的全部奖牌	评价：1989年开始的14次比赛的全部奖牌		

图 121

国际庆典中最为普遍的料理，一直以来几乎都是法国料理。因此，我们将在以法国料理为中心的西洋料理领域，将面包、甜点等从套餐中一一分离，在各个领域的料理竞赛中严格选拔。具体来说，我们将根据美食度评价分布图（见图 121），就餐厅的充实度和各国厨师的本领进行分析。

餐厅充实度

说到美食领域最为著名的星级评定，就是米其林指南了。获得了米其林的星级评定，就意味着获得了全世界美食家的瞩目。正如我们所知，该评级是以星星的数量为评判标准的，其中最高级的米其林三星餐厅，全世界仅有 100 家。首先，我们整理了米其林星级的获得情况（见图 122）。

从结果可以看出，日本的全球米其林星级餐厅数占总数的 19%，其中米其林三星餐厅的占比更是达到了 28%。我们可以看到其他排名靠前的国家和地区，大部分位于欧洲。日本作为东瀛岛国，竟是如此重要的美食聚集地吗？让我们看一下法国政府的世界餐厅等级评定系统的评定结果。

法国外交部发表的“LA LISTE”，将全世界的各类信息通过大数据处理而得出世界餐厅的排名。该排名追求公正性，在国际社会中选择了最优秀的前 1 000 家美食店铺。让我们一起看一下结果（见图 123）。

结果同刚刚的米其林指南的结果相似。前 1 000 名中，日法两国餐厅几乎占到半数，第 3 名及之后是意大利、西班牙、中国、德国。以上 6 个国家的总成绩几乎占到排名表的八成。

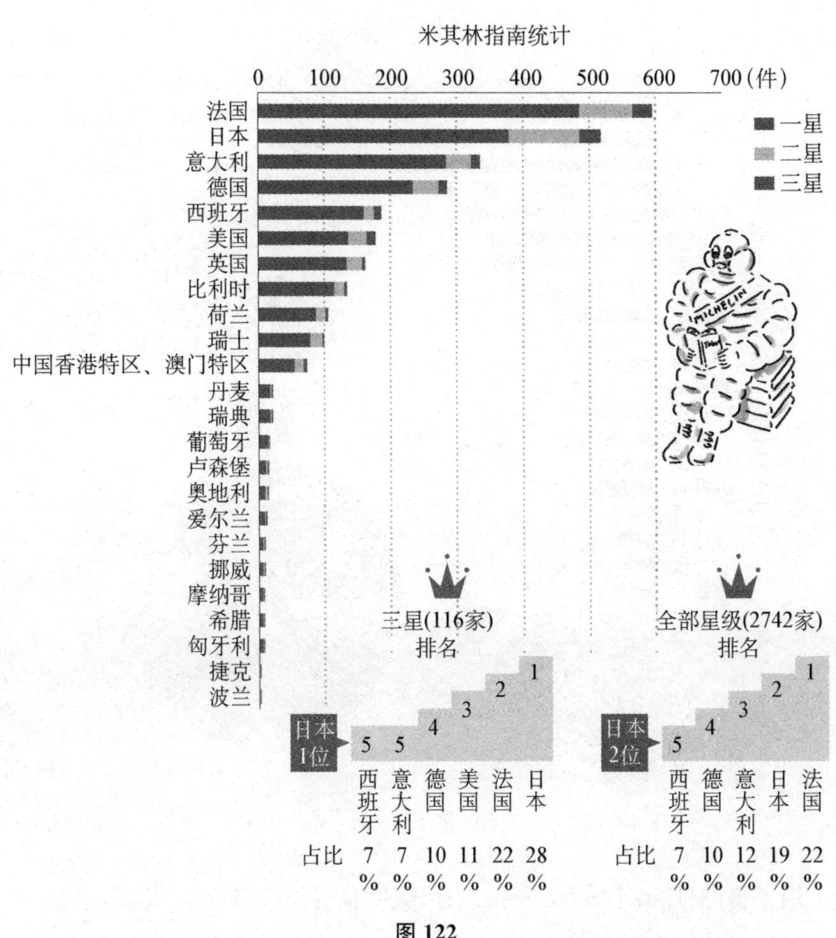

图 122

为了公平起见，笔者又调查了英美等国家制作的排名清单，采用了英国就餐者总会评选的“世界高级餐厅 50”的排名。这是由英国月刊专门杂志《Restaurant Magazine》主办的，该组织有近 1 000 名美食专家来评选出优秀的餐厅。对于美国的排名清单，笔者使

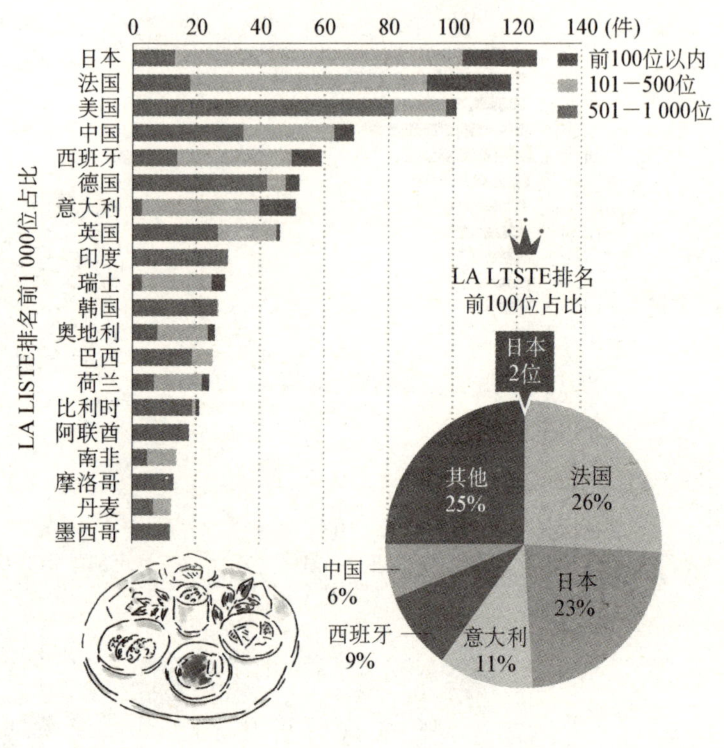

图 123

用了美国《Elite Traveler》杂志评选的"世界顶级餐厅前 100",这是面向富裕阶层的旅行杂志。综合分析这两家杂志的评选结果,我们算出了这 4 种成绩的综合排名(见图 124)。

英语圈国家同法国不同,从排名结果可以看出,其将本国排名提得很高。在美国的排名中,美国的名次超过了法国,排名世界第一;英国则稍显谨慎,本国的排名大概在第 3、4 名;日本在上述两

综合统计

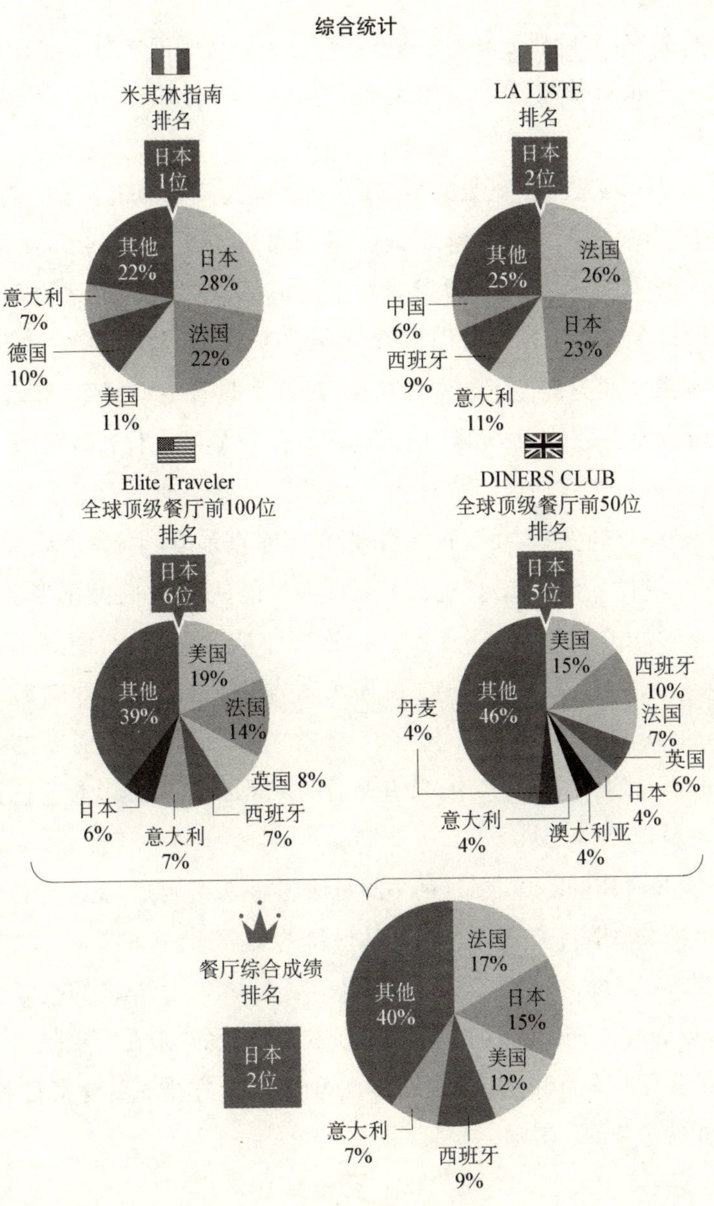
米其林指南
排名
日本
1位
日本
28%
法国
22%
美国
11%
德国
10%
意大利
7%
其他
22%
LA LISTE
排名
日本
2位
法国
26%
日本
23%
意大利
11%
西班牙
9%
中国
6%
其他
25%
Elite Traveler
全球顶级餐厅前100位
排名
日本
6位
美国
19%
法国
14%
英国 8%
西班牙
7%
意大利
7%
日本
6%
其他
39%
DINERS CLUB
全球顶级餐厅前50位
排名
日本
5位
美国
15%
西班牙
10%
法国
7%
英国
6%
日本
4%
澳大利亚
4%
意大利
4%
丹麦
4%
其他
46%
餐厅综合成绩
排名
日本
2位
法国
17%
日本
15%
美国
12%
西班牙
9%
意大利
7%
其他
40%

图 124

项排名中，大概都是第 5、6 名的名次。但是由于前文所说，法国的排名也稍有偏颇，因此笔者将这两项结果进行整合，得出了综合成绩。

从 4 项成绩的结果来看，日本同法国几乎是不相上下的两大美食大国。日本的餐饮水平，可以说是世界一流。

既然已经总结了四大主要排名的清单，我们不妨接着介绍一下日本的美食餐厅。我们把目前所整理的四大排名的每个清单中都出现的美食餐厅称作“四冠”，而日本只有一家餐厅入围，这家餐厅是一家叫做“龙吟”（日本料理，位于东京六本木，主厨山本征治）的日本料理店。曾获得“三冠”的日本美食餐厅也只有一家，是一个叫做“未在”（日本料理，位于东京东山，主厨石原仁司）的日本料理店。“二冠”包括 8 家日本美食餐厅，我们仅介绍这些美食餐厅的名称，有“Sukiyabashi 次郎本店”（东京）、“鮨 Saitou”（东京）、“菊乃井本店”（京都）、“吉兆”（京都）、“京料理 Nakamura”（京都）、“瓢亭”（京都）、“Narisawa”（东京）、“Joel Robuchon”（东京）。其中，只有最后两家是西式餐厅，其他全部是日本料理店。

“Joel Robuchon”餐厅的主厨是法国超 A 级厨师，在世界各地设立的关联餐厅所获得的米其林星星的总数达到 28 个，享有“持有世界一星之主厨”的美誉，广为人知。另外，超过“Joel Robuchon”、获得四冠的“龙吟”以及获得三冠的“未在”，更是了不起的餐厅。东京和京都有这么多优秀的餐厅，在全球美食家看来，可能就像梦幻一般吧。

厨师技能比拼

刚刚我们介绍了日本料理界的餐厅等级评定，接下来就从另外一个角度——世界料理比赛中日本的实际表现，进行简单的分析。如果有日本料理世界锦标赛的话，日本一定会夺得第一。但遗憾的是，日本料理的范畴目前远远未达到世界级。那么，究竟是怎样的料理才能在国际上争夺第一呢？说到世界三大料理，国际普遍认可的是法国料理和中华料理，但是对于第三大料理，却众说纷纭，难以决策。即使是排名第二的中华料理，如果说要在其中决定排名第一的厨师的话，也会难以评判。因此，即使要举办料理界厨师技能比赛，菜式也只能以法国料理为对象了吧。我们不能否认这肯定对法国有利。为了公平起见，我们不仅要看整个套餐料理中厨师的技能比拼情况，而且要加入西洋料理中不可或缺的面包、红酒以及餐后甜点的厨师技能比拼。

可以说，法国料理比赛中最具权威的，应该是 Bocuse d'Or 国际料理大赛了，笔者整理了历届大赛中前 3 名的入围名单。在烘焙师领域，被称为“烘焙师世界杯”的比赛是 Coupe du Monde de la Boulangerie，笔者统计了该项比赛中的每个项目（面包、夹心面包、装饰面包）的优胜者。笔者还总结了历届糕点世界大赛中前 3 名的优胜团队。在红酒方面，笔者总结了世界最权威的比赛 A. S. I. 中前 4 名获奖侍酒师的名单（见图 125）。

我们可以看到，日本在法国套餐料理中排名第十，在全球侍酒师大赛中综合排名第六。另外，在烘焙师世界杯比赛中，日本荣获第一；在糕点世界大赛中，日本仍然是优秀的第一。日本几乎同法国一样，收揽了世界最佳成绩。

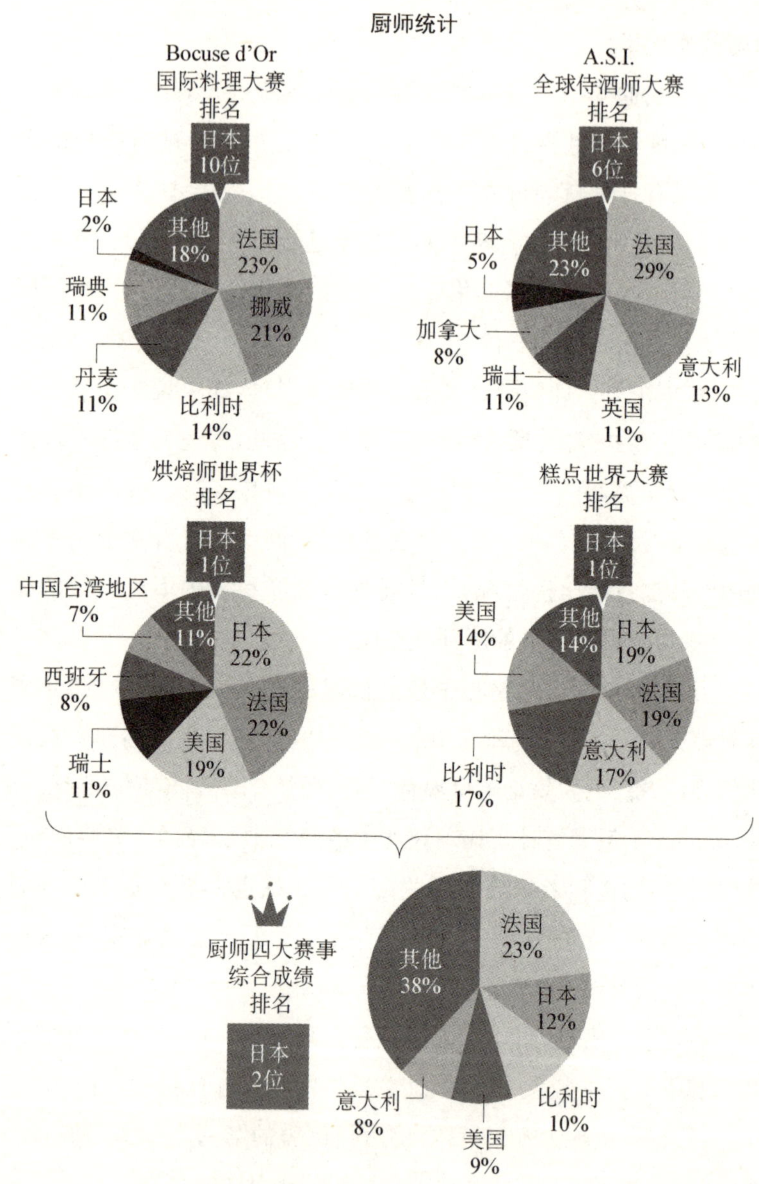
厨师统计
Bocuse d'Or
国际料理大赛
排名
日本
10位
日本
2%
其他
18%
法国
23%
瑞典
11%
挪威
21%
丹麦
11%
比利时
14%
A.S.I.
全球侍酒师大赛
排名
日本
6位
日本
5%
其他
23%
法国
29%
加拿大
8%
瑞士
11%
英国
11%
意大利
13%
烘焙师世界杯
排名
日本
1位
中国台湾地区
7%
其他
11%
日本
22%
西班牙
8%
法国
22%
瑞士
11%
美国
19%
糕点世界大赛
排名
日本
1位
美国
14%
其他
14%
日本
19%
法国
19%
比利时
17%
意大利
17%
厨师四大赛事
综合成绩
排名
日本
2位
其他
38%
法国
23%
日本
12%
比利时
10%
美国
9%
意大利
8%

图 125

接下来，我们介绍一下日本的主要得奖者。国际料理大赛Bocuse d'Or中，担任"轻井泽"的厨师长的浜田统之在2013年的比赛中排名第三；全球侍酒师大赛A. S. I.中，1995年田崎真也获胜，2000年石田博获得铜奖。在烘焙师世界杯的比赛中，日本团队在2002年和2012年获得优胜；上一届比赛的3名日本队员中，长田有起和畑仲尉夫是"神户屋"的员工，佐佐木卓也是"POMPADOUR"的员工，他们都是日本街头常见的普通烘焙店的工作人员。在近年来的糕点世界大赛中，日本团队再次获得金牌（在2015年的比赛中则获得银牌）。那时的3名日本团队成员，分别是中山和大（"Occitanial"）、德永纯司（"The Ritz-Carlton"东京）、杉田晋一（"Andaz"东京）。由于烘焙糕点和制作甜点的比赛对于文化背景及喜好的依存度很低，因此选手们往往可以抛开出身，公平竞争。

目前最难得的一点是，即使不去欧洲，我们也能在日本吃到世界一流的面包和西洋糕点。日本虽说在烘培领域的历史很短，但是日本人利用海外的食材能取得今天的成绩，真的很难得。

我们将以上代表日本的选手的活跃度的结果综合计算的话，日本的成绩排名世界第二。日本选手不远万里来到法国，在西洋料理这一异国美食领域的比赛中取得了优异的成绩，从这个角度来说，日本厨师的厨艺是世界一流的。

味觉世界的综合成绩

日本的美食餐厅数量在世界上排名第二，日本厨师的厨艺也在欧洲的比赛中获得了第2名的综合成绩，这就是当今日本的烹任实力。笔者将这两项结果进行整合，得出了日本仅次于法国，是排名世界第二的美食大国的结论(见图 126)。

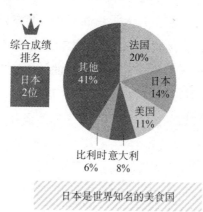

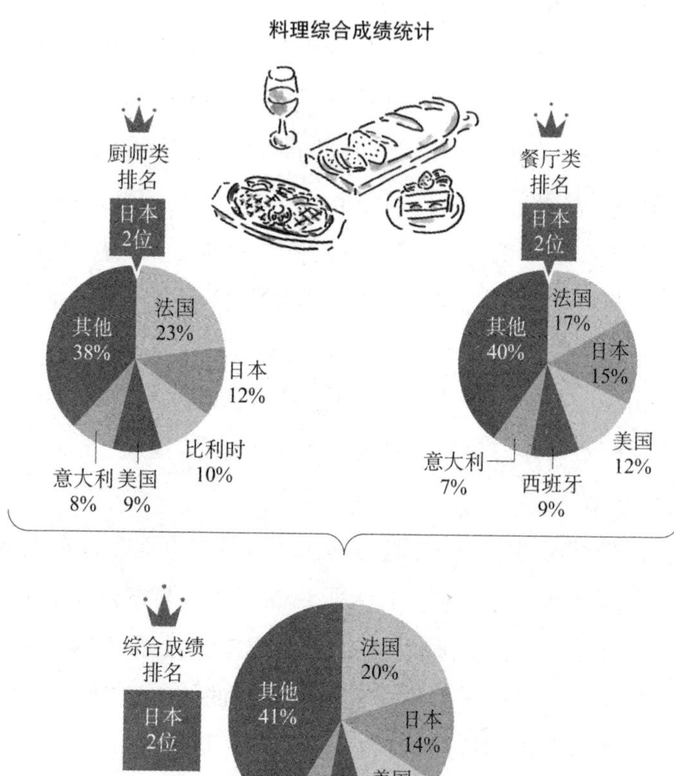

图 126

我们接着看图中排名前几位的国家，分别是美国、意大利、德国等。在清一色的欧美国家中，日本可以说是异样的存在。另外，最近的和食热潮也表明，日本料理正在渐渐成为被大众接受的美食。

如今的味觉世界，是一个同语言毫无关系的感性世界。嗅觉和味觉，能直接将感受传输给大脑。换句话说，厨艺的世界是一个不依存文化以及语言，能够让厨师在较为公平的条件下发挥自己实力的领域。日本美食“钢铁侠”们的活跃，可能意味着今后日本美食的传播将变得更加广泛。

15. 领导的资质

领导三要素

在前面的几个章节，我们研究了各个领域专家的活跃姿态。从运动员到舞蹈家，从学者到作家，我们大致划分为舞台艺术和设计两个领域，并将各个领域的专家的成绩排名进行分析调查。围绕本书开头部分介绍的才能分布图，我们介绍并调查了日本各个领域的现状，而位于图中最中央部分的领导领域，主要是总结全员的才能。

即使一个人的每门学科的成绩都很优异，也未必能成为一个班级的班长，这一点相信很多人都认同。领导同拥有一技之长的专家不同，需要具备一种优良的平衡感去组织周围的人，并在某一方面具有很强的组织管理能力。作为一个领导，还必须具备吸引人的特质，通过自己的信念为周围的人确立方向，并时刻关注那些缺乏实力的人群，对其给予精神上、生活上的帮助。如果没有以上特质，是很难成为一个好领导的。本节，笔者主要谈一谈领导的特质。

笔者将领导最基本的三个要素整理如图 127。左侧主要是力量型领导，右侧主要是温柔型领导。一般情况下，我们也可以将以上分类理解为父性和母性。这样的话，就可以把中间部分作为最理想的对象，也可以说其拥有明星特质。我们从各个角度调查了杂志上的人物排名以及国际性人道主义奖项的获奖历史，并按照国家和地区进行了分类整理。

领导三要素评价框架

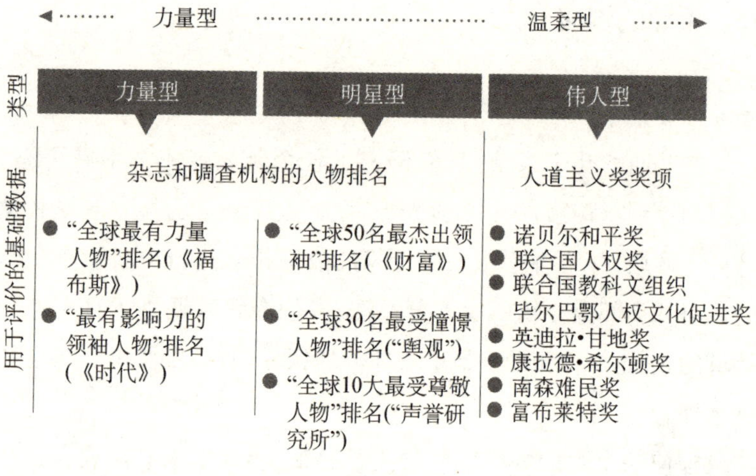

◀……… 力量型 ……………………………… 温柔型 ………▶

类型：力量型｜明星型｜伟人型

用于评价的基础数据：

杂志和调查机构的人物排名

- “全球最有力量人物”排名（《福布斯》）
- “最有影响力的领袖人物”排名（《时代》）

- “全球50名最杰出领袖”排名（《财富》）
- “全球30名最受憧憬人物”排名（“舆观”）
- “全球10大最受尊敬人物”排名（“声誉研究所”）

人道主义奖奖项

- 诺贝尔和平奖
- 联合国人权奖
- 联合国教科文组织毕尔巴鄂人权文化促进奖
- 英迪拉·甘地奖
- 康拉德·希尔顿奖
- 南森难民奖
- 富布莱特奖

图 127

力量型的领导形象

我们首先从强有力的“老板”形象开始探究。世界商业杂志的双璧——《福布斯》和《时代》，每年都会发表世界领袖人物排名。《福布斯》以"全球最有力量人物"为标题，发表 70 名人物；《时代》则以"最有影响力的领袖人物"为题，从中选出 25 名发表。这两份杂志的标题的含义有些微妙的差别，但杂志中出现的人物几乎是一样的。

我们可以在名单中看到前美国联邦储备委员会主席伯南克、欧洲中央银行行长德拉吉、国际货币基金组织总裁拉加德这 3 个国际金融机关的总裁。孙正义和丰田章男是日本人中的"得分能手"，在《福布斯》中，这两人曾 3 次被列入相关名单。

孙正义是目前日本排名第一的大富豪，在他的带领下，日本软银集团已发展为很大规模的企业。他是业界的风云人物，也是将心中的目标脚踏实地地一步步完成的英雄。另一方面，丰田章男是世界排名第一的汽车企业丰田的第六代继承人。由于这两人的活跃，日本的综合排名被提升为第 5 位。

凭借人格魅力获得的荣誉

同充满力量的领域相对应的，是一个较为温柔的领域——具有人道主义领导风范的领域。提起这个温柔世界的最高荣誉，最具代表性的应该是诺贝尔和平奖了。但众所周知，诺贝尔和平奖的评选本身就带有政治因素，因此光看诺贝尔和平奖是不够充分的。在此，笔者整理了 8 项同诺贝尔和平奖相当的、具有国际影响力的奖项。其中，联合国人权奖、联合国教科文组织巴尔毕鄂人权文化促进奖和南森难民奖等是属于联合国相关组织主办的奖项，富布莱特奖和康拉德·希尔顿奖等是属于美国的奖项，正确生活方式奖属于瑞典财团主办的奖项。英迪拉·甘地奖是印度政府主办的奖项。本书选取的基准可能稍有不同,其中包括世界和平奖、人权保护、人道支援和对弱势群体的救助。我们将统计为环境保护、国际交流活动等贡献力量的个人以及群体(见图 128)。

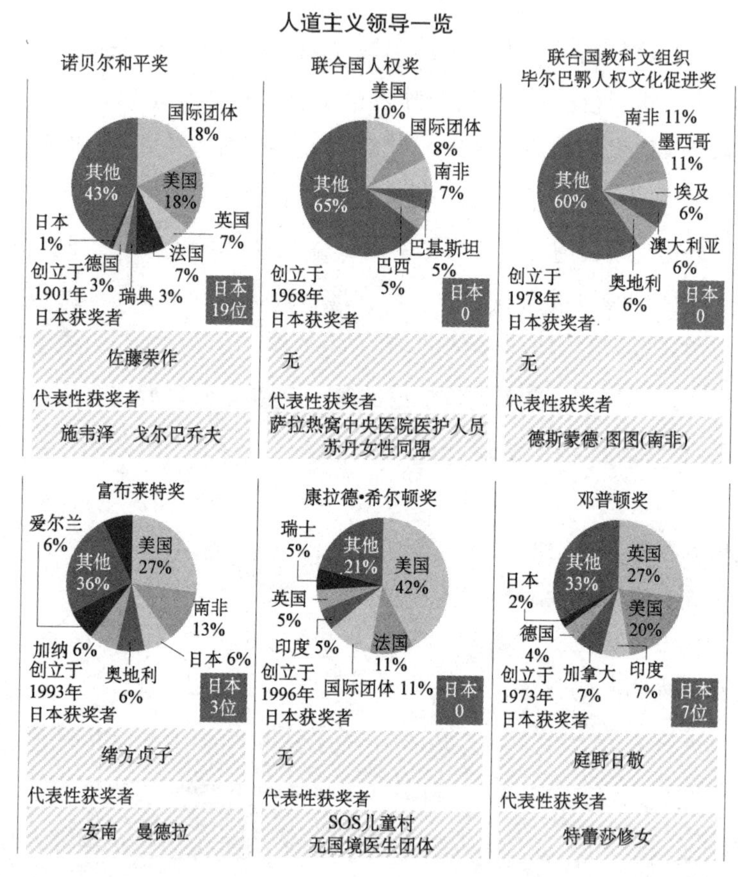

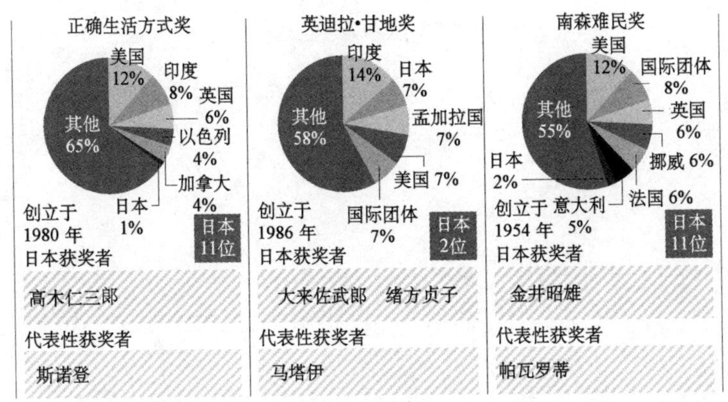

图 128

在以上 9 项国际性人道主义奖项中，日本总计获得了 8 个奖项（7 项个人奖和 1 项团体奖），其中包括获得诺贝尔和平奖的佐藤荣作（前日本首相）、获得富布莱特奖的绪方贞子（联合国难民高等特派员）、获得正确生活方式奖的高木仁三郎（反原子能运动全国集会事务局局长）、获得英迪拉·甘地奖的大来佐武郎（前日本外务大臣）和绪方贞子，以及获得南森难民奖的金井昭雄（富士眼镜会长）。其中，绪方贞子在总计 8 项的日本人获奖记录中夺得 2 项荣誉，这一点很难得。接下来，我们将各个奖项的结果进行总结，统计出了以下结果（见图 129）。

从各国的综合成绩来看，美国仍是具有绝对优势的赢家。但同上节不同的是，我们可以看到这里入围的国家特别多（有 106 个国家）。

人道主义领袖综合统计

综合成绩 排名	国名	英迪拉·甘地奖	康拉德·希尔顿奖	富布莱特奖	邓普顿奖	联合国人权奖	毕尔巴鄂人权文化促进奖	正确生活方式奖	诺贝尔和平奖	南森难民奖	平均占比(%)
1	美国	7.1	42.1	23.5	20.0	10.0		12.2	17.9	12.1	16.1
-	国际团体	7.1	10.5	5.9		8.3			17.9	7.6	6.4
2	英国	3.6	5.3		26.7	1.7		6.7	7.3	6.1	6.4
3	印度	14.3	5.3		6.7	1.7		7.7	1.6		4.1
4	南非			11.8	4.4	6.7	11.1	0.4	2.4		4.1
5	法国		10.5		2.2	1.7	5.6	0.7	7.3	6.1	3.8
6	德国	3.6			4.4	0.0	5.6	2.8	3.3	1.5	2.4
7	日本	7.1		5.9	2.2			1.4	0.8	1.5	2.1
7	捷克	3.6		5.9	2.2	1.7	5.6				2.1
7	巴西	3.6		5.9		5.0		2.8		1.5	2.1
10	奥地利			5.9			5.6	1.4	1.6	3.0	1.9
11	墨西哥					3.3	11.1	0.7	0.8		1.8
11	加拿大				6.7	3.3		3.5	0.8	1.5	1.8
11	巴基斯坦				2.2	5.0	5.6	0.7	0.8	1.5	1.8
14	泰国	3.6	5.3				5.6	0.7			1.7
15	孟加拉国	7.1	5.3					1.4	0.8		1.6
16	埃及	3.6				1.7	5.6	1.4	1.6		1.5
16	澳大利亚				2.2		5.6	2.8		3.0	1.5
18	菲律宾			5.9			5.6	1.4			1.4
18	挪威	3.6						1.4	1.6	6.1	1.4
20	瑞士		5.3		2.2			0.7	2.4	1.5	1.3

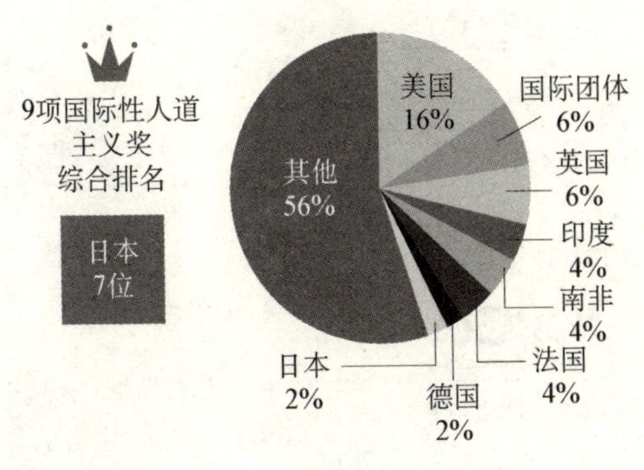

图 129

具有明星气质的领导

作为领导，还需要拥有另外一个天才特质，即具备引人注目的人格魅力和明星气质。这里的明星气质并不是指高高在上的领导，而是指有亲和力，这一点尤为重要。从这个角度出发，笔者搜集了 3 个世界人才名单，分别是英国的舆论调查机构“舆观”调查的“全球 30 名最受憧憬人物”、同企业评判相关的调查企业“声誉研究所”发表的“全球 10 大最受尊敬人物”、美国《财富》杂志每年都会发表的“全球 50 名最杰出领袖”。笔者分析调查了以上机构搜集的 140 名领袖人物(见图 130)。

蒂姆 · 库克是由史蒂夫 · 乔布斯任命的苹果公司的经营者，将价值 140 亿日元的财产全部捐赠给社会。费德勒是著名的网球精英选手，曾经 11 次获得 ATP 世界巡回奖。他在比赛中的优雅举止和坦荡行为，得到了世人颇高的评价。他在年轻时就热衷于慈善事业，曾被任命为联合国儿童基金会亲善大使。安吉丽娜 ·

具有明星气质的领导统计

FORTUNE

《财富》(美国大型商业杂志)

主题	全球50名最杰出领袖2014、2015	
代表人物	1位 (2015年)	蒂姆•库克 (苹果CEO)

YouGov
What the world thinks

"舆观"(英国舆论调查机构)

主题	全球30名最受憧憬人物2014
代表人物	16位 霍金(物理学家) 19位 安吉丽娜·朱莉(演员)

REPUTATION INSTITUTE

"声誉研究所"(企业评价调查机构)

主题	全球10大最受尊敬人物
代表人物	2位 费雷勒(网球运动员) 7位 奥普拉(电视主持人)

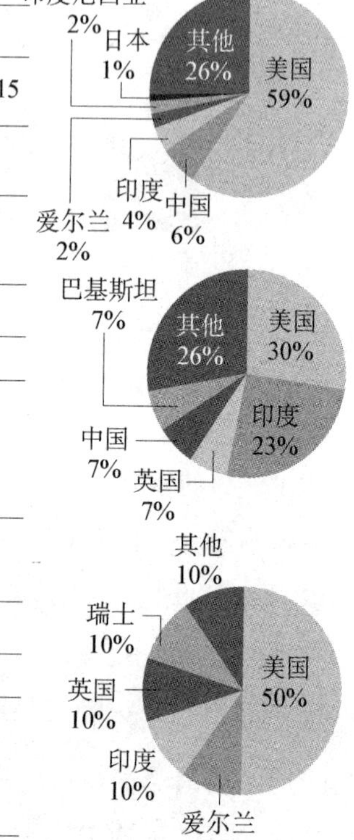

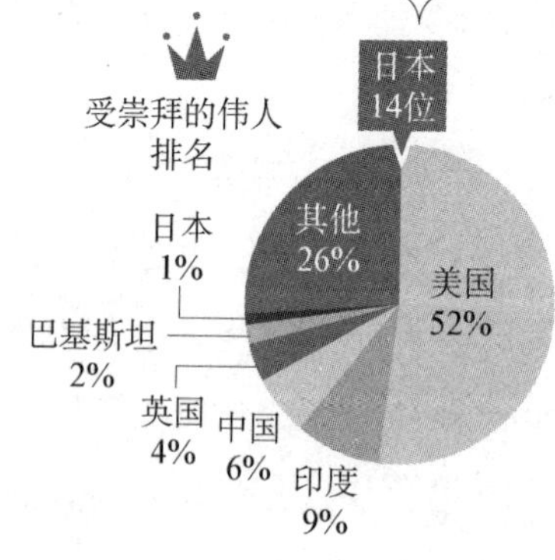

图 130

朱莉和奥普拉·温弗瑞作为明星活跃在屏幕上的同时，对福祉以及慈善事业的热衷也广为人知。以上所说的著名人士，都是外表华丽的人道主义者，进行着慈善活动。这种饱含意外性的组合，似乎才是触动人们梦想的缘由。

从以国家统计的结果来看，占比52%的美国无疑获得了压倒性的胜利。看来要成为具有明星气质的领导，首先必须在某个领域获得巨大的成功，其次要构筑富足的经济基础，最后要将这些财力贡献给社会，参与慈善活动。在3项名单的总计140位名人中，唯一的1名日本人是地球环境战略研究机构国际生态学中心的会长宫胁昭。他是一名学者，也在日本全国范围内实践和指导“宫胁式”造林活动，获得了较高的评价。

领导综合成绩

我们从力量型的掌权者、内心温柔的人道主义者以及受万众瞩目的明星这3个视角出发，分析了担当领导的特质。从每一个角度所搜集的高级领导人，共有1 000人左右。笔者认为，美国涌现出了很多具有领导力的人物，请看图131的统计结果。

本书几乎涵盖了所有领域，美国无疑在多个领域实力非凡。排名第二的国家是印度，之后是中国，这两个国家在领导评选这一环节进入了前3名。之后是英法两国，再之后是日本。日本主要凭借人道主义领袖型的绪方贞子等3名超级领导，获得了还不错的成绩。我们仔细观察这些领导的话，就能看到各个国家在国际上的话语权和形象。

领导综合成绩

综合成绩排名	国名	强有力的领导	明星型领导	人道主义领袖	领导力综合排名占比（%）
1	美国	37.7	52.1	16.1	35.3
2	印度	4.4	8.6	4.1	5.7
3	中国	7.1	5.7	0.4	4.4
4	英国	2.3	3.6	6.4	4.1
5	法国	4.5	1.0	3.8	3.1
-	国际团体	6.4	2.1		
6	日本	3.4	0.7	2.1	2.1
7	南非	0.4	0.7	4.1	1.7
8	德国	2.4		2.4	1.6
8	巴基斯坦	0.8	2.1	1.8	1.6
10	俄罗斯	3.3	0.7	0.6	1.5
10	墨西哥	2.6		1.8	1.5
12	加拿大	0.8	1.4	1.8	1.3
12	巴西	1.5	0.2	2.1	1.3
14	智利	0.6	1.4	1.3	1.1
14	爱尔兰		2.1	1.1	1.1
14	梵蒂冈	1.1	2.1		1.1
14	尼日利亚	2.0	0.7	0.6	1.1
18	以色列	1.9	0.4	0.7	1.0
18	沙特阿拉伯	2.2	0.7		1.0
20	埃及	0.6	0.7	1.5	0.9

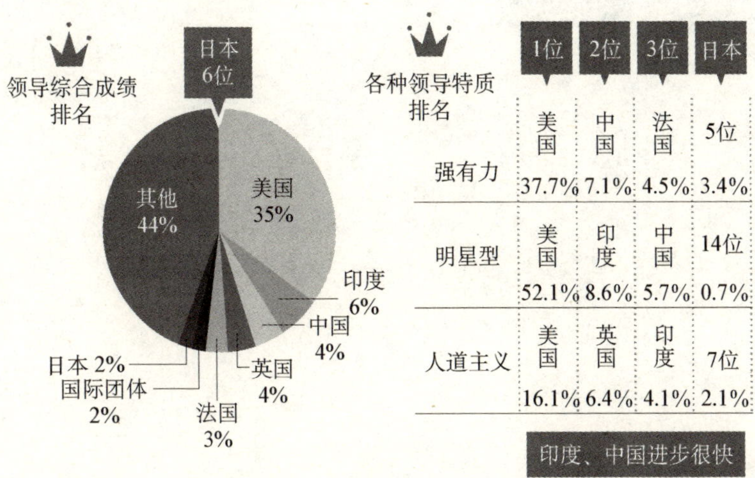

各种领导特质排名	1位	2位	3位	日本
强有力	美国 37.7%	中国 7.1%	法国 4.5%	5位 3.4%
明星型	美国 52.1%	印度 8.6%	中国 5.7%	14位 0.7%
人道主义	美国 16.1%	英国 6.4%	印度 4.1%	7位 2.1%

图 131

3 三

总 结

综合成绩：GNT(Gross National Talent)

至此，本书将人类的才能按照14个领域进行剖析，将代表各个国家的专家能力各自换算成数值，展开了国与国之间的技能等级比拼。在以竞争输赢为目的的专业运动领域，由于比赛中选手的排名以及针对选手的评估较为直观，因此笔者可以轻松地获得选手的成绩，进行直观评价。在艺术氛围较为浓郁的舞蹈及歌唱领域，笔者根据艺术家的人气度以及在比赛中的获奖情况等进行评价。在专家学者的领域，针对作家有诺贝尔文学奖，针对电影导演有国际电影节，甚至还有针对厨师的国际厨艺竞赛，几乎各个领域都有相应的才能比拼大赛。

通过每个国家的得分表，就能直观地感受各个国家的特征。美英两国几乎在任何领域都展现出了强大的实力，尤其是在和语言相关的领域，更是让我们感受到了美英强大的实力。提到艺术、美食等时尚话题，日本人第一时间想到的是法国、意大利等国家。

通过本书的介绍，读者对不同国家的特征都有了一定的了解。但如果将所有国家和地区在各个领域的整体表现进行排名，结果又是怎样的呢？笔者简单地将各个领域的排名进行加权综合计算，得出了综合排名。一起来看一下结果吧(见图 132)。

笔者就表中出现的数字，进行简单的说明。本次的整理不包括占有率的结果，仅将排名作为数据进行整体统计。如果涉及的国家数量为 100 个的话，第 1 名的国家得分 100，第 2 名的国家得分 99，第 10 名的国家得分 90……以此类推，第 100 名的国家得分 1。在运动领域，笔者将从田径到球类、格斗技、赛车、智力运动等 5 个方面的运动成绩进行总结。这样一来，本书将总结一共 10 个领域的成绩。

接下来，我们看一下综合成绩。整体综合成绩的第 1 名是美国。在 10 个领域中，美国是在其中 7 个领域排名第一的超级大国。接下来是英国，在 8 个领域中均位于前 3 名，几乎稳稳地紧随美国，而且其强项和弱项几乎同美国一样。接下来，在美食领域处于主导地位的法国，获得综合成绩第三的排名；法国的名次，还要归功于其在美术、视频、舞蹈等艺术领域获得的不错成绩。第 4 名是德国，德国擅长的领域涉及英法两国各自擅长的领域。之后的国家就是日本。日本打进了全球 GNT 的第 5 名，在知识技能领域排名世界第一，在运动领域凭借过去的辉煌成绩排名世界第二。日本过去的运动成绩很不错，凭借了知识技能和体力这些基础科目得分，但在演讲领域还有很大的不足。其次，由于日本人的英语能力较差，导致日本对国际社会不具备较大的宣传魅力。虽说日本在国际文学领域也遇到了语言障碍，但是这一缺陷得到了漫画领域

国家软实力评价

排序	国名	才能综合能力										
		知识技能	5项体育运动 田径、球类、格斗技、赛车、智力运动	舞蹈	音乐	演讲	文学	动画	美术	美食	领导者	平均(%)
1	美国	98	100	99	100	100	100	100	100	95	100	99
2	英国	99	97	94	99	97	99	98	99	79	97	96
3	法国	90	96	97	96	78	96	97	97	100	96	94
4	德国	95	98	96	97	84	97	95	96	85	92	93
5	日本	100	99	91	91	56	98	99	93	97	94	92
6	加拿大	97	93	93	95	88	93	96	69	64	88	88
7	澳大利亚	94	91	67	89	91	88	90	84	67	78	84
8	意大利	84	95	88	90		92	92	94	92	77	80
9	瑞士	88	85	81	79	72	83	71	82	82	79	80
10	西班牙	76	90	76	88	50	94	93	88	87	48	79
11	瑞典	93	86	85	84	53	91	89	76	74	55	79
12	俄罗斯	80	92	100	98	63	87	91	72	3	90	77
13	中国	91	88	90	78		82	86	91	69	98	77
14	巴西	77	87	60	76	22	95	94	85	38	87	72
15	比利时	82	82	75	80	22	70	78	75	90	59	71
16	荷兰	96	94	61	94	22	53	81	87	62	34	68
17	奥地利	87	84	82	93		76	61	68	59	68	68
18	爱尔兰	81	53	64	71	69	85	73	60	33	85	67
19	韩国	92	89	84	70		56	85	90	26	76	67
20	印度	74	55	15	53	94	86	87	74	15	99	65

图 132

的成绩的补救。在综合艺术的视频领域，日本主要得益于电视游戏的好成绩，才拉升了整体分数。说到没有语言障碍的美术及美食的世界，日本展现出了很大的潜力。位于日本之后的国家分别是排名第六、第七的加拿大和澳大利亚，从得分的组合方式来看，它们和英国的得分结构相似。排名第八的国家是意大利，其得分结构和法国很相似。

NGT向我们展现了知识、运动等领域的世界贡献现状，我们可以说这在侧面反映了各个国家的文化现状，也反映了宏观经济所不能反映的另外一面。

日本将面临人口减少的现实问题，也必须做好经济衰退的准备。从国民整体的平均年龄来看，现在日本国民的平均年龄为46岁，超过了西欧诸国，从生物学来说，日本是世界上的高龄国家。从GNT这一角度来看，日本的软实力的积极性还能维持多久，才是关键。日本在传统的古典芭蕾以及诺贝尔奖、达喀尔拉力赛、戛纳电影节、法国料理比拼等领域较为活跃，作为东洋的参赛国，充分证明了其具有品味世界文化的实力。自明治时代打开国门以来，日本对于欧美国家始终有种自卑感。但是，日本却将这一自卑感化为动力，成长为当今世界上的发达国家。作为一个人口占世界比例1.9%(全球第10名)、国土面积占世界比例0.25%(全球第62名)的国家，却为我们展现出这么精彩的现状。即使是日本的老年人，也怀着年轻、好奇的心态，挑战新的领域。笔者期待日本今后不断挑战自我，征服一个个新生领域。可以说，日本已经准备好了。

国别才能生态系统

我们从活跃领域的不均匀程度这一视角来研究每个国家的特征，根据本书开头部分的才能地图来研究每个国家的才能现状。请参见图133，其上半部分主要是能巧妙运用身体来表达心灵美感的艺术家们，下半部分主要是发明设计物品及事物的设计家们。图中的4个领域从左上顺时针方向来看，分别为我们展现了运动能力、演技能力、艺术能力和思考能力。图中一共涉及10个领域，

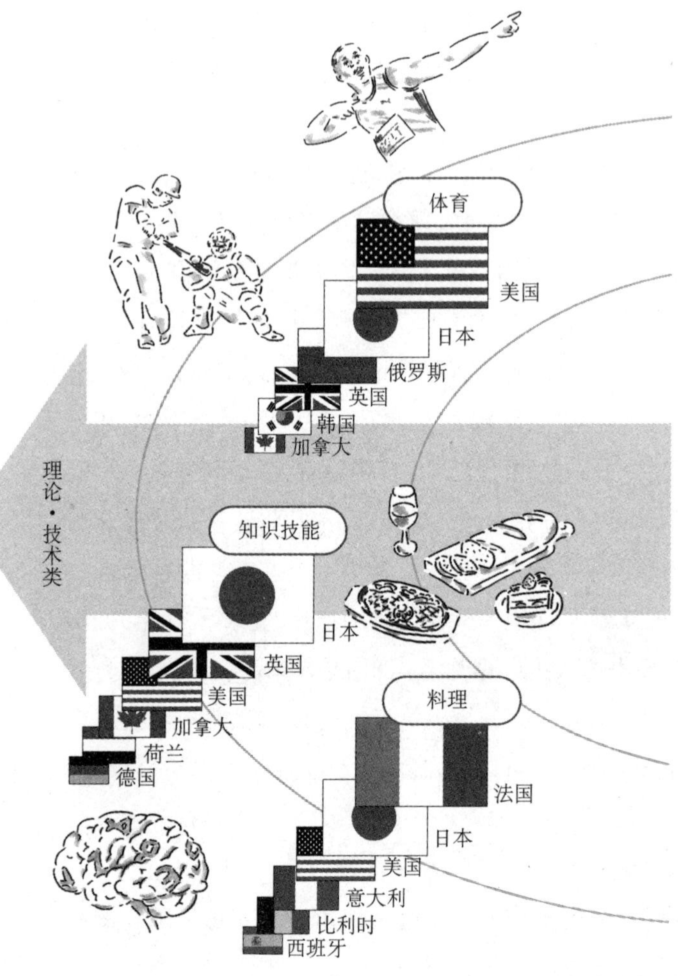

体育
美国
日本
俄罗斯
英国
韩国
加拿大
理论·技术类
知识技能
日本
英国
美国
加拿大
荷兰
德国
料理
法国
日本
美国
意大利
比利时
西班牙

图 133－1

各国才能地图

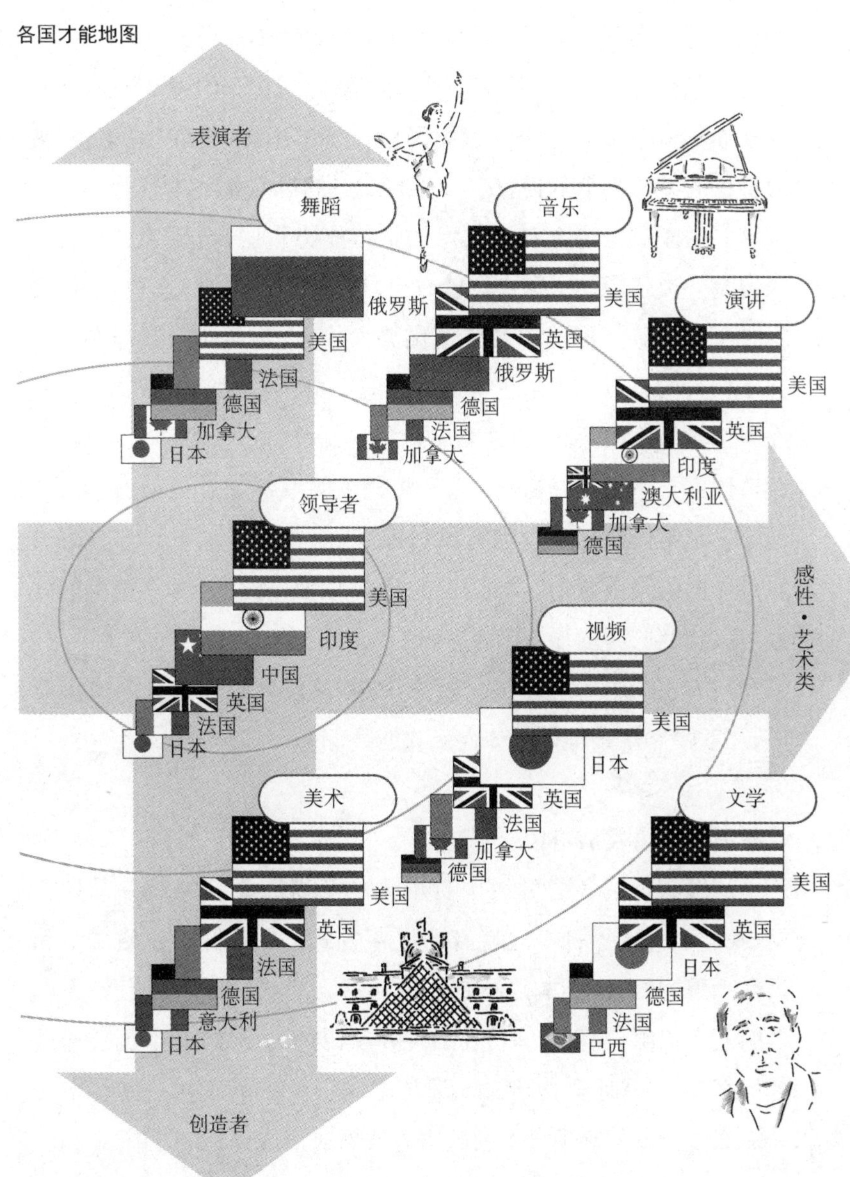

表演者
舞蹈
俄罗斯
美国
法国
德国
加拿大
日本
音乐
美国
英国
俄罗斯
德国
法国
加拿大
演讲
美国
英国
印度
澳大利亚
加拿大
德国
领导者
美国
印度
中国
英国
法国
日本
视频
美国
日本
英国
法国
加拿大
德国
感性·艺术类
美术
美国
英国
法国
德国
意大利
日本
文学
美国
英国
日本
德国
法国
巴西
创造者

图 133－2

我们将前 6 名国家的成绩排名通过国旗的大小来表示。

我们俯瞰图 133,可以看到几乎整体都被星条旗所覆盖,而在星条旗的旁边基本上全是英国国旗。日本国旗“常驻”左下侧,按时钟的时刻来划分的话,从 4 点到 10 点的区域是日本较为出色的领域。由于英语能力和对艺术的宣传能力较弱,右侧领域对日本来说是一大障碍。从图中可以看出,比起上半部分的表演领域,日本在下半部分的创作领域稍显优势。然而,英语圈国家却在日本并不擅长的领域展现出了特别强大的实力。虽说英语圈国家几乎在每个领域都很活跃,但这其中最为活跃的部分要数右上区域了。而德国则是不论成绩好坏,几乎在每个领域都能看到其身影。法国是一个更倾向于感性世界的国家,我们在图中的下半部分可以看到该国的强项才能。同法国的爱好几乎一致、但规模稍小的国家,是意大利、西班牙及巴西等,这些国家都位于图中的下半部分。俄罗斯人在图中的左上部分较为活跃,虽说俄罗斯人看起来很严谨,在歌唱和舞蹈等领域却大受欢迎。

日本的软实力发展对策

笔者分析了各个领域中日本人的活跃状态。通过一系列介绍,我们了解到了日本人特有的生存方式。在苦恼于体格矮小和语言障碍的同时,日本并没有几乎能活跃在任何领域并且较为成功的人力资源。但是,即使在表现并不出色的领域,日本也会通过各种努力,寻找适合自己的活跃方式。接下来,我们再一次将本书开头部分介绍的 9 项日本的软实力发展对策进行总结。

1. “以柔克刚”对策

由于日本人在力量和速度上没有绝对优势，所以要通过创造各种各样的条件来寻找胜利的机会。例如，在高龄优秀选手比赛、轮椅比赛、使用假肢残疾人比赛、超长距离100公里赛跑、女性登山、蛙泳、赛车等耐力型项目，以及格斗技等轻量级项目中，日本占有优势。另外，在球类比赛中，没有身体接触、凭借敏捷性来决定胜负的项目，例如乒乓球、羽毛球、网球、排球、乒乓球等，日本人也较为擅长。

2. “做草鞋”对策

日本往往不是扮演在台前享受聚光灯光线的角色，而是扮演在幕后给大家做道具的角色。例如，赛车比赛中的赛车制造商、引擎提供商，电脑国际象棋等软件的程序设计者，机器人比赛的设计师，建筑师和企业内部制品设计师，西洋美食中的烘焙师等。

3. “非语言化”对策

由于国民不擅长英语，所以日本往往在通过语言进行表演的领域，例如宣传、演讲、歌唱、演剧、电影等领域，甚至文学、书评等通过文笔来决定胜负的领域，表现较差。如果采取类似漫画之类的图像等语言以外的表现手段来弥补，以及在视频制作等对语言要求不高的领域发展，可以使日本发挥巨大的创造力。

4. “率先捕捉亚文化流行趋势”对策

在文化中，古典系和现代系对于拥有历史文化传统的西洋诸国较为有利。然而，当今最新型的亚文化系和街边文化系的条件，则对各国来说都相对一致。因此，率先捕捉亚文化流行趋势，显得尤为重要。本书在多项领域的调查中发现，日本年轻人比较倾向于冷酷的造型，并且率先引领时尚，尤为活跃，擅长如搞笑诺贝尔奖、Trading Card 世界锦标赛、嘻哈文化舞蹈、空气吉他、B-box 等项目。

5. 注重个人特色的“宅文化”对策

日本有一些公司认为，以赚取大量金钱为目的的行为并不符合美学，尤其是在本书所提到的将比赛作为“兴趣的延长”的领域中，这一倾向尤为明显。对于奖金巨大的比赛，比如扑克牌世界比赛、e 运动领域中的“Dota2”和“LoL”等项目，日本并没有很大的兴趣。日本人更倾向于没有金钱利益的领域，比如将参与类似智力游戏的世界锦标赛作为一种雅致的兴趣，努力将发挥自己的兴趣作为娱乐的目的。

6. “武士精神”对策

日本的选手往往带着一种尊崇体育精神的气质。在对于犯规有着强烈限制的橄榄球比赛中，可以看到日本人努力的姿态。而且该比赛本身的目的，是让参赛选手在较为唯美的场合更能发挥自己的实力。

其他的还有：“白帽黑客”参与的 DEFCON，沙滩上奔跑的救生员，选手即使在身体素质上有缺陷仍然坚持拼搏的橄榄球运动，以及在长长的滑轨上一决胜负的滑冰项目。

7. “通过民众普及程度胜出”对策

如果在极少数精英的对决中不能获胜，那么日本就要寻求在国民整体基础水平上具备优势的模式。

8. “脚踏两条船”对策

日本的空手道实力很强，跆拳道则没有优势。日本人更加热衷于将棋，而对国际象棋较为生疏。与此同时，欧洲国家和美国等在相关项目上也存在类似的现象。有时，某些国家过度强调自己国家的标准，甚至轻视其他国家的标准。然而在这种情况下，日本往往能在相对的两个项目中均拿到得分点，例如F1和印地500、勒芒24和代托纳24、国际性的芭蕾舞团和交响乐团等。

9.“拥有像孩子那样的好奇心”对策

由于日本选手好奇心旺盛，更乐意参加更多领域的活动，在大多数领域几乎都可以看到日本选手的身影。将各个领域的成绩进行加权计算的话，凭借过去的光环，日本的整体成绩有所提高。例如，基础知识力第1名、整体球技第3名、整体运动领域第2名、整体才能综合力第5名等。

今后的日本模式

日本是一个单一民族国家。有些国家如果缺乏本国的人才资源，可以通过技术移民等方式来网罗人才。不仅仅是欧美国家，近年来，一些中东的石油出产国也开始以这种方式挖掘人才。日本由于移民政策的限制，目前很难采取类似的手段。不过，最近开始出现了新的趋势，尤其是在运动领域，一些日籍混血选手在比赛中的关注度正在大大提升。

在本书最初部分讲述的田径比赛中，混血短跑新星萨尼布朗在2014年的青年选手比赛中，创造了世界第二的优秀纪录。即使在日本人很不擅长的投掷比赛领域，我们也能想到金牌得主、日本混血链球选手室伏广治，以及掷标枪的混血选手园长元气。在具有悠久历史的日本棒球界，迄今为止，混血选手只有衣笠祥雄、伊良部秀辉等少数选手。但是近年来,继 Sefat Farid Yu Darvish 之后,Okoe 琉伟也是一颗值得期待的新星。在足球领域,我们可以看到很多日本混血足球选手的活跃姿态。而在日本的篮球、橄榄球及柔道等领域,也渐渐涌现出许多年轻的混血选手。可以看出,日本选手现今身材不佳的情况已经没有那么严重了。

在泡沫经济破灭之后,那些新选手们开始为日本注入新的活力。日本的移民政策一直没有颁布新的法令,因此日本不具有包容性的国际化特征。但是,不仅在运动领域,在其他多项领域中,凭借混血日本人所拥有的潜力,笔者仍然很期待日本人能够发挥出更大的可能性。

后 记

在此，我们要再度评价日本的软实力。即使在电视节目以及杂志中，令外国友人连连称赞的日本制品以及日本服务的专刊也在不断涌现，我对此的敬佩之情难以言说。一直以来，日本长时间积累起来的宝藏，成为了特别的素材集。在充斥着宅文化、潮女文化的20世纪90年代的日本，软实力论就已开始被极力推崇。但是，现在所说的软实力同过去有所不同。目前，访日观光游客不断增加，日本的旅游收入超过3兆日元。谈到日本美食，不仅仅是寿司、天妇罗等具有代表性的和食，饭团、日式拉面等街边美食也开始向世界传播。

2005年，新兴国家开始兴起，日本的贸易收支也渐渐沦为赤字。在担忧这个国家今后将会变成怎样的压抑中，活用文化资产的国家特色的经济，可能会是解决问题的关键。

二战以后，日本人致力于复兴国家，磨练技术，提高经济实力。在“一亿总中流”时代，日本家长往往会让孩子学习钢琴、古典芭蕾，努力想让自己的下一代在任何领域都不逊色。正因为如此，日本才成为了当今的日本。在发展为成熟社会的同时，日本也成为了世界第一的人口高龄化国家。未来,日本将会继续保持老练,成为一个更加娴熟的国家吗?

我们若从该角度入手,将以上分析结果进行总结,就显得过于简单了。

"日本的才能综合力排名世界第五",这是一个很真实的结论。通过这一结论,我们也得到了很多启发,比如看到了各个国家的特征,以及类似日本在国际社会上的存在方式等。

通过整体的介绍,大家有了怎样的感受呢?我感受最为直接的,就是日本社会的丰富和深奥。不论去哪里,不论调查什么,总能看到特别的日本人。他们活跃在各个领域,不会让我们失望。即使在几乎毫无取胜可能的领域,仍然能够看到他们寻求各种取胜的条件,开辟新的道路。

这其中有很多是和挣钱毫无关系的领域,但他们仍然自主地进行了选择。这些日本人就像守卫队员一样,以满满的好奇心坚守在那些边缘领域,向世界宣传日本。我们可以从古典小提琴到B-box等的广大领域,看到日本新一代年轻人的身影。这些日本人为努力成为一名出色的人而不断进取的姿态,让我们敬佩,也令我们感动。

通过本书的介绍,即使从GNT这一角度来看,日本经济的成功也为世界带来了值得骄傲的贡献。在接下来的21世纪中期,日本将面临社会整体高龄化。但是,我认为日本人不会丧失好奇心,而将会更加包容地接受新事物,以饱满的精神继续培养新一代年轻人。

在本书的最后,我想对我的妻子川口Judit表达感谢。在本书中,我们谈及了数量庞大的体育选手以及艺术家,但最开始时,其中很多人的国籍并不明确。我的妻子通过社交媒体等平台,确认每个人的国籍状况。如果没有她给我提供各种新颖的观点,本书是难以完成的。对于经常从慕尼黑给我发送资料的贝拉·蒙多(Bera Mundo),我再度表示由衷的感谢。写作期间,我一直受到Discover 21公司的井上慎平的鼓励和支持,在此也表示由衷的感谢。靠着上述人士的才能、热情及力量,本书才得以完成。非常感谢心井大辅为本书设计出色的图表;相田智之描绘的绝妙的插画,让本书的内容更加直观易懂。在大家的帮助下,本书才得以完工并出版,真的非常感谢!

本书并不是政府的白皮书或者调查报告,因此书中的数据不能保证完全准确无误。在计算奖牌数量时,如果选手是双重国籍,我们一般是以一分为二的方式计算的;而且在计算时,有些场合是以数年为单位进行计算的。本书大体上是以让读者了解各国的软实力状况为目的,因此可能在一些小数字上容易出现差错,这一点还请读者谅解。另外,如果有读者还知道一些新的项目的话,请一定通过我的主页(morinoske. com)告诉我。我想通过不断的更新,来提高本书数据的精确度。最后,衷心感谢广大读者的阅读!

川口盛之助